STUDIES ON VOLTAIRE AND THE EIGHTEENTH CENTURY

279

General editor

PROFESSOR H. T. MASON

Department of French
University of Bristol
Bristol BS8 1TE

ETIENNE HAERINGER

L'Esthétique de l'opéra en France au temps de Jean-Philippe Rameau

THE VOLTAIRE FOUNDATION
AT THE TAYLOR INSTITUTION, OXFORD

1990

ISSN 0435-2866

ISBN 0 7294 0407 2

*The publications of the
Voltaire Foundation are printed
on durable acid-free paper*

British Library cataloguing in publication data

Haeringer, Etienne
L'Esthétique de l'opéra en France au temps de Jean-Philippe Rameau.
— (Studies on Voltaire and the eighteenth century,
ISSN 0435-2866; 279)
1. Opera, history
I. Title
782.109

ISBN 0-7294-0407-2

Printed in England at The Alden Press, Oxford

Table des matières

Avant-propos

L'OPÉRA français au temps de Jean-Philippe Rameau atteignit la maturité. Ce compositeur fut un des artisans de cette évolution; il ne fut pas le seul. Autour de lui, le goût se transformait; les exigences se précisaient: l'unité du spectacle lyrique, sa cohésion fut le fruit d'un long cheminement, de tâtonnements, d'essais plus ou moins audacieux, mais aussi de continuels retours en arrière. Jamais le fil de la tradition ne fut coupé; on s'y accrochait, au contraire, comme à une référence; les innovations n'étaient jugées légitimes par leurs créateurs eux-mêmes que dans la mesure où elles pouvaient prétendre continuer l'enseignement du passé. L'Antiquité devait servir de modèle aux artistes de l'époque classique, mais les connaissances qu'on avait de ces siècles en matière de spectacles musicaux restaient bien vagues et chacun pouvait croire y trouver son compte. L'autre référence qui gouverna tout le dix-huitième siècle fut Lully, ou plutôt, la collaboration jugée idéale du compositeur et de son librettiste, Quinault. Les œuvres de ces deux artistes définirent véritablement l'opéra français comme genre; elles en sont les fondations que nul ne cherchera jamais à contester. On tâchera de les améliorer, mais non de les remplacer. Le dix-huitième siècle, dans son ensemble, s'y appuiera; et les partis, en apparence les plus opposés, en feront chacun à son tour son argument force.

Cependant, l'équilibre que connut l'opéra français au temps de Lully, demeurait très précaire, car il n'était le fait que d'un seul homme qui exerça sur l'Académie royale de musique un véritable despotisme. Il obligea le goût de ses contemporains à s'adapter à ses exigences; mais, au fond, les temps n'étaient pas mûrs encore pour admettre la nécessité du prodigieux rassemblement de forces que le compositeur imposa par sa seule autorité. Le public français restait essentiellement frivole, aussitôt qu'il s'agissait de danse et de musique: les sujets graves, les passions, la peinture de l'héroïsme étaient le domaine de la tragédie parlée; les spectacles dansés pour lesquels les Français ont toujours eu un amour que certains jugèrent, plus tard, excessif, ne devaient être que de simples divertissements: on les jugeait incapables de traiter le moindre sujet sérieux. A cela, s'ajoutait le goût foncièrement influençable du public du parterre, toujours prêt à faire fête aux modes venues de l'étranger; et l'étranger, en matière de musique et de danse, au temps de Lully, déjà, c'est l'Italie.

Ce compositeur sut canaliser toutes les tendances de son époque; il sut rassembler le matériau dont il pouvait disposer pour faire du spectacle lyrique un ensemble cohérent, c'est-à-dire, pour satisfaire à l'exigence primordiale du genre, hors de laquelle il n'est pas pour lui d'existence possible. Et ce travail, accompli de main de maître, n'était pas une mince affaire.

En effet, dès sa naissance, l'opéra connut un cruel manque d'unité: il naquit sous le signe de la mésentente. L'association du poète Perrin, du musicien Cambert et du machiniste décorateur le marquis de Sourdeac ne semble pas avoir été un modèle: brouilles, procès, faillites, le remplacement de Perrin par Gilbert, ont ponctué la vie très éphémère de l'Académie des opéras. Elle reçut ses lettres patentes de Louis XIV en 1669 mais, deux ans après, ses dirigeants fondateurs durent abandonner la partie. Les problèmes d'argent, d'abord, tiennent une place non négligeable parce que monter un spectacle coûte cher, mais aussi parce qu'on sentait qu'il pouvait rapporter beaucoup. Cependant, ils ne sont pas la seule explication: bien vite les promoteurs de ce nouveau spectacle se rendirent compte qu'ils avaient mis pied sur une terre inexplorée aux ressources aussi multiples que mal définies; il s'agissait d'y tailler son empire, d'y poser son empreinte; et la lutte pour le pouvoir commença – qui, du librettiste, du musicien, du décorateur, du maître de danses serait l'inspirateur privilégié du spectacle à monter? Qui serait le maître d'œuvre, ou, à défaut, l'instigateur de l'idée directrice?

Il n'était plus question, comme pour le ballet de cour, de mettre en place un certain nombre d'entrées qu'on accrochait comme on pouvait, sur un thème emprunté à la mode ou à l'actualité politique: visite d'un ambassadeur, traités avec un pays étranger, etc.; dans ces sortes de spectacles régnait la plus grande fantaisie et la diversité des idées et des inspirations n'était pas un obstacle, bien au contraire: le foisonnement faisait la richesse de ces ballets; il fallait de la hardiesse, de l'étrange, de l'excès: il fallait émerveiller.

Avec l'opéra, le spectacle se fait projet; on veut montrer quelque chose; même si le premier d'entre eux n'était qu'une simple pastorale,[1] il racontait une histoire; un minimum d'accord entre les différents modes d'expression qui le composaient était nécessaire. La simple addition, ou la superposition de tableaux d'inspirations multiples n'était plus possible: il fallait suivre un fil et le tenir jusqu'à la fin. Qui allait imposer son point de vue aux autres membres de l'association? Le spectacle devenait un tout; il lui fallait un coordinateur; mais ce tout étant composé de parties aussi différentes qu'indispensables, il était difficile de choisir laquelle l'emporterait sur les autres.

La question fut résolue pour un temps avec Lully: il s'imposa! Sous son règne, rien ne put être contesté. A l'unité que réclame tout spectacle d'opéra, il répondit par l'unité de son inspiration et de sa volonté; les problèmes de pouvoir disparurent par sa présence même: il le prit et tout fut dit.

1. La Pastorale d'Issy.

On sait comment il sut faire sa place à la cour de Louis XIV, et comment finalement il obtint du roi le pouvoir exclusif sur tout spectacle musical à Paris. Ce fut avec la même autorité qu'il gouverna ses œuvres. Il s'occupait de tout, du chant, de la danse, de l'orchestre, des machines, des décorations. Il réglait les mouvements sur la scène, enseignait comment on y entre, comment on s'y déplace – donnait l'exemple au besoin. Il formait lui-même les voix qu'il avait sélectionnées; il veillait à ce que l'orchestre respectât les partitions et à ce qu'aucun instrumentiste n'ajoutât des notes d'agrément à sa fantaisie comme il était malheureusement d'usage. La vie privée de ses interprètes ne le laissait pas indifférent: il ne s'agissait pas de mener une vie trop dissolue et il défendait qu'on fût malade.

A sa mort, en 1687, personne ne sut le remplacer. Le privilège de l'Académie royale de musique passa à son neveu, Francine, mais l'autorité qu'il avait réunie à son seul usage resta à partager et personne ne put véritablement et complètement s'en emparer.

Le dix-huitième siècle ne connut pas de maître d'œuvre aussi unanimement incontesté que Lully. Rameau ne s'imposa qu'à force de scandales ou d'émeutes; il dut supporter, même dans ses succès les plus évidents, des critiques sévères et très souvent injustes; quant à Glück, à l'autre bout du siècle, malgré la gloire dont il sut habilement s'entourer, il se trouva toujours suffisamment de partisans intraitables de la musique française pour vilipender son talent d'inspiration trop étrangère.

Cependant, c'est justement dans la contestation continuelle, dans les prises de positions excessives que les idées se transformèrent et que certaines définitions essentielles purent être données. Lully était allé très vite, mais il était resté seul; quand son despotisme prit fin, le goût en matière de spectacle lyrique se retrouva en enfance. Il avait exercé sur le monde de la musique un pouvoir absolu comparable à celui de Louis XIV en politique. Sous son règne, le goût n'évolua pas vraiment; et lorsqu'il disparut, il y eut comme un soulagement, comme celui que connut la France entière, dix-huit ans plus tard, à la mort de Louis XIV. On revint au goût d'autrefois pour les fêtes et les divertissements dansés; cependant, si les principes, les règles rigoureuses imaginés par Lully n'ont pas été suivis dans toutes leurs exigences, si le cadre strict qu'il s'appliqua à définir fut assez vite démantelé, le souvenir du grand maître présida à toutes créations au cours du dix-huitième siècle. On peut dire, sans trop simplifier, que l'œuvre de Rameau est la suite de celle du Lully.

En effet, on observe, dans les différents domaines de la création une similitude de conception qui fait de Rameau le véritable héritier du Lully. Celui-ci avait mis en place les fondements mêmes de l'art lyrique à venir. Nous allons, brièvement, nous placer à différents points de vue, ceux de la musique, de la danse, du livret, des machines pour nous rendre compte que les successeurs de Lully, autour des années trente, dont Rameau est l'un des plus prestigieux, doivent énormement à leur génial ancêtre.

Le goût du dix-huitième siècle n'était pas prêt à applaudir sans hésitations une invention aussi mélangée que le spectacle lyrique. Ce fut la tâche principale de Lully, de faire admettre à ses contemporains que l'opéra pouvait satisfaire à leur exigence essentielle en matière d'art: l'unité d'inspiration et la cohérence dans la réalisation.

L'alliance de la poésie et de la musique, surtout, choquait les esprits. On jugeait d'abord ce mélange parfaitement inefficace: comment deux modes d'expression aussi différents pouvaient-ils se donner libre cours sans se gêner mutuellement? C'est le sens de la critique de Saint Evremond qui ne voit dans l'opéra qu'un 'travail bizarre de poésie et de musique, où le poète et le musicien, également gênés l'un par l'autre, se donnent bien de la peine à faire un méchant ouvrage'.[2] Pourquoi ne pas laisser la musique dans les seules salles de concert et réserver les théâtres au langage parlé? C'est à cette source de réflexion que puiseront, plus tard, les philosophes, essentiellement J.-J. Rousseau, lorsqu'ils critiqueront le travail harmonique de Rameau dont l'objet est, justement, d'explorer les moyens nouveaux mis à la disposition des créateurs par l'accumulation des moyens d'expression que permet l'opéra. Pour Lully, comme pour Rameau, il s'agit de faire admettre que l'addition musique et poésie n'est pas source de désordre mais, au contraire, un enrichissement. Bien entendu, le combat de ces deux compositeurs ne se situe pas au même niveau: alors que Rameau travaillera à faire accepter le rôle déterminant que la musique instrumentale doit jouer dans l'expression lyrique, Lully a en face de lui des critiques pour lesquels le chant lui-même n'a pas sa place sur le théâtre; on trouve absurde de chanter tout à coup ce qui d'ordinaire est exprimé en langage parlé; l'existence même de l'opéra n'est pas reconnue. De plus, l'épicurisme, le sens de la mesure de certains est choqué par l'accumulation de plaisirs différents. Ainsi La Fontaine ne voit dans l'opéra qu'une sorte de gâchis:

> Car ne vaut-il pas mieux, dis moi ce qu'il t'en semble,
> Qu'on ne puisse saisir tous les plaisirs ensemble,
> Et que, pour en goûter les douceurs purement,
> Il faille les avoir chacun séparément?
> La musique en sera d'autant mieux concertée;
> La grave tragédie, à son point remontée,
> Aura les beaux sujets, les nobles sentiments,
> Les vers majestueux, les heureux dénouements;
> Les ballets reprendront leurs pas et leurs machines,

---

2. Saint Evremond, lettre au duc de Buckingham sur les opéras, *Œuvres* (Londres 1711), iii.201.

Et le bal éclatant de cent nymphes divines,
Qui de tout temps des cours a fait la majesté,
Reprendra de nos jours sa première beauté.[3]

Les œuvres de Lully serviront à faire comprendre que la musique, au contraire, est source d'unité pour le genre nouveau en train de naître. Pour le compositeur, tout est musique et cet art doit servir le poème; la musique est le ciment de l'œuvre et le récitatif est la liaison nécessaire des différentes parties du spectacle. Autour des œuvres de Lully, l'opinion se transforma: on admit peu à peu, qu'au lieu de se détruire l'une l'autre, la musique et la poésie permettaient une expression originale de la sensibilité. On restera longtemps convaincu encore que les moyens de la musique sont très limités, cependant, on reconnaît, peu à peu, qu'ajoutée à la poésie, elle permet une qualité d'émotion dramatique nouvelle, qu'elle augmente l'expression des mots, qu'elle y ajoute des nuances, des détails, tout ce qu'un poème ne peut dire qu'imparfaitement; la musique pénètre aisément dans les franges de la sensibilité qui semblent son domaine, où le langage parlé paraît maladroit. De plus, on reconnaît qu'elle s'accorde parfaitement à l'expression du merveilleux; et, c'est là un point essentiel, car ce domaine fait partie intégrante de la définition de l'opéra français.

Au niveau de la conception de l'œuvre, la musique joue donc un rôle déterminant, tant sur le plan de l'enrichissement de l'expression que sur celui de la cohésion de l'ensemble. Au moment de la réalisation sur scène du spectacle lyrique, cette unité sera assurée par la danse. Dans ce domaine encore, le rôle de Lully fut de première importance. Comme maître de ballets, il apportait un soin particulier à la danse; il put, ainsi, assurer la liaison nécessaire entre la musique qu'il composait et les pas qu'il imaginait; il travailla à intégrer la danse vive italienne au goût français, enrichissant, de ce fait, considérablement la tradition du vieux ballet de cour. Il sut conserver à cette tradition ce qu'elle avait d'essentiel: son expression. La variété et la nouveauté que proposait la danse vive ultramontaine ne détruisirent pas l'originalité de la danse noble. Cette mesure, cet équilibre qui présidèrent à la combinaison de deux modes extrêmes, nous les devons à Lully qui sut régler avec précision le débit des sources où il puisait. La danse, donc, au temps de Lully, restera essentiellement expressive. Le maître de ballets, en accord avec le compositeur et le librettiste, veillera à lui donner un rôle dans le déroulement de l'action. Cahusac, plus tard, un des principaux librettistes de Rameau, saluera en Quinault le véritable précurseur de la danse d'action; les innovations de Noverre dans la deuxième partie du dix-huitième siècle ont leur source lointaine dans le travail de Lully.

---

3. *Epître à M. de Niert* (1677), vers 23 et suivants; *Œuvres complètes*, Bibliothèque de la Pléiade, t.ii (Paris 1958), p.617ss.

La danse, art du mouvement, assure la cohérence du spectacle, elle permet sa véritable mise en scène.

En ce qui concerne le livret, le problème était de faire admettre qu'une poésie tragique pouvait ne pas satisfaire aux règles classiques du théâtre. L'hostilité de Boileau au genre naissant du poème d'opéra s'explique aisément. Nous ne pouvons pas entrer dans le détail de ses arguments; que l'on songe, seulement, aux conséquences de l'intervention du merveilleux dans le déroulement de la tragédie: comment respecter l'unité de lieu dans ces conditions? Comment, également, avec le très petit nombre de mots dont dispose le librettiste, imiter les longs récits qui caractérisent la tragédie parlée? Ce que celle-ci suggère et livre à l'imagination du spectateur, l'opéra le montre; il est spectacle; il est image. Le travail de Quinault va consister à prouver que, malgré les apparences, la poésie lyrique n'est pas la petite sœur pauvre de la tragédie parlée. Il en serait ainsi, si elle était seule; mais au lieu de considérer que la place qu'il lui faut laisser à la musique, à la danse, aux machines est un appauvrissement, il s'agit de montrer, au contraire, que la collaboration de ces autres arts signifie pour la poésie lyrique un apport considérable. Lully va mettre sa musique au service de la poésie; grâce à lui, les livrets de Quinault prendront leurs couleurs; la musique prolonge les mots, entre dans le monde de l'indicible, et, nous avons déjà évoqué ce point, s'accorde parfaitement avec l'expression du merveilleux. La poésie gagne ainsi en profondeur et en variété. Il y avait, chez Quinault et Lully, la conviction que la réunion des différents arts d'expression ne pouvait se faire qu'au bénéfice de chacun d'entre eux, que le spectacle lyrique ne pouvait exister qu'à cette condition.

L'apport de Lully est également déterminant en ce qui concerne les machines. C'est grâce à lui que, dorénavant, elles font partie intégrante du spectacle lyrique français. En effet, les machines viennent d'Italie, et si les Italiens en abandonnèrent l'usage au début du dix-huitième siècle, c'est par eux, cependant, que la France découvrit les secrets de cet art. Lully fit venir d'Italie des machinistes comme Burnacini, Bibiena qui fut l'un des grands inspirateurs de Servandoni, mais surtout Vigarani qu'il employa tout spécialement; ces artistes enseignèrent aux Français les trouvailles souvent ingénieuses qu'ils avaient imaginées pour créer ce que l'on peut appeler les premiers effets spéciaux de l'art du spectacle. Mais, tandis que l'Italie alors donnait dans ces machines d'une manière excessive, Lully sut les intégrer au goût français réglé par un esprit de modération. Encore une fois il veilla à l'unité du spectacle lyrique. Les machines, à présent, y ont leur part; elles appartiennent à l'opéra français; personne n'imaginera jamais de pouvoir s'en passer sauf en condamnant dans son ensemble la tradition française.

Cette tradition, il nous a semblé bon de l'examiner dans son évolution autour du second grand génie de l'opéra français. Jean-Philippe Rameau sut lire dans l'héritage du passé les grandes lignes qu'il lui faudrait suivre; par sa naissance, il appartenait au siècle classique pour lequel il n'est d'autre sagesse que de se référer dans toutes ses démarches à l'enseignement de ses pères: la nouveauté n'a pas bonne réputation; elle est suspecte, quand elle n'est pas absurde. C'est pourquoi Rameau n'est pas un réformateur, encore moins un révolutionnaire; il ne chercha pas à bouleverser l'esthétique de l'opéra français; au contraire, il fut attentif à son lent épanouissement; il tâcha d'en comprendre les exigences profondes alors même que les apparences trop souvent étaient trompeuses; il contribua à mener le goût français en matière de spectacle lyrique, de l'adolescence bien fragile où l'avait laissé Lully, à une solide maturité. Il ne négligea pas non plus de considérer les modes nouvelles, essentiellement venues d'Italie qui, dans leur exubérance, ne laissaient pas de brouiller encore plus les pistes; il sut faire sa place à la qualité où qu'elle se trouvât, en ayant toujours à l'esprit de demeurer dans les justes limites de la modération.

Le premier souci de Rameau fut de donner au spectacle lyrique la cohérence et l'unité dont il avait besoin, d'en faire un spectacle à part entière, libre de ses origines multiples, dégagé de la domination des autres arts de la scène. Le genre qui lentement prend son indépendance sortira de la comparaison jusquelà inévitable avec la tragédie parlée; l'épithète de spectacle musical ne donnera pas non plus satisfaction; enfin, avec l'opéra nous avons à faire évidemment à beaucoup plus qu'à un simple spectacle dansé. Les auteurs Noinville et Travenol résument la tendance du siècle; ils écrivent en 1753:

un opéra est une pièce de théâtre en vers mis en musique et en chants, accompagnée de danses, de machines et de décorations. C'est un spectacle universel où chacun trouve à s'amuser dans le genre qui lui convient davantage. Les partisans de la musique, qui composent le plus grand nombre, trouvent de quoi se contenter dans la variété des airs, soit du chant ou de la symphonie. Les amateurs de la danse, uniquement attentifs aux divertissements, ont aujourd'hui de quoi être pleinement satisfaits par la fréquente répétition et la gaîté des ballets et par la grâce des danseurs et des danseuses. Les décorations occupent également les admirateurs d'un célèbre machiniste.

Et de conclure:

aussi l'on peut assurer que l'opéra est la réunion des beaux arts, de la poésie, de la musique, de la danse, de l'optique et des mécaniques; en un mot, c'est le grand œuvre par excellence comme son nom le désigne, et le triomphe de l'esprit humain.[4]

Autour de J.-P. Rameau et de ses principaux collaborateurs, l'opéra n'est plus simplement la superposition de tous les arts de la scène: il tend à les contenir

---

4. Durey de Noinville et Travenol, *Histoire du théâtre de l'opéra en France depuis l'établissement de l'Académie royale de musique jusqu'à nos jours* (Paris 1753), ch.: 'Origine de l'opéra en France', p.18.

tous. Un nouveau mode d'expression se crée qui ne tient de manière privilégiée ni de la musique, ni de la poésie, ni, non plus, des décorations et des danses: il rassemble ces langages d'origines différentes; l'œuvre se construit dans la combinaison essentiellement complexe de tous ces genres, elle est harmonie universelle.

Tel est le rêve des créateurs de spectacles au milieu du dix-huitième siècle. D'origines artistiques différentes, ils travaillent évidemment d'abord dans leur spécialité: Servandoni est avant tout un virtuose des machines, Cahusac, librettiste, est un professionnel de la danse; Rameau est d'abord compositeur; quant à Noverre, pour n'évoquer que quelques-uns parmi les plus importants, il aborde l'opéra par les problèmes que pose la mise-en-scène des ballets. Ces hommes de métier chercheront pour leur art des moyens expressifs supplémentaires; ils en agrandiront le champ d'action dégageant du fatras des habitudes et des traditions, des règles de conduite cohérentes, clairement exprimées: ils tâcheront d'établir des définitions précises.

Ces recherches d'indépendance qui souvent peuvent se faire séparément et pour chaque mode d'expression, au détriment des autres arts pour la scène, sont cependant l'étape indispensable à partir de laquelle pourra être imaginé le grand rassemblement. L'unité du spectacle lyrique passe d'abord par le renforcement des différentes parties qui le composent; cela n'est contradictoire qu'en apparence; car dans leurs recherches, d'abord spécialisées, en travaillant à développer les moyens d'expression de leur art, les créateurs prendront conscience de la nécessité d'une liaison quasiment inter-disciplinaire et des graves lacunes qui régnaient jusque-là dans ce domaine.

Nous allons évoquer les points les plus sensibles de cette évolution avec la musique instrumentale, nouvel art expressif dans le spectacle d'opéra, la poésie lyrique, les transformations dans la conception des décors pour la scène, enfin la place originale que tient la danse dans l'opéra à la française.

8

I

Musique instrumentale

1. De Lully à Rameau: la musique gagne son indépendance

i. Des moyens expressifs limités

LULLY faisait une part très importante à la musique symphonique; il est l'inventeur de l'ouverture à la française que l'on imita jusqu'au milieu du dix-huitième siècle, ouverture dont il définit les règles avec précision, inventant un équilibre d'une perfection telle que les compositeurs du dix-huitième siècle eurent bien du mal à le remplacer quand ils voulurent, à leur tour, innover en la matière. L'autorité de Lully se révéla toute-puissante et, bien après sa disparition, il règna en maître absolu sur cette partie de la symphonie. En tant que maître de danses, la musique pour les danses lui tenait tout particulièrement à cœur; dans ce domaine, également, il devint la référence pour les époques à venir; et ses successeurs ne purent que l'imiter, encore une fois. Il soignait particulièrement l'expression de ses symphonies dansées, voulant qu'elles s'intègrent au drame même si, à cette époque, il n'était pas encore question qu'elles prennent une part active à l'action. Rameau doit énormément à Lully dont il continuera la tradition.

Cependant, au temps de Lully, on accordait à la musique instrumentale une valeur expressive extrêmement limitée: la seule musique véritablement expressive pour l'esthétique musicale du dix-huitième siècle était la musique vocale; seuls les mots avaient valeur de signes; les sons, quant à eux, ne servaient que d'enveloppe, de présentoir, de faire-valoir du texte poétique: ils se superposaient aux mots dont ils imitaient les inflexions et les modulations.

Imiter, c'est bien le verbe-clef de toute l'esthétique classique; c'est le rôle essentiel de tous les arts, l'exigence première: il s'agit d'imiter la nature, d'exprimer ce qu'elle exprime, de la prendre pour modèle et de la traduire dans l'œuvre. Tous les arts dans ces conditions ne sont pas égaux; sur l'échelle des valeurs où on les rangeait, la peinture évidemment prenait la première place, avec la sculpture dont l'idéal pouvait atteindre à la copie exacte de la nature; venaient ensuire l'architecture, la poésie; la musique, quant à elle, était reléguée à la dernière place. Ses possibilités d'imitation semblaient bien réduites; on voyait mal comment des notes de musique pouvaient signifier quelque chose de précis, peindre les nuances des sentiments, décrire l'atmosphère d'un paysage... comme les mots peuvent le faire. Aussi bien, la musique souffrait-elle de cette comparaison continuelle avec la poésie. A aucun moment au dix-septième siècle et jusqu'à Rameau, on n'analysa ses possibilités pour elles seules; on ne les jugeait, quant à leur valeur expressive, que par rapport à celles de la poésie; on pesait les moyens de la musique selon ceux du discours parlé, sans jamais véritablement se rendre compte qu'il s'agissait bien, là, de deux modes d'expression totalement différents.

Depuis des siècles, la musique ne semblait faite que pour accompagner le chant; son rôle devait se limiter à celui de simple élément de décoration de la poésie. A ce titre, elle n'aurait même pas dû être considérée comme un art; elle en devenait un cependant dans la mesure où elle imitait les mots qu'elle décalquait. La musique, ainsi, n'imite pas directement la nature, elle imite les mots qui, eux-mêmes, imitent la nature: c'est une imitation au second degré.

La nature est le modèle absolu et le sera également chez Rameau; elle sera toujours l'objet même, la matière, de tous les arts. Ainsi Batteux écrit: 'Il n'y a pas un son de l'art qui n'ait son modèle dans la nature et qui ne doive être, au moins, un commencement d'expression.'[1] Pour les sons, il peut y avoir un commencement d'expression. Pour signifier plus, on pense qu'il leur faut l'intermédiaire des mots. La musique n'a donc de valeur expressive, de valeur artistique que comme musique d'accompagnement. Lully le savait bien; sa collaboration très serrée avec Quinault est restée célèbre; sa musique est au service de la poésie, ses exigences de compositeur s'effacèrent toujours devant celles du librettiste. Ses notes s'attachent au texte dont elles décalquent l'expression; et si le même sentiment revient, tant pis, on répétera le même motif musical. La répétition n'est qu'un moindre mal comme la monotonie, pourvu que l'on exprime: 'bien exprimer, bien peindre, voilà le point suprême; quoiqu'il puisse en coûter au musicien pour y arriver, stérilité apparente, science négligée, il y gagnera toujours assez'.[2] Et si l'oreille n'est pas flattée, on n'en tiendra pas rigueur au compositeur: l'expression passe avant la joie mélodique. Qu'est-ce qu'une note de musique, sans expression? Simplement un moment de divertissement, sans signification, sans importance. 'La musique ne saurait narrer', écrit Boileau.[3] Il n'y a donc aucune raison de lui faire une très grande place dans un spectacle considéré comme le lieu de l'expression théâtrale. Jusqu'à Rameau, on ne considérait pas le spectacle d'opéra comme un spectacle musical, mais comme une œuvre de théâtre comparable au théâtre parlé: on voulait y ressentir une émotion dramatique de la même nature que dans la tragédie classique parlée; ce résultat n'était jamais vraiment atteint. C'est pourquoi, jusqu'à Rameau, l'opéra fut considéré comme un art boiteux; on

---

1. Charles Batteux, *Les Beaux arts réduits à un même principe* (Paris 1747), p.282.
2. Jean Laurent Le Cerf de Frémeuse de La Viéville, *Lettre à M. de La **** (Paris 1707), p.171.
3. Nicolas Boileau, *Prologue d'opéra*, Avertissement au lecteur, in *Œuvres complètes*, Bibliothèque de la Pléiade (Paris 1966), p.277.

jugeait qu'il ne pourrait jamais créer l'unité, la perfection comparable à la tragédie classique de Racine.

Evidemment, l'opéra ne peut pas 'raconter' à la manière des mots; et Batteux a raison, alors, lorsqu'il écrit: 'Tout ce qui n'est qu'idée, image est peu propre à la musique' (p.271). On voyait mal comment on pourrait construire le récit de Théramène uniquement avec des notes de musique. Aussi bien, n'en est-il pas question si l'on ne sort pas de la comparaison avec le texte poétique. Si la musique ne peut pas 'raconter' comme les mots le font, elle peut construire son langage avec ses moyens propres, dans son temps à elle, dans sa dimension à elle. Malheureusement le spectateur du dix-septième siècle et du début du dix-huitième n'est guère prêt de reconnaître à la musique ce rôle original.

On veut que le spectacle lyrique ressemble à la tragédie classique; on désire y trouver le même genre de plaisir; on y cherche les mêmes techniques d'expression. C'est ainsi que Lully conseillait à ses chanteurs d'aller écouter la Champmeslé au théâtre pour avoir un modèle d'expression.

Un témoignage en vers de M. de Serré daté de 1733 est une bonne illustration, parmi tant d'autres, de cet état d'esprit:

> L'opéra n'est au fond qu'un poème imparfait
> Ce n'est que par lambeaux qu'on saisit le sujet
> Les divertissements, dont chaque acte se pare
> Harmonieux détours, où notre esprit s'égare
> Par des jeux imprévus coupent l'événement
> Avec peine, on le suit; le plus beau dénouement
> Où souvent l'action brusquement se termine
> Ne se doit qu'au secours d'un Dieu dans sa machine.[4]

Jugé comme un poème, l'opéra ne peut être qu'imparfait: il n'en remplit pas les fonctions; aussi, son but n'est-il pas le même. M. de Serré ne considère les divertissements, c'est-à-dire la danse, que comme une gêne dans l'harmonie générale de l'ensemble. Il n'a pas tort d'écrire que ces divertissements venaient couper l'action; on verra dans le chapitre sur la danse comment les théoriciens et les critiques tâchèrent de mettre fin à ces pratiques, cependant est-il absolument légitime de ne juger l'œuvre que d'après la bonne marche de l'histoire qu'on raconte; la danse n'est-elle pas un spectacle pour elle-même sans qu'on ait besoin de lui chercher l'efficacité qu'on trouve à la poésie ou au chant?

Dans ces quelques vers, les machines sont traitées de la même manière que la danse: on ne leur reconnaît qu'un rôle secondaire au service de l'action – encore leur reproche-t-on leur trop grande brutalité dans le spectaculaire. La partialité du critique vient de ce qu'il ne juge l'opéra que du point de vue de

---

4. Prévost, *Le Pour et contre* (Paris 1733-1740), ii.318-19.

l'histoire qui est racontée; il ne s'abandonne pas au merveilleux du spectacle, son regard n'est pas bercé par la grâce des danseurs et la délicatesse des décors, il ne s'étonne pas devant l'ingéniosité des machines. Sensible uniquement aux seules joies de l'entendement, il se plaint que son 'esprit s'égare'; cependant, celui-ci n'était pas seul à être convié: l'opéra est surtout un plaisir pour les sens et ce début du siècle n'était pas encore prêt à faire ainsi, sans gêne, la fête à la sensibilité.

Au niveau de l'interprétation, le chant devait se plier aux exigences de la déclamation parlée; de la même manière le compositeur est attentif aux modulations du texte poétique. Le spectacle lyrique est véritablement enfermé dans cette comparaison continuelle avec la tragédie; et comme le principe de jugement est la valeur expressive, cette comparaison lui est toujours défavorable.

Si on s'en tient aux mots seuls, les livrets d'opéra sont d'une pauvreté considérable par rapport aux textes de la tragédie classique. D'abord, ils sont nécessairement plus courts; il ne leur est donc pas possible de 'dire' beaucoup. Ensuite, les conventions n'admettent pas tous les mots dans les textes des livrets et le compositeur ne peut pas mettre n'importe lesquels en musique pour des questions évidentes de métier; leur nombre est donc extrêmement limité. Enfin, la tragédie classique est faite de récits, les événements importants ne sont pas montrés sur la scène, ils sont racontés par les protagonistes ou des messagers; l'opéra, lui, montre les combats, les monstres, les meurtres: autant de ressources et de richesses que l'on enlève au texte poétique.

On aurait dû se rendre compte que les possibilités de la tragédie lyrique sont très différentes de celles de la tragédie parlée. On comprendra au dix-huitième siècle qu'elle est le rassemblement de plusieurs modes d'expression. Les mots du livret ne sont pas seuls: les sons aussi expriment; les gestes de la danse expriment. La scène lyrique est le rassemblement de tous ces signes qu'il faut lire en même temps, d'une manière globale comme on regarderait un tableau. Au lieu que, si l'on reste dans la lecture linéaire du texte, on n'a qu'une toute petite partie de l'œuvre. Malheureusement l'esthétique très fermée du dix-septième siècle se maintiendra pour une bonne part très avant dans le dix-huitième.

C'est seulement dans la deuxième moitié du siècle que la partie semble gagnée. Chabanon, dans son *Eloge de Rameau*, souligne ce que ce compositeur apporta à la musique. A présent il peut écrire: 'On fait dire presque tout ce que l'on veut à la musique qui chante; celle qui manque à cet avantage, imitât-elle d'ailleurs, pèche dans son essence; c'est toujours l'image très imparfaite d'un objet contrefait et grimaçant sous un pinceau grossier.'[5]

5. Michel Paul Guy Chabanon, *Eloge de Monsieur Rameau* (Paris 1764), p.30.

La simple imitation est dépassée; la musique est devenue mode d'expression à part entière et un mode indépendant. Cependant même Chabanon ne va pas jusqu'au bout de la révélation faite par Rameau; pour lui il n'est encore question ici que de musique qui chante, mais à la musique pure, à la musique symphonique seule, il ne reconnaît pas les mêmes qualités. Certes, dans son esprit, les moyens d'expression de la musique, avec Rameau, ont considérablement augmenté, mais il n'a pas poussé à son terme l'observation précise des innovations. En attendant, la musique symphonique est jugée fort peu importante par les critiques, ainsi Le Cerf de La Viéville: 'La symphonie n'est que la partie la moins essentielle de la musique, puisque la musique n'est là que pour exprimer les discours et les sentiments de la tragédie, ce que la symphonie n'exprime point.'[6] La musique est reléguée au simple rôle d'accompagnement: 'L'accompagnement, comme son nom l'indique, n'est fait que pour soutenir la voix, pour lui donner de la grâce et de la force.'[7]

Bien entendu, ce rôle d'accompagnement n'est pas négligeable. Il donne aux mots, selon Mably, grâce et force. C'est la musique qui fait le texte plus vivant – plein de tout l'intérêt qu'on y trouve. Elle renforce le texte poétique. Pour Le Cerf de La Viéville déjà, elle 'retouche' le texte, lui donne les 'dernières couleurs', le 'réchauffe' (p.169). Certes, c'est le poète qui travaille d'abord; le musicien vient ensuite et doit suivre la direction indiquée, mais il achève ce que le poète a commencé; sans lui, finalement, rien n'est fait. Et si la réflexion de Callières semble restrictive et un peu péjorative pour la musique, elle n'en souligne pas moins son importance considérable: 'Le musicien doit n'être employé qu'à augmenter la force des expressions du poète et à animer par des sons appropriés au sujet les grands traits de passion que le poète sait jeter dans ces sortes d'ouvrages.'[8]

C'est beaucoup, mais cela pourrait être beaucoup plus. On interdit à la musique tout indépendance, bien davantage, toute recherche dans ce sens paraît suspecte; l'étude des sons pour eux-mêmes, en dehors de leur adéquation précise avec le texte, est jugée inutile et contraire aux règles de l'art. Ainsi, toute recherche harmonique semble dangereuse et les chœurs, par exemple, sont souvent très peu appréciés, qui font partie des moments privilégiés de la musique de Rameau. On prétend qu'ils ne peignent pas, que, comme la musique symphonique, ils n'ont pas d'expression propre. La symphonie pour Mably ne

6. Jean Laurent Le Cerf de Frémeuse de La Viéville, *Comparaison de la musique italienne et de la musique française* (Bruxelles 1704-1706), 3ème dialogue, p.147.

7. Gabriel Bonnot de Mably, *Lettre à Madame la marquise de P... sur l'opéra* (Paris 1741), 4ème lettre, p.152.

8. François de Callières, *Histoire de la guerre nouvellement déclarée entre les Anciens et les Modernes* (Paris 1688), livre XI, p.269.

fait que 'chatouiller l'oreille'; de plus elle demande à l'auditeur un travail, un effort intellectuel; pour lui, elle s'oppose à l'expression pure du sentiment (p.134).

A l'autre bout du siècle, en 1774, pour le prince de Ligne, il n'est toujours pas question de reconnaître la valeur propre de la symphonie; il ne parle que d'accompagnement:

Il y a une grande dispute entre la partie chantante et l'accompagnement. J'avoue que je suis très porté à croire que celui-ci est fait pour celle-là: qu'il ne doit jamais prendre le dessus, et que l'orchestre est fait pour soutenir et assurer les voix. Je prierai aussi les instruments de ne pas vouloir briller à leurs dépens. Ils ont les concerts et les Eglises pour eux.[9]

Cependant, la position du prince de Ligne est extrême, car on observe, autour de Rameau, que les idées bougent, lentement, certes, et pour des raisons différentes, pour ne pas dire opposées. D'abord, la tradition lullyste n'est pas simplement immobile, sinon rétrograde: elle ne se borne pas, seulement, à la simple répétition des œuvres du grand maître: toute une part d'elle-même est active. Rameau sera au nombre de ces grands continuateurs de Lully dans lequel il puisera sa force, au lieu que beaucoup ne sont qu'aveuglés, puis arrêtés dans leurs propres courses. Lully insistait sur l'idée que la musique doit toujours être en rapport avec l'action; il mit cette idée en pratique, à sa manière; ses successeurs la gardèrent mais augmentèrent les moyens, ainsi Dubos: 'le plus grand mérite [des parties symphoniques] c'est le rapport qu'elles ont avec l'action'.[10]

Il ne s'agit pas d'exprimer l'atmosphère dramatique de la fable, ni les passions des protagonistes. Ces rapports avec l'action vont rester limités au décalque simple des phénomènes naturels dans ce qu'ils ont de plus grossier, de plus apparent, comme, par exemple, les tremblements de terre, les éruptions volcaniques, le roulement des flots dans la tempête. La symphonie descriptive dispose, pour l'instant, d'un très petit nombre de thèmes; mais il y a là, déjà, le début d'une prise d'indépendance.

A la tradition lullyste, vers 1750, va s'ajouter l'influence de l'Italie. Les partisans de la musique italienne ont finalement le même souci que ceux de la musique française. Eux aussi, ils réclament plus d'expression. Après une représentation de la *Serva padrona* en 1752, ils n'ont que ce mot à la bouche; Clément dans les *Cinq années littéraires* en est un peu agacé; il ne voit peut-être pas assez qu'il y a là le germe d'une grande transformation esthétique. Il

9. Prince de Ligne, *Lettres à Eugénie sur les spectacles* (Bruxelles, Paris 1774), 3ème lettre, p.151-52.

10. Jean-Baptiste Dubos, *Réflexions critiques sur la poésie et sur la peinture*, *1719*, 7e édition (Paris 1770), p.656.

se moque de l'enthousiasme des amateurs et de leur argumentation qui, probablement, devait être bien excessive:

J'aime à voir nos subtils amateurs s'étonner d'être bien aises, argumenter sur leur plaisir, émousser ce plaisir par la réflexion, et ne laisser pas d'en avoir beaucoup. Ils ne nous parlent que d'expression; et cette expression qui les transporte aujourd'hui, ils ne s'en doutaient pas il y a six semaines. Quelle folie de s'attendre à trouver perpétuellement dans de la musique une expression indépendante de l'habitude! Combien d'idées absolument nécessaires à un opéra, de sentiments même, qui n'ont point d'expression musicale propre, ou qui n'en ont qu'une vague et très indécise? Combien qu'il faut laisser flotter dans ce vague et abandonner aux caprices de l'imagination? Mais je sens que le raisonnement me gagne moi-même; sauvez-vous.[11]

L'exigence d'expression maintenant s'est emparée du parterre et ne le lâchera plus. Tant pour les néolullystes que pour les partisans des Bouffons, l'œuvre d'opéra et principalement la musique d'opéra entre dans une nouvelle dimension. On sent qu'il est besoin de dépasser le simple décalque de la nature; enfin l'esthétique musicale change de perspective. Le chant du rossignol est beau, nous dit Morellet mais, après tout, s'il faut l'imiter, un chalumeau suffit. Par la musique, au contraire, l'émotion est plus grande, on peut la travailler grâce à une liberté d'interprétation sans limite; et finalement on éprouve 'un plaisir bien plus grand à entendre [une cantatrice] que tous les rossignols'.[12]

Bien que cela reste encore très vague, on demande plus à la musique; on devine qu'elle peut exprimer beaucoup et autrement; on reconnaît que l'art musical a fait des progrès: 'Il est certain que cet art, en se perfectionnant, n'est pas devenu moins propre à rendre les sentiments de la douleur et de la tristesse que ceux de la joie.' Mably nous explique, en substance, que la musique n'est pas un langage, mais qu'elle donne une illusion, une illusion riche en expression (1ère lettre, p.31):

L'illusion naîtra dès que les passions seront vivement remuées; et y a-t-il quelque chose de plus capable de les réveiller que la musique? Quoique les sons d'un instrument ne signifient rien par eux-mêmes, n'éprouve-t-on pas tous les jours qu'ils causent à l'âme différents transports? Ils enflamment le courage, ils attendrissent, ils font passer de la terreur à la pitié ou à la gaîté.

La musique crée une atmosphère favorable à l'éclosion des sentiments et des passions; si elle n'exprime pas elle-même ces passions, elle leur permet de naître, d'évoluer, de se développer; elle crée un climat favorable. De cette manière, son importance grandit considérablement; elle occupe une place de plus en plus essentielle dans le spectacle lyrique. L'abbé Batteux ira même

11. M. Clément, *Les Cinq années littéraires, 1748-1752* (La Haye 1754), lettre 109, 15 oct. 1752.
12. André Morellet, *De l'expression en musique* (1759), cité d'après *Mélanges de littérature et de philosophie du XVIIIe siècle*, t.iv (Paris 1818), p.394.

jusqu'à reconnaître à la musique les mêmes qualités d'expression qu'aux mots: 'Puisque les sons dans la musique et les gestes dans la danse ont une signification [...] l'expression de la musique et de la danse doit avoir les mêmes qualités naturelles que l'élocution oratoire.'[13]

Peut-être ne sort-il pas encore tout à fait de la comparaison avec la poésie, mais il est un des premiers à mettre sur le même plan les trois modes d'expression essentiels du spectacle lyrique: musique, danse et poésie se trouvent à présent sur un pied d'égalité. Batteux a vu ce rassemblement. Maintenant qu'ils ont été distingués les uns des autres, il s'agira de préciser, pour chacun de ces modes d'expression, quels sont ses moyens originaux et comment il s'agit de les utiliser et de les lire. En ce qui concerne la musique Grimm, dans la *Lettre sur Omphale*, fait une réflexion à propos de Rameau qui prêterait à croire qu'il a entrevu l'essentiel de la musique du maître. Il écrit que, dans sa musique, Rameau ne traduit pas mot à mot, ce qui serait puéril, mais donne expression au morceau tout entier; il crée, aussi, une atmosphère générale; il la recrée, d'un seul jet, par les ressources même de la musique. Ce qu'a compris Grimm dans la musique de Rameau, c'est qu'il ne fallait pas la lire, comme un texte, d'une manière linéaire, mais qu'il fallait la voir dans son ensemble comme un tableau. Cette idée nous semble absolument essentielle, et nous allons voir pourquoi.

ii. De Lully à Rameau

Un ruisseau coulait paisiblement; c'est la musique de Lully. Des deux côtés de son rivage, il se forme un bras, et ces bras font deux fleuves. L'un devient subitement, et comme par un prodige, profond, vaste et détendu; c'est la musique de M. Rameau: on voit l'autre grossi successivement par deux eaux étrangères; c'est la musique que nous aurons désormais.[14]

Rameau et Glück sont ici bien placés, tous deux descendants de Lully dont ils continuent la tradition. Et il est vrai que Rameau n'est pas un révolutionnaire; en fait, il avance dans le sens du siècle. Rousseau, son ennemi déclaré en matière de musique – bien que là encore il faille nuancer, mais au moment de la guerre des Bouffons les passions étaient exacerbées – connaît les mêmes préoccupations finalement sur beaucoup de points. Dans son *Dictionnaire de musique*, à l'article 'Expression', il explique qu'il veut que la musique sorte de son simple rôle d'imitation de la nature au second degré, qui fait de la musique une imitation de la déclamation, elle-même imitation de la nature. Mais pour Rousseau, la panacée c'est la mélodie; sur ce point-là il s'oppose radicalement

13. Article 'Expressions de la musique et celles de la danse'.
14. Chabanon, p.33.

18

à Rameau. Cependant, si les moyens diffèrent, la volonté de changement est de la même force: 'Ce qu'on cherche donc à rendre par la mélodie, c'est le ton dont s'expriment les sentiments qu'on veut représenter, et l'on doit bien se garder d'imiter en cela la déclamation théâtrale qui n'est elle-même qu'une imitation, mais la voix de la nature, parlant sans affectation et sans art.' La voix de la nature, pour Rousseau, c'est la mélodie; pour Rameau c'est l'harmonie. Cette opposition entre harmonie et mélodie va nourrir considérablement la guerre des Bouffons, bien qu'à l'observer de plus près, elle ne soit pas aussi légitime que certains le prétendaient à l'époque. Il est toujours question d'imiter la nature, mais c'est sur le mot nature que les divergences se forment. Pour Rousseau, la mélodie est première; la nature est pleine de mélodies comme le chant des oiseaux et la voix humaine; pour Rameau, c'est l'harmonie qui est première, et la mélodie seconde: la mélodie est construction harmonique; chaque note qui la forme est déjà un agglomérat de sons. Il s'agit, pour l'observateur, de démonter cette combinaison, de sonder la complexité du son naturel: c'est la théorie du 'corps sonore' chez Rameau. Le corps sonore est un accord de plusieurs notes; ce que l'on entend dans la mélodie, c'est cet accord. La véritable observation de la nature doit donc travailler en profondeur; il s'agit d'explorer le corps sonore pour en dégager le plus petit élément comme au microscope. Le musicien devient savant, au lieu de rester, comme chez Rousseau, simple poète. La mélodie est une illusion naturelle. L'auditeur peut s'y laisser bercer; le savant doit la démonter pour voir comment et de quoi elle est faite. Et l'artiste est d'abord ce savant. S'il défait l'illusion, c'est pour savoir la reconstituer ensuite, mais il le fera, alors, à sa manière, avec ses propres implications et sa volonté personnelle.

Imiter simplement la mélodie, comme veut qu'on le fasse Rousseau, c'est suivre la nature en surface, on pourrait dire, horizontalement; étudier cette mélodie dans toutes ses composantes, c'est-à-dire, dans tous les corps sonores qui la forment, observer ces corps sonores, en découvrir les lois, c'est un travail en profondeur, une étude verticale. Il est vrai que les deux sortes d'attitudes ont la même ferveur pour la nature, simplement l'une ne voit que l'enveloppe, tandis que l'autre veut comprendre ce qu'elle enferme et de quoi elle est faite. L'une se laisse aller à l'illusion et l'émotion; l'autre veut pouvoir fabriquer cette émotion de manière rationnelle.

Car c'est bien toujours d'émotion dont il s'agit, pour Rousseau comme pour Rameau: 'L'harmonie', écrit le compositeur, 'peut émouvoir en nous différentes passions à proportion des accords qu'on y emploie. Il y a des accords tristes, languissants, tendres, agréables, gais, surprenants.'[15]

15. Jean-Philippe Rameau, *Traité de l'harmonie réduite à ses principes naturels* (Paris 1722), p.141.

C'est l'harmonie qui exprime; et en étudiant l'harmonie, on étudie le mode d'expression de la musique. Les fondements de l'expression sont d'abord physiques; l'émotion naît de la combinaison de forces physiques, et l'harmonie est la science, à proprement parler, des émotions: 'C'est à l'harmonie seulement qu'il appartient de remuer les passions; la mélodie ne tire sa force que de cette source dont elle émane directement; l'harmonie est l'unique base de la musique et le principe de ses grands effets.'[16]

Le premier travail du musicien sera donc d'étudier la nature, de l'observer d'abord pour bien en voir les couleurs et les nuances; c'est en ce sens que Rameau écrit à Houdar de La Motte.[17] Ensuite, il effectuera un véritable travail sur la nature. C'est déjà ce que pensait l'abbé Batteux; pour lui le travail du musicien consiste à choisir, à organiser, à préciser et à animer les éléments observés dans la nature, à mettre la mesure dans la combinaison: 'la mesure ne détruit rien, elle ne fait que régler ce qui ne l'était pas, en le laissant tel qu'il était auparavant'.[18]

Le compositeur construit avec les éléments de la nature, et en construisant, il la corrige. La raison intervient dans le travail de l'artiste, et cette raison ne s'oppose pas à la sensibilité. Rameau va donner, à son tour, un nouveau statut à la musique; il va lui apporter ce que d'Alembert appellera 'le flambeau du raisonnement'; il en a fait 'une science digne d'occuper les philosophes'.[19] La musique sera le lieu de rassemblement de la raison et de la sensibilité; cette nouvelle orientation de l'esthétique musicale rejoint exactement la définition du Beau développée par Diderot: le plaisir que l'on éprouve en face du Beau pour le philosophe vient de l'observation des rapports logiques qui s'y dessinent; ce plaisir a deux sources, l'entendement et les sens, la réunion des deux est nécessaire pour que le plaisir soit parfait.[20] En ce qui concerne la musique, il la compare à l'architecture: le spectateur en face d'un monument voit les rapports mathématiques; son plaisir est celui des yeux, mais aussi celui de l'esprit.

Grâce à son observation de la nature, Rameau aurait pu écrire un véritable catalogue de la valeur expressive et picturale des différents accords harmoniques. Il ne l'a pas écrit, parce que cela lui aurait demandé un travail trop considérable, mais il utilise dans son œuvre tout un arsenal de moyens de créer l'émotion. Le musicien dispose à présent d'une véritable grammaire, de tout un dictionnaire du langage musical qui ne doit rien à celui des mots, qui vit selon un autre

16. Rameau, *Observation sur notre instinct pour la musique* (Paris 1754), Préface, page vi.
17. Voir appendice v.
18. *Les Beaux arts*, note de la page 266.
19. Jean Le Rond d'Alembert, *Discours préliminaire de l'Encyclopédie*.
20. Denis Diderot, *Traité du beau*, in *Œuvres*, éd. André Billy (Paris 1951), p.1075-1112.

rythme, d'autres règles, qui ne se superpose pas au langage parlé mais occupe son domaine propre, disant en même temps que les mots souvent autre chose qu'eux, et cela avec autant de nuances et de précision, autant d'exactitude et de variété. La musique symphonique, au lieu d'être simplement cantonnée dans la reproduction des effets grossiers de la nature, peut maintenant embrasser la totalité du réel, l'ensemble de la nature. Et dans le mot nature, il faut inclure l'homme tout entier, avec ses sentiments, son caractère, ses émotions. La musique est un langage total – grâce au travail raisonnable effectué sur les sons, elle explore la sensibilité toute entière; elle ne décalque pas la nature, elle fait éprouver à l'auditeur les mêmes impressions qu'elle aurait fait naître en lui, mais ces impressions, purifiées, dramatisées, cernées avec plus de précision, mises en objet d'art. La musique ne peint pas vraiment la nature, elle fait mieux; il y a une parenté réelle entre les notes et les couleurs, il y a, nous dit Morellet, 'quelque chose de commun entre les impressions que nous fait éprouver un beau lever de soleil et la sensation que nous recevons d'un certain emploi des sons'.[21]

Pour Rameau, la musique est l'expression totale; elle est capable même d'exprimer l'inexprimable. Et Favart qui est un de ses grands admirateurs ne s'y est pas trompé: pour lui la musique doit même exprimer les silences. A propos des débuts du 'sieur Joli', il lui reproche son manque d'action, 'ce que l'on ne passe point dans nos spectacles'. Au passage il lance un trait à la musique italienne: 'Il n'appartient qu'aux chanteurs italiens de s'en passer'; eux, évidemment, ne disposent que de la mélodie. En France 'nous voulons que le silence même soit expressif'.[22]

Dans ces conditions, tout l'arsenal dont peut disposer la musique symphonique est considérable. Rameau développa de grands ensembles instrumentaux, mais aussi de grands ensembles vocaux, comme les chœurs – où les voix sont utilisées comme des instruments, et où leurs combinaisons sont autant d'études harmoniques. Avec Rameau, la musique instrumentale gagne en ampleur: 'Par ses réflexions sur l'harmonie (qui exprime les passions), Rameau, tout en conservant l'idée que la musique imite la nature, la transforme et l'élargit en introduisant la musique instrumentale, le chœur comme moyens d'expression.'[23]

La Harpe reconnaît en Rameau le véritable reformateur de l'orchestre français; il fait une peinture bien alarmante de ce qu'était la musique instrumentale avant Rameau:

Il n'était plus guère possible de se dissimuler que le chant de nos opéras, à l'uniformité

21. *De l'expression en musique*, p.374.
22. Georges Snyders, *Le Goût musical en France au XVIIe et XVIIIe siècles* (Paris 1968), p.84.
23. Charles Simon Favart, *Mémoires et correspondance littéraire*, éd. Dumolard (Paris 1808), 18 août 1760.

du dessin joignait celle des ornements, dont les ports de voix et surtout l'éternelle cadence faisaient tous les frais; et la pauvreté des accompagnements était d'autant plus étrange, que les instruments étant en plus grand nombre, ne faisaient guère qu'un plus grand bruit, jusqu'à Rameau, qui fut réformateur en cette partie comme dans celle des chœurs et des ballets. Il créa véritablement l'orchestre français.[24]

Bien entendu, toutes ces transformations ne vont pas sans des critiques très sévères de ceux qui n'ont pas su jauger exactement l'esthétique de Rameau:

> France, il faut l'avouer, telle est votre manie,
> L'expression souvent se perd dans l'harmonie;
> A travers le chaos, le goût ne s'entend plus
> Et la voix pousse en l'air des accents superflus.
> L'accompagnement simple en relève le charme:
> Réservons pour les chœurs l'harmonieux vacarme.
> Mais dès lors que la voix porte le sentiment
> Elle veut dominer sur l'accompagnement:
> C'est de nos passions l'interprète et l'organe
> C'est l'oracle du cœur; taisez-vous bruits profanes;
> Elle parle; à quoi sert ce tumulte savant
> Qu'un art confus étale, et qu'emporte le vent?[25]

C'est méconnaître totalement le rôle nouveau attribué à la musique, et n'accorder qu'au chant la possibilité d'exprimer.

24. Albert de Lasalle, *Les 13 salles de l'Opéra* (Paris 1875), p.122.
25. Anonyme, *Guerre des Bouffons, réforme de l'opéra*, 16 février 1753, Bibliothèque de l'Arsenal, Fonds Rondel, Ro659, p.1-2.

2. Rameau: plus loin que les philosophes

L E rôle des philosophes n'est pas négligeable dans la transformation de l'esthétique musicale au dix-huitième siècle. A part Rousseau, pourtant, aucun n'est compositeur, donc n'est véritablement un homme du métier; mais les jugements qu'ils portent sur la musique de leur temps, sur les innovations qu'ils peuvent observer, sur les critiques qu'on en fait sont des jugements d'hommes de goût et de réflexion. La guerre des Bouffons a, certes, été excessive sur bien des points, marquant, pour chacun des deux camps, des limites bien distinctes et souvent illégitimes; cependant, elle eut le mérite de remuer les idées et, sinon de les faire avancer, au moins de les définir d'une manière précise. La musique est une part importante de la recherche encyclopédique des philosophes; explorer tous les domaines de la connaissance est le but qu'ils se proposent; certains d'entre eux se voient même investis du rôle supérieur de dire le dernier mot sur le goût. Grimm a, ainsi, une très haute opinion de ses réflexions esthétiques: 'C'est aux philosophes [...] de fixer le goût et de le rendre sûr dans la nation [...] c'est aux gens de lettres comme professeurs de leur nation et de l'univers d'éclairer la multitude par leurs lumières et de la guider par leurs préceptes.' Et pour la musique en particulier: 'C'est aux philosophes et aux gens de lettres que la nation doit, même sans s'en douter, son goût devenu depuis peu général pour la bonne musique.'[1] Le philosophe est donc l'arbitre universel. Rousseau est bien de cet avis: 'C'est au poète à faire de la poésie et au musicien à faire de la musique, mais il n'appartient qu'au philosophe de bien parler de l'un et de l'autre.'[2] Ce qui ne les empêche pas d'ailleurs, quelquefois, de reprendre à leur compte les idées communes, ainsi d'Alembert à propos de la musique instrumentale: 'toute cette musique purement instrumentale, sans dessein et sans objet, ne parle ni à l'esprit, ni à l'âme, et mérite qu'on lui demande avec Fontenelle: "Sonate, que me veux-tu?"'[3] S'en référer à Fontenelle en plein milieu du dix-huitième siècle alors que la musique est en pleine transformation ne relève pas d'une ouverture d'esprit très originale. Pour ce philosophe: 'Toute musique qui ne peint rien n'est que du bruit.' Il écrit cette formule énergique dans le discours préliminaire de l'*Encyclopédie*, un ouvrage qui s'est fixé pour but de faire la somme de toutes les connaissances

---

1. *Lettre sur Omphale, Correspondance littéraire*, éd. Tourneux (Paris 1877-1882), xvi.301
2. *Lettre sur la musique française, Ecrits sur la musique* (Paris 1979), p.260.
3. D'Alembert, *De la liberté de la musique*, p.544-45.

et de tous les mouvements d'idées du temps et d'en porter témoignage. Ce n'est pas véritablement là qu'il aurait fallu placer une pensée aussi rétrograde.

Cependant, mis à part les excès malheureux, très souvent, la position des philosophes sur la musique est beaucoup plus nuancée et se rapproche de celle de Rameau. Ils sont bien d'accord avec le compositeur pour donner à la musique instrumentale une place plus importante. Ils partagent la même confiance dans la valeur expressive de la musique. D'autre part, ils insistent, comme l'avait fait Lully, comme le fait continuellement Rameau, pour que la musique instrumentale soit en rapport avec l'action. C'est pour eux une exigence de la vraisemblance, mais aussi un des moyens d'atteindre à l'unité du spectacle lyrique. L'exemple de l'ouverture est significatif. Nous verrons, dans le chapitre suivant, comment Rameau la réforma, dépassa l'ouverture 'à la française' inventée par Lully, pour donner à cette partie de la musique symphonique une place véritablement expressive dans l'œuvre. C'est exactement l'opinion de Rousseau qui écrit, dans son article 'Ouverture' du *Dictionnaire philosophique*: 'L'ouverture la mieux entendue est celle qui dispose tellement les cœurs des spectateurs, qu'ils s'ouvrent sans effort à l'intérêt qu'on veut leur donner dès le commencement de la pièce.' Et, de fait, toute une partie du travail de Rameau porte sur ce point précis.

Ce n'est pas sur ce seul sujet que les philosophes se trouvent en accord avec le compositeur. En dehors de la querelle, leur admiration s'exprime très souvent; on connaît la réaction de Grimm, fraîchement débarqué d'Allemagne, à la première audition de *Platée*. Pourtant, il était très prévenu contre la musique française; il trouva *Platée* admirable et se confondit en éloges de toutes sortes.[4] Les divergences viennent à propos de la définition que l'on donne de la nature et sur les moyens de l'imiter. Celle des philosophes est à la fois très simple et très classique. Très simple, parce qu'ils ne voient dans la nature que des rapports immédiats avec les sens; les sentiments, les passions, l'âme, le cœur doivent s'exprimer directement, sans déguisements, sans décorations, comme dans le drame larmoyant de Diderot. Toute recherche est aussitôt jugée suspecte. A côté de cette opinion un peu sommaire de la nature, une partie de leur jugement prend sa source dans l'esthétique classique: exprimer la nature devra se faire avec mesure; il faut tenir compte des règles de la bienséance et toujours rester dans l'agréable. C'est un des arguments que développera Rousseau pour critiquer l'opéra français 'où le ton passionné ressemble au cri de la colique plus qu'aux transports de l'amour'.[5]

On imite la nature, oui, mais la belle nature. Telle est aussi la position de

4. *Lettre sur Omphale, Corr. litt.*, xvi.303.
5. *Dictionnaire de musique*, article 'Expression'.

24

2. Rameau: plus loin que les philosophes

Clément lorsqu'il juge l'ouverture de *Zaïs*; il la trouve particulièrement réussie quant à sa valeur expressive, mais sa sensibilité artistique en est choquée:

> Quant à l'ouverture, où l'on a prétendu peindre le débrouillement du chaos, je trouve qu'elle le peint si bien qu'elle en est désagréable; car tout ce choc des éléments qui se séparaient et se rajustaient n'a pas dû former un concert bien ami de l'oreille; heureusement l'homme n'était pas encore né pour l'entendre; le Créateur lui sauva cette ouverture qui lui aurait cassé le tympan.[6]

La recherche musicale de Rameau ne se fonde pas uniquement sur cette conception d'abord et seulement esthétique. L'artiste est un savant; son étude dépasse largement les simples notions de goût et de bienséance; ce genre de modération, cette adéquation à la mode viendront ensuite sous forme de corrections ou de réajustements. Son contact avec la nature est très complexe; il lie des rapports en profondeur et, lorsqu'il construit son œuvre, il le fait avec les éléments empruntés à la nature, certes, mais il ne reconstruit pas la nature; il désire même faire mieux qu'elle.

Un tel travail paraît aux philosophes bien artificiel, surtout lorsque l'on touche au merveilleux. Mais pour Rameau, le merveilleux peut susciter aussi des passions; et la musique s'accorde bien avec lui. Merveilleux et musique sont de la même famille: tous deux vivent en dehors des normes du langage parlé; la musique, comme le merveilleux, remplit les franges du langage poétique, son expression touche à l'inexprimable, à l'indicible. Elle est le domaine du merveilleux. Et, puisqu'il s'agit de remuer les passions, qu'on le fasse avec les moyens sommaires de la réalité, ou avec ceux empruntés au merveilleux, qu'importe! Et si le merveilleux permet de 'construire' ces passions de manière plus pleine et entière, tant mieux! Grâce au merveilleux, grâce à la musique, l'artiste peut aller beaucoup plus loin que la simple reproduction de la nature, position à laquelle, finalement, les philosophes sont restés.

Pour résumer, nous pouvons dire que lorsqu'il s'agit de donner à l'opéra son unité, Rameau et les philosophes se trouvent assez d'accord. Les divergences naissent à propos de la création artistique proprement dite. Pour les philosophes, toute recherche harmonique, toute superposition est à condamner. Ils approuvent certains récitatifs de Rameau dans la mesure où ceux-ci 'expriment' comme la déclamation parlée et d'une manière linéaire – du moins, ils ne voient alors en eux que cette sorte d'expression – mais ils se trouvent unanimement en opposition sur les constructions harmoniques comme les duos et les chœurs.

6. *Les Cinq années littéraires*, lettre VIII, 15 avril 1748.

i. Le récitatif

En tant qu'élément de liaison et d'unité de l'œuvre d'opéra, le récitatif est jugé très favorablement par les philosophes. Dans son *Dictionnaire de musique*, à l'article 'Récitatifs', Rousseau fait l'éloge du Récitatif obligé:

> C'est celui qui, entremêlé de ritournelles, et de traits de symphonie, oblige, pour ainsi dire, le récitant et l'orchestre l'un envers l'autre, en sorte qu'ils doivent être attentifs et s'attendre mutuellement [...] L'acteur, agité, transporté d'une passion qui ne lui permet pas de toute dire, s'interrompt, s'arrête, fait des réticences, durant lesquelles l'orchestre parle pour lui.

Ce qu'admire Rousseau dans le récitatif obligé, c'est qu'il s'agit, en fait, ici, d'un véritable dialogue entre l'orchestre et le récitant à la manière d'un dialogue que l'on pourrait trouver dans le théâtre parlé. Les deux 'voix' ne se superposent pas, elles se passent le flambeau, et jamais la ligne musicale n'est rompue ou nouée par endroits dans des effets harmoniques. Son principe de jugement est la comparaison avec la tragédie parlée.

Les philosophes, d'une manière générale, ne cachent pas leur admiration pour le récitatif de Rameau. Ils lui savent gré d'avoir supprimé les 'langueurs' de celui de Lully: 'son récitatif est moins naturel, mais beaucoup plus varié que celui de Lully',[7] écrit Rousseau, d'accord avec Grimm: 'c'est précisément [dans le récitatif] que je trouve M. Rameau grand très souvent et toujours original',[8] et avec d'Alembert: 'Il faudrait parcourir tous les opéras de Rameau pour y trouver et remarquer de combien de choses nouvelles il a enrichi notre récitatif.'[9]

D'Alembert se laisse prendre aux filets du compositeur, preuve que le travail a été bien mené, que l'observation a été exacte. L'illusion est telle que le philosophe s'y trompe. A propos du deuxième acte de *Dardanus*, il écrit:

> Il me semble qu'un excellent acteur qui aurait à déclamer tout cet endroit de la scène de *Dardanus*, le rendrait précisément comme il est mis en musique [...] Il n'est pas possible de porter plus loin que le compositeur l'a fait, la vérité du sentiment et la ressemblance du chant et du discours.[10]

C'est en référence à la déclamation de la tragédie parlée que le jugement est porté mais cela n'a plus d'importance: la partie est gagnée. Elle le sera aussi pour *Castor et Pollux* comme en témoigne Decroix dans *L'Ami des arts*:

> Voyez la première scène du premier acte de *Castor et Pollux*, c'est le ton naturel, mais noble et plein de vérité, d'une conversation entre des personnages élevés; dans le combat

---

7. Jean-Jacques Rousseau, *Ecrits sur la musique* (Paris 1979), *Lettre à Grimm*, p.447.
8. *Lettre sur Omphale*, *Corr. litt.*, xvi.310-11.
9. Jean Le Rond d'Alembert, *Fragments sur la musique en général et sur la nôtre en particulier*, in *Œuvres et correspondances inédites*, éd. Henry (Paris 1887), p.175.
10. *De la liberté de la musique*, p.430.

de générosité entre Castor et son frère, au quatrième acte, il est sublime; dans la grande scène du cinquième acte, il est touchant et pathétique; la passion la plus tendre y respire. Le musicien, par un art admirable a su y exprimer en même temps, la joie et la douleur, l'espoir et la crainte.[11]

Et l'auteur conclut: 'Malheur aux hommes qui seraient insensibles à de telles beautés.'

Pour les philosophes, cependant, le récitatif est avant tout une transition entre la parole et l'air. Il s'agit de ménager une progression, une dynamique de l'œuvre dans laquelle le récitatif servirait de passage: 'Le discours parlé, le récitatif noté, et le chant d'expression, sont trois teintes de la palette du musicien [...] le discours parlé conduit aussi naturellement au récitatif noté que le récitatif noté au chant d'expression.'[12] Ainsi parle Diderot; ce qui permettra au compositeur pour exprimer une passion violente, de supprimer la transition et de passer directement de la parole à l'air.

On reproche alors à Rameau de ne pas faire assez la différence entre l'air et le récitatif. Tout est jugé trop chanté, trop lié, mais c'est justement ce que voulait le compositeur. Une critique de Rousseau est révélatrice du rôle rassembleur du récitatif de Rameau et du récitatif français en général. Dans une lettre à Grimm, il écrit:

Proprement les Français n'ont point de vrai récitatif; ce qu'ils appellent ainsi n'est qu'une espèce de chant mêlé de cris, leurs airs ne sont à leur tour qu'une espèce de récitatif mêlé de chant et de cris; [...] tout cela se confond, on ne sait ce que c'est que tout cela. Je crois pouvoir défier tout homme d'assigner dans la musique française aucune différence précise qui distingue ce qu'ils appellent récitatif de ce qu'ils appelent airs.[13]

Rameau apparaît, car il s'agit bien de lui sous la plume de Rousseau, comme le grand précurseur de Wagner et l'inventeur de la musique ininterrompue. Mais pour les philosophes, c'est trop de travail, trop de complexité, trop de complications: ils voudraient des 'scènes' selon la définition de ce mot dans la tradition et pas autant d'ornementation, d'agréments: 'Pourquoi tant de caden- ces,' écrit Blainville, 'ports de voix, coulés [...]? tous agréments qui ne doivent être employés qu'aux airs chantants, et rarement dans le récitatif.'[14] Et d'Alembert:

Les cadences, les tenues, les ports de voix que nous y prodiguons seront toujours un écueil insurmontable au débit ou à l'agrément du récitatif: si la voix appuie sur tous ces ornements, le récitatif traînera; si elle les précipite, il ressemblera à un chant mutilé.

11. J. J. M. Decroix, *L'Ami des arts ou justification de plusieurs grands hommes* (Amsterdam 1776), p.121.
12. Diderot, *Œuvres complètes*, éd. Assézat-Tourneux (Paris 1875-1877), xii.753.
13. *Écrits sur la musique, Lettre à M. Grimm*, p.440-41.
14. C. H. Blainville, *L'Esprit de l'art musical* (Genève 1754), p.54-55.

Mais ne serait-il pas possible, en supprimant toutes ces entraves de donner au récitatif français une forme plus approchante de la déclamation?[15]

L'idéal de d'Alembert est le récitatif sans agréments à l'italienne.

Avec la musique de danse qui est un autre point important que Rameau travaillera, l'opéra a changé de visage. Le petit prophète de Grimm se plaint:

Et je m'ennuyais comme cela pendant 2 heures et demie à écouter un recueil de Menuets et d'airs qu'ils appellent Gavottes, et d'autres qu'ils appellent Rigaudons et Tambourins et Contre danses; le tout entremêlé de quelques scènes de plain-chant, tel que nous le chantons dans nos vêpres [...] Et je vis qu'on nommait cela en France un opéra.[16]

Le plain-chant, c'est le récitatif de Rameau. C'est une des raisons pour Fréron du manque de succès de *Acanthe et Céphise*. Il accuse Marmontel d'avoir voulu 'sacrifier la "scène" au spectacle et les nuances à la rapidité: contrainte malheureuse et désormais inévitable'.[17] On veut des 'scènes', on veut comprendre les paroles, comme au théâtre parlé, comme à l'opéra italien:

L'air italien est bien moins raisonnable que le nôtre; mais en récompense leur récitatif, en un sens, l'est beaucoup plus. Ce n'est presque qu'une déclamation qu'on ne trouve point désagréable, quand on y est accoutumé. On entend très distinctement les paroles, parce que l'accompagnement n'est pas continu, et ne consiste que dans un coup d'archet qui se fait entendre à la fin de chaque membre d'une phrase; en sorte que c'est moins accompagner que suivre.[18]

Plus tard, loin de la querelle, les humeurs se sont un peu calmées; Decroix en 1776 reconnaît que le récitatif doit être caractérisé: quand un dieu s'exprime, ou un héros, il ne peut le faire comme un personnage ordinaire. C'est au compositeur de marquer la différence, d'annoncer le ton de la scène:

Nous avons toujours pensé que la tragédie destinée à peindre les grandes actions des Dieux, des Rois et des Héros, ne devait pas être déclamée du ton de la conversation ordinaire, comme la comédie qui n'est que la représentation naïve des mœurs et des travers que nous avons chaque jour sous les yeux. Nous croyons qu'il est ridicule de confondre des choses si différentes, sous prétexte qu'il faut partout du naturel [...] La perfection consiste à assortir toujours le style au sujet que l'on traite. C'est un précepte de rigueur dans la musique comme dans la poésie, la peinture, la déclamation et tous les arts imitatifs.[19]

Il reconnaît à l'interprète comme au compositeur un rôle plus actif et salue Rameau au passage (p.177-79):

15. *De la liberté de la musique*, §21, p.426.

16. Friedrich Melchior Grimm, *Le Petit prophète de Boehmischbroda* (Paris 1753), ch.VII, p.17.

17. Elie Fréron, *Lettres sur quelques écrits de ce temps* (1749-1754), suivi de *L'Année littéraire* (Amsterdam 1754-1790), décembre 1751, tome V, lettre VI. Au contraire, Diderot affirme (*Neveu de Rameau*, ed. J. Fabre, Genève 1952, p.6) que Rameau nous a délivré du plain-chant de Lully.

18. Mars 1749, tome II, lettre IX, p.217.

19. *L'Ami des arts*, note 63, p.137.

2. Rameau: plus loin que les philosophes

Il est vrai que Rameau ne chantait que quand il le fallait, parce qu'il était persuadé que c'eût été un grand défaut de le faire toujours. Il aurait pu comme d'autres joindre ensemble vingt ou trente morceaux mesurés ou ariettes et appeler cela une tragédie ou un ballet, mais il avait une plus haute idée d'un bon opéra. Il le considérait comme un vaste tableau qui doit plaire d'abord par un sujet intéressant, ensuite par des oppositions, des contrastes, par la variété et l'élégance dans les formes et mille nuances dans les couleurs. Il pensait avec Lully que le récitatif doit être considéré comme la partie principale et tout le reste comme les ornements.

C'est ainsi que Rameau, sans faire de révolution, force le goût: il choque. Le public de 1735 à la première représentation des *Indes galantes* est très déconcerté par les récitatifs. Rameau paraît gêné. Grimm nous rapporte que dans l'édition de cette musique, il n'osa pas imprimer le récitatif 'parce que tout Paris le trouvait détestable'.[20] Cependant, bientôt, l'opinion lui fut favorable. Rameau, en fait, ne quitte jamais la ligne droite de la tradition. Le récitatif de Lully n'était, certes pas, chanté ni mélodique, il était 'débité' avec les intonations de la tragédie parlée, mais on peut y reconnaître en embryon une place de plus en plus importante faite au tour de chant; et Rameau ne fait que généraliser et développer cette partie encore très timide chez Lully, Chez lui, les récitatifs sont parfois presque du chant par lequel il s'attache à exprimer une idée ou un sentiment. On y observe également de véritables vocalises. Toutes les expressions, toutes les passions peuvent ainsi être rendues. Qu'on écoute simplement la scène trois de l'acte III d'*Hippolyte et Aricie* lorsque Phèdre dévoile son amour à Hippolyte. Ce que Racine exprime par ses alexandrins, Rameau doit le rendre par la ligne mélodique de son récitatif.

Dans l'acte v de *Castor et Pollux*, Castor et Télaïre se retrouvent; le héros n'est revenu que pour un jour dans les enfers et il doit repartir. Le récitatif rend alors la valeur expressive et dramatique de la scène de manière tout à fait remarquable: tel est l'avis de Decroix: 'Le musicien, par un art admirable, a su y exprimer en même temps la joie et la douleur, l'espoir et la crainte' (p.121-22).

Le récitatif de Rameau relève d'une véritable théorie esthétique. Cette volonté de développer le récitatif chantant est l'occasion pour le compositeur de donner au spectacle d'opéra cette unité qui lui manque si cruellement. La ligne musicale sera alors ininterrompue; les différences entre la mélodie et le récitatif ne seront presque plus marquées; la musique sera le lien de toutes les parties de l'œuvre, aussi bien entre le travail du librettiste, que de celui du maître de danses.

D'autre part, grâce à son récitatif, il aide l'opéra à trouver sa propre identité: il s'agit de définir le genre nouveau en le distinguant proprement du théâtre tragique classique. Le récitatif n'est plus une déclamation; c'est un mode

---

20. *Lettre sur Omphale, Corr. litt.*, xvi.314.

29

d'expression original composé de mots et de notes que l'on doit prendre ensemble dans leur combinaison et leur complexité. Rameau contribue, de cette manière, à délivrer le spectacle lyrique de la comparaison avec la déclamation parlée qui lui était si défavorable.

Les récitants, quant à eux, ont quelque mal à suivre; et c'est probablement une des raisons de l'insuccès provisoire que connurent très souvent les œuvres de Rameau. Collé, l'éternel mécontent, et dont la verve est souvent très sévère à l'endroit des œuvres nouvelles, ne se plaint probablement pas sans raison des insuffisances artistiques des interprètes. En février 1749 il passe en revue les principaux d'entre eux; il n'y a que Chassé qui fait exception et d'une curieuse manière:

Chassé est le seul (pour les récitatifs dont il n'y a, à part lui, aucun récitant valable), et il est excellent; mais ses cadences chevrotées, les saccades qu'il donne à sa voix et le défaut de chanter faux quelquefois, diminuent le plaisir que l'on prend à entendre et à voir cet acteur admirable à tous autres égards.

Jelyotte est un chanteur unique, mais il n'a ni figure, ni action; il n'est bien que dans les rôles de bergers, où il faut plutôt exprimer la galanterie que le sentiment; il n'a point d'entrailles et il manque de noblesse. Ce n'est donc point du tout là un récitant [...] Melle Chevalier et Melle Fel sont bien éloignées d'être des actrices, surtout la dernière, dont la voix, légère et parfaite en ce genre, n'est bonne que pour les ariettes.

Melle Chevalier exprime quelquefois passablement la colère et la fierté, mais elle grimace l'amour, et je la soupçonne d'avoir médiocrement d'intelligence. Comment donc est-il possible de rendre des actions sans acteurs?[21]

ii. Les airs, les duos, les chœurs

Rameau considère les voix comme de véritables instruments de musique; il fait, avec elles, les mêmes recherches harmoniques que pour la musique symphonique; il arrive, du reste, très souvent, que les instruments répondent aux voix sur la même phrase musicale, par exemple, dans l'introduction d'un air: l'orchestre joue d'abord la phrase mélodique avant que l'interprète ne la reprenne, tandis que les instruments enchaînent en superposition. Une combinaison de ce genre est bien contraire à la définition du naturel simple des philosophes.

Les duos et les chœurs sont pour Rameau, encore plus que le récitatif, le lieu même où peut se développer son travail harmonique. Ici encore, les philosophes font des réflexions fondées sur l'argument de la vraisemblance; ainsi Grimm: 'Les duos en général ont déjà l'inconvénient d'être hors de nature. Il n'est pas naturel que deux personnes disent, tournent et retournent les mêmes

---

21. Charles Collé, *Journal et mémoires 1748-1772* (Paris 1868), février 1749.

paroles pendant une demie heure.'[22] Ou Rousseau: 'rien n'est moins naturel que de voir deux personnes se parler à la fois durant un certain temps, soit pour dire la même chose, soit pour se contredire, sans jamais s'écouter ni se répondre.'[23]

Grimm condamne les chœurs d'une manière presque générale; il est probable, nous explique-t-il, qu'une foule éprouve en même temps le même sentiment; il l'est beaucoup moins que chacun de ses membres l'exprime de la même manière; ce genre d'unanimité est absurde à moins que l'on ait affaire à une cérémonie préparée d'avance. Un autre cas lui semble possible, lorsqu'un peuple opprimé exprime en même temps sa souffrance et son désespoir. Ce sont des moments qui, finalement, arrivent bien rarement au spectacle d'opéra.

D'une manière générale, dans l'esthétique des philosophes, les duos et les chœurs doivent être réservés à des moments privilégiés de l'œuvre. Outre les problèmes de vraisemblance on a toujours le souci de ménager une dynamique de l'œuvre, une progression dans l'architecture des scènes, de la parole simple à la partie chantée en passant par le récitatif. Les airs, les duos, et les chœurs sont ainsi les sommets des scènes, leur aboutissement; l'air surtout, qui apparaît comme l'épanouissement de l'expression dramatique: 'L'air est, presque toujours, la péroraison de la scène. Il nous faut des exclamations, des interjections, des interruptions, des affirmations, des négations; nous appelons, nous invoquons, nous crions, nous gémissons, nous pleurons, nous rions franchement.'[24]

Ainsi s'exprime le Neveu de Rameau avec sa verve habituelle. Pour Rousseau, également, l'air est un sommet, comme il l'écrit dans son *Dictionnaire de musique* à l'article 'Air'; et pour Grimm dans son article 'Poème lyrique': 'L'air, comme le plus puissant moyen du compositeur, doit être réservé aux grands tableaux et aux moments sublimes du drame lyrique.'

Alors que, chez Rameau, l'air se dilue dans le récitatif pour créer une ligne musicale ininterrompue, pour les philosophes il est l'expression tout à coup exacerbée de la sensibilité, la rencontre de toutes les émotions, la flatterie de tous les sens dans le pathétique, l'instant, entre tous, où l'on pleure de plaisir. La caresse ne peut durer longtemps; il faut ménager au spectateur des plages de repos, tel est le rôle des récitatifs où l'on respire à nouveau, après la tension épuisante d'un plaisir trop fort. Cette respiration dans l'organisation de l'œuvre d'opéra est tout le contraire de l'attention continuelle, beaucoup plus exigeante, beaucoup plus rigoureuse, que réclame la musique de Rameau. Au sophisme démagogique des mélodies méditerranéennes, Rameau répond par un discours d'abord mathématique et cartésien.

22. *Lettre sur Omphale*, p.323.
23. *Dictionnaire de musique*, article 'Duo'.
24. *Le Neveu de Rameau*, éd. J. Fabre, p.87.

Encore plus que dans les airs, c'est dans les duos que, pour les partisans de la musique italienne, peut s'exprimer la sensibilité, on devrait dire, la sensualité des passions. Ce sont des moments encore plus privilégiés que les airs, véritable rencontre où deux cœurs se confondent. Comme la superposition des voix et des mélodies est interdite, il faut que les deux protagonistes vivent à cet endroit un partage absolu de leur passion. Dans ces conditions, on atteint à une véritable fièvre: 'ne placer le duo que dans des situations vives et touchantes où l'agitation des interlocuteurs les jette dans une sorte de délire', conseille Rousseau (article 'Duo').

L'expression, ici, est à son paroxysme: deux âmes se rencontrent dans la même force passionnée; ce ne peuvent être que de véritables scènes d'ivresse amoureuse ou de haine excessive: le duo, écrit Grimm, 'est [...] un air dialogué, chanté par deux personnes animées de la même passion ou de passions opposées. Au moment le plus pathétique de l'air, leurs accents peuvent se confondre: cela est dans la nature, une exclamation, une plainte peut les réunir; mais le reste de l'air doit être en dialogue.'[25]

Rousseau suggère de ne pas abuser de ces moments tendus à l'extrême, car, écrit-il, 'quand l'agitation est trop forte elle ne peut durer et tout ce qui est au delà de la nature ne touche plus' (article 'Duo').

Sur le plan technique, l'essentiel dans les duos, pour Rousseau, est de conserver l'unité de mélodie: les voix peuvent chanter ensemble sur les mêmes paroles; ou alors la mélodie passe de l'un à l'autre des interlocuteurs. Il faut, avant tout, éviter la superposition de deux mélodies et faire en sorte que 'toute la suite du dialogue ne forme qu'une mélodie' (article 'Duo'). C'est au nom de cette unité de mélodie que les chœurs sont presque unanimement condamnés. Si l'on veut satisfaire Rousseau, les conditions à remplir semblent presque impossibles. Ce qu'il demandait pour les duos, il l'exige aussi pour les chœurs: il faut que 'les diverses parties, sans se confondre, concourent au même effet; et quoique chacune d'elles paraisse avoir son chant propre, de toutes ces parties réunies on n'entend sortir qu'un seul et même chant. C'est là ce que j'appelle unité de mélodie' (article 'Unité de mélodie').

Seul Cahusac semble faire exception; il loue les chœurs de Rameau si détestés des philosophes.[26] Il s'agit très souvent de chœurs en action, ce qui explique probablement l'attitude favorable du librettiste, partisan également des danses en action, dans la composition desquelles il était passé maître. Les grands rassemblements d'acteurs, à condition qu'il puisse les faire participer au drame et que le compositeur l'aide ensuite dans ce sens, inspiraient le poète. Le chœur

25. *Encyclopédie*, article 'Poème lyrique'.
26. *Encyclopédie*, article 'Chant'.

des Amazones sauvages dans l'acte d'Osiris des *Fêtes de l'Hymen et de l'Amour* est un bel exemple de ces chœurs en action. Le chœur, quelquefois, s'intègre si bien au fil dramatique de l'œuvre qu'il continue la ligne mélodique du passage précédent; ainsi, dans l'acte de Canope, un double chœur continue l'air de Canope; Rameau évite ainsi toute rupture; il accède, au contraire, par ce moyen, à une force dramatique exceptionnelle.

Les chœurs sont, pour Rameau, l'occasion de ses études harmoniques les plus savantes; c'est pourquoi on en trouve beaucoup dans ses œuvres; c'est pourquoi, également, on lui fit souvent le reproche d'en mettre trop. Comme pour les récitatifs, il lui arrivait alors d'en retirer quelques-uns, toujours attentif aux revendications de ses auditeurs. Pour les *Fêtes de Polymnie* en 1745, il semble qu'il avait dépassé, dans le domaine des chœurs, les capacités d'attention de ses contemporains; ainsi Fréron: 'C'est dommage que l'auteur ait trop prodigué les chœurs dans ce ballet. On en a compté jusqu'à vingt deux. Je vous avoue qu'à la première représentation, j'avais les oreilles étourdies de tout ce fracas de musique. Heureusement qu'on en a supprimé depuis.'[27]

Les chœurs de Rameau ne doivent pas être écoutés comme on lirait une scène du théâtre parlé: ils sont des représentations en musique. Ce sont les notes qui expriment; ils sont de la musique mise en scène au même titre que les morceaux de musique instrumentale. Ces grands ensembles forment un tableau qui crée une atmosphère générale que l'on place sur la scène. Ils expriment, avec les règles de l'harmonie, les émotions que la nature provoque dans son vocabulaire à elle. La linéarité du texte des livrets à laquelle les philosophes voudraient qu'ils se plient, en respectant l'unité de mélodie, est remplacée par les constructions verticales complexes qui n'appartiennent qu'au monde de la musique. Les chœurs ainsi mis en action caractérisent une scène à la manière d'un décor; la diversité de ces sortes de tableaux chez Rameau est la preuve même qu'il a parfaitement réussi dans son projet.

Il peut ainsi mettre en scène des situations de toutes sortes. Les chœurs tantôt participent simplement au décor comme celui des Matelots dans la première entrée des *Indes galantes*, tantôt caractérisent entièrement la scène dans le sens du plus grand ridicule comme le chœur grotesque des habitants du marais dans le premier acte de *Platée*; à l'opposé, le chœur funèbre 'Que tout gémisse' dans *Castor et Pollux* atteint au pathétique le plus complet.

Le merveilleux trouve, dans les chœurs, tout naturellement sa place: dans le prologue de *Naïs*, des Titans escaladent le Ciel en un ensemble grandiose; le chœur des Démons, 'Brisons tous nos fers' dans *Castor et Pollux*, en revanche, nous transporte au plus profond des enfers.

27. Fréron, *Lettres à Madame la Comtesse de *** sur quelques écrits modernes* (Genève 1746), p.83-84.

I. *Musique instrumentale*

Il semblerait que les philosophes n'aient pas su écouter, on devrait dire, regarder, précisément la musique de Rameau. Ils n'en ont pas vu l'originalité féconde, la grande valeur dramatique. Leurs critères ne se distinguent guère, lorsqu'ils s'occupent de musique, de ceux employés par l'esthétique du dix-septième siècle. Ils sont toujours 'littéraires'; ils n'appartiennent jamais en propre au monde très particulier de la musique. C'est parce que Rameau lui a fait sa part entière, parce qu'il veut en étudier toutes les possibilités, que la musique va contribuer à donner au spectacle lyrique son unité et son identité.

3. La symphonie dramatique continue

MAINTENANT que la musique est devenue un mode d'expression à part entière au même titre que la poésie mais en dehors de toute comparaison avec elle, son champ d'action ne connaîtra plus de limites; et Rameau va l'explorer dans toutes ses possibilités. Une évidence frappe d'abord: du début à la fin de l'œuvre, la musique ne quitte jamais la scène, elle est le tissu du spectacle, la trame sur laquelle se construit tout le reste; elle est le garant de la continuité de l'ensemble. Sa vocation est aisée à lire: c'est de la musique surtout que dépendra la cohérence de l'œuvre. Tandis que les danses ne peuvent contribuer que très modestement à l'unité – dans les meilleurs des cas de la danse expressive et de la danse en action, elles servent de lien entre deux passages musicaux – la musique instrumentale, par dessus le chant qui, lui aussi, s'arrête pour reprendre, est le corps même du spectacle: elle donne leur vie à chacun des éléments qui le composent; sur elle repose toute la logique de l'inspiration.

Vouloir donner au théâtre lyrique une identité – chercher à définir sa singularité – demande qu'on travaille d'abord à comprendre toute la valeur expressive de la musique.

Paradoxalement en apparence, c'est en cherchant son indépendance que la musique pourra être plus efficace pour coordonner l'ensemble de l'œuvre; c'est en définissant les règles de sa grammaire qu'elle pourra ensuite, forte de ses moyens propres, se combiner à une autre composante scénique comme la poésie ou la danse. Rameau, ainsi, travailla beaucoup les passages de musique instrumentale pure, comme les ouvertures, les symphonies descriptives, ou expressives, comme les entractes aussi.

Lorsque sa musique se mêle au chant, ce n'est plus comme au temps de Lully pour l'accompagner, pour servir les mots, mais pour ajouter au discours poétique un autre poème, fait de sons, celui-là, indépendant; et les deux textes se lisent en contrepoint, multipliant la valeur expressive du moment. Le rôle dramatique de la musique est ainsi de toute première importance; c'est elle, dans les préludes qui présentent les personnages avant qu'ils ne chantent, qui annonce leur caractère, indique leur état d'âme, peint, dans les nuances, l'atmosphère psychologique de la scène: tout ce que les mots du livret ne peuvent dire que très mal, très sommairement; et ce que les mots, d'une manière générale, ne peuvent pas véritablement exprimer.

La musique permet au spectateur de vivre la scène qu'on représente; dans la tragédie parlée, au contraire, les mots suggèrent, et par là même créent des distances que l'imagination doit combler. La musique 'touche' les sens, à proprement parler; elle est contact immédiat; elle s'apparente plus au langage du décor, des couleurs, des machines qu'à celui, plus logique, des mots: elle est un art de représentation. La musique met en scène ce qu'elle a à dire: elle est spectacle. Il faut qu'elle montre.

Et elle signifie beaucoup plus que ne le peuvent les mots. Dans les préludes et les interludes elle encadre le chant, le caractérise, forme une sorte de décor dans lequel viennent se placer les mots dont elle double et amplifie facilement la signification en représentant véritablement ce qu'ils veulent dire; d'une manière générale, elle les dépasse infiniment dans l'expression des nuances, de la complexité souvent contradictoire des sentiments. L'exemple le plus significatif est l'invocation de Thésée à Neptune dans le troisième acte d'*Hippolyte et Aricie*.[1] Le roi réclame vengeance contre son fils; à la colère excessive qui l'entraîne, se mêlent l'angoisse et la tristesse. La majesté du geste d'un roi appelant à son secours un dieu dissimule mal la terreur d'un père sacrifiant son fils à son honneur. Ce que les mots disent de manière ponctuelle dans la tragédie lyrique, la musique le développe, explore les non-dits du sentiment. A entendre Thésée tout occupé à condamner son fils, on pourrait oublier qu'il est aussi un père; la musique nous le rappelle: elle assure la continuité des caractères.

Elle continue le texte au delà du chant, accompagnant les gestes des acteurs, non pas pour les doubler, en soulignant leur expression, mais pour préciser ce que, eux aussi, ne peuvent toujours dire. Le dix-huitième siècle demande, certes, aux chanteurs plus de jeux de scène à la manière du théâtre parlé, mais le rythme du spectacle lyrique est très particulier: le chant, par ses répétitions, ses tenues de voix, oblige à des gestes beaucoup plus lents que ceux du théâtre. Ce que l'acteur ne peut montrer, la musique le fera pour lui, caractérisant la scène comme elle caractérise le chant. Elle peut rendre le grandiose et le solennel comme dans les 'descentes de dieux' dont sont riches les spectacles de Rameau – citons pour mémoire la descente de Jupiter dans le Prologue d'*Hippolyte et Aricie* ou dans le deuxième acte de *Castor et Pollux* (II, 4). Elle peut, à elle seule, créer une atmosphère comme on place un décor, ainsi les fameux 'sommeils d'opéra' dont nous avons un exemple dans le quatrième acte de *Dardanus* (IV, 1, 195) et dans la troisième scène d'*Anacréon* (3, 46). Elle peut donner à la scène un climat psychologique tout à fait particulier: dans *Platée*, elle se moque de la nymphe ridicule en jouant, de ce fait, le rôle d'un véritable personnage qui appuie de ses accents ironiques les minauderies de Platée; ses

---

1. *Hippolyte et Aricie*, III, 9, 151, 'Puissant maître des flots'.

36

moqueries continuelles lui donnent une présence dont on n'avait, à l'époque, encore aucun exemple sur la scène lyrique.

Le fil musical, dans l'opéra, indique la direction à suivre; il oriente le regard des spectateurs. La musique guide son imagination et tend à la gouverner entièrement dans le meilleur des cas; elle lui tient lieu de jugement, l'enfermant dans une situation de passivité. La musique assure la continuité de l'œuvre non seulement dans sa conception mais également dans sa réception. Si le compositeur doit effectuer un travail de savant, le spectateur, au contraire, doit s'abandonner docilement, il n'est pas nécessaire qu'il comprenne comment fonctionne le tableau qu'on lui présente: 'il faut se laisser entraîner par le sentiment qu'inspire la musique, sans y penser, sans penser en un mot, et pour lors ce sentiment deviendra l'organe de notre jugement'.[2]

Comme nous le constatons, le compositeur prend le pouvoir; il impose son autorité au spectateur quasiment hypnotisé; il est le grand démiurge; il sait les chemins compliqués qui mènent à la jouissance artistique qui est à la fois celle de l'esprit et de la sensibilité. En montrant sa supériorité sur ses contemporains, n'écrit-il pas à Houdar de La Motte:

j'ai, au dessus des autres, la connaissance des couleurs et des nuances dont ils n'ont qu'un sentiment confus et dont ils n'usent à propos que par hasard. Ils ont du goût et de l'imagination mais le tout borné dans le réservoir de leurs sensations où les différents objets se réunissent dans une petite portion de couleurs, au delà desquelles ils n'aperçoivent plus rien.[3]

Pour piéger ainsi le spectateur, il ne faut lui laisser aucun moyen de s'évader et de reprendre conscience de lui-même; le filet musical ne doit jamais se relâcher. L'opéra de Lully connaissait des moments de détente avec les divertissements dansés; Rameau les conservera mais veillera à ce qu'ils s'intègrent le plus possible à l'action générale.

Dès le début du spectacle il faut caractériser l'atmosphère, en peindre les grandes lignes; et là apparaît le rôle exclusif de la musique symphonique. Rameau progressivement abandonnera le prologue traditionnel qui ouvrait les opéras sur une fable qui n'avait rien à voir avec l'action principale. Même lorsqu'il le conserve comme dans *Hippolyte et Aricie* ou dans *Zaïs* et *Naïs* il veillera à ce qu'il soit en rapport thématique avec l'ouverture qui le suit. P. M. Masson nous fait remarquer que les deux premières scènes du prologue de *Zaïs* peignent le chaos comme le fera l'ouverture. Il en est de même pour *Naïs*.[4]

Rameau abandonnera le prologue pour la première fois dans *Zoroastre* en 1749, ce qui fit sensation, même avant la première représentation:

2. *Observation*, p.63.
3. Voir appendice v.
4. Paul-Marie Masson, *L'Opéra de Rameau* (Paris 1930), p.318.

I. *Musique instrumentale*

Adieu, Monsieur, je m'en vais à l'opéra nouveau, pour voir s'il me procurera quelque perception que mon âme aime mieux éprouver que ne point éprouver: c'est une tragédie qui a pour titre *Zoroastre* [...] On en attend des miracles. Point de ces prologues de la vieille cour: l'ouverture servira de prologue en deux parties: la première sera un tableau terrible et lamentable du pouvoir barbare d'un coquin de grand Prêtre et des gémissements des Peuples qu'il opprime; la seconde une image vive et riante de la puissance bienfaisante de Zoroastre, et du bonheur des peuples qu'il a délivrés.[5]

C'est une véritable symphonie à programme qui résume le drame. Rameau fait ainsi de l'ouverture le point d'ancrage d'une unité d'inspiration.

Dans *Castor*, un fil est tendu d'un bout à l'autre de l'œuvre; 'l'ouverture annonce le dénouement de la tragédie,' écrit P. M. Masson: 'le thème de la première partie est nettement apparenté à l'entrée des astres du divertissement final de l'opéra' (p.318).

Restait encore le problème des entractes, pendant lesquels même au temps de Rameau, l'orchestre continuait à jouer. Ordinairement on reprenait l'ouverture, brisant ainsi l'atmosphère, sous prétexte de détente, par une répétition incongrue. Les critiques du temps – et encore au moment du premier livre de Noverre en 1760 – se plaignaient de cette cassure.[6] Rameau, ici aussi, va écrire une musique pour les entractes en continuation du drame.

Dans *Dardanus*, par exemple, la musique de l'entracte continue le combat commencé à la fin du quatrième acte et dont Iphise annoncera l'issue au début du cinquième.

Rien n'est donc laissé au hasard par le compositeur; le fil ininterrompu de la musique noue solidement entre eux tous les moments de l'œuvre: de l'ouverture au divertissement final un courant passe; sa continuité et sa cohérence ne signifient pas monotonie comme on le dira quelquefois: la multiplicité des moyens musicaux que s'est donné Rameau, apporte à sa musique, pour ceux qui savent la lire, cette variété considérée à juste titre comme la qualité obligatoire de toute œuvre d'art du dix-huitième siècle.

---

5. *Les Cinq années littéraires*, décembre 49, lettre 44. Clément fut bien déçu par la suite mais c'est une autre affaire.

6. 'Tout entracte,' écrit Noverre, 'ne serait-il pas mieux employé par le musicien s'il liait le sujet, s'il tâchait de conserver l'impression faite, et de préparer le spectateur à celle à laquelle il veut le conduire?' (*Lettres sur la danse*, p.151, 153).

4. Rameau et la critique

L'OMNIPRÉSENCE de l'orchestre symphonique dans les ouvrages de Rameau, ses recherches harmoniques n'ont pas laissé d'étonner considérablement les contemporains. Cependant, certains observateurs, même s'ils ne l'approuvèrent pas tout de suite, comprirent assez vite, dès 1733, la principale caractéristique de la musique nouvelle de Rameau: trop de musique! Voltaire écrit à son ami Cideville le 2 octobre:

J'assistay hier à la première représentation de l'opéra d'Aricie et d'Hipolite. Les paroles sont de l'abbé Pellegrin et dignes de l'abbé Pellegrin. La musique est d'un nommé Ramau, homme qui a le malheur de savoir plus de musique que Lully. C'est un pédant en musique. Il est exact, et ennuyeux.[1]

Il n'est pas sûr que les premières paroles de Campra à Rameau à la fin de cette même première représentation n'aient été vraiment qu'un compliment: il aurait dit au compositeur qu'il y avait dans son ouvrage plus de musique qu'il n'en fallait pour dix opéras. On rapporte également, il est vrai, qu'il aurait déclaré en parlant de Rameau: 'Voici un homme qui nous chassera tous.'

Si Voltaire changea d'avis très vite, la première surprise passée, et se rangea parmi les plus grands admirateurs de Rameau pour sa science harmonique, justement, où il devinait l'avenir de la musique, d'autres s'indignèrent; ils ne virent dans la musique de Rameau qu'un excès de calcul. Parfaict refuse de reconnaître dans la musique d'*Hippolyte et Aricie* aucune valeur artistique:

Première tragédie lyrique d'un musicien qui, méprisant, ou peut-être ne pouvant s'assujettir à composer dans le goût de ceux qui l'ont précédé, a voulu nous faire voir que la science profonde peut dans cet art suppléer au génie et aux talents naturels et attirer même des admirateurs et des partisans, et prenant une route nouvelle qui lui est particulière, il entreprit d'être dans son genre ce que Lully est dans le sien.[2]

Il salue l'homme de science, mais méconnaît l'artiste: cette musique n'est pour lui qu'artifice, et que duperie. Il n'a aucun scrupule à publier dans le même ouvrage cette lettre injuste et un peu ridicule d'un critique anonyme à propos de la première représentation des *Indes galantes* le mardi 23 août 1735:

Rien de si scabreux, et de si raboteux. C'est un chemin où l'on cahotte sans cesse. Le

---

1. François Marie Arouet de Voltaire, *Correspondence and related documents*, éd. Theodore Besterman, *Œuvres complètes* 85-135 (Genève, Banbury, Oxford 1968-1977), lettre à Cideville, 2 octobre 1733, Best.D661.
2. François Parfaict, *Histoire de l'Académie royale de musique depuis son établissement jusqu'à présent* (manuscrit daté de 1741 conservé à la bibliothèque de l'Opéra de Paris), 1er octobre 1733.

musicien dispense d'acheter le fauteuil de l'abbé de St. Pierre. L'excellent trémoussoir que cet opéra dont les airs seraient propres à ébranler les nerfs engourdis d'un paralytique [...] L'inintelligibilité, le galimatias, le néologisme veulent passer dans le discours de la musique. C'en est trop! Je suis tiraillé, écorché, disloqué par cette diabolique sonate des fêtes indiennes, j'en ai la tête ébranlée.

Ce jugement excessif et dont les effets recherchés ont été trop travaillés pour être honnêtes, nous permet, cependant, de nous représenter que la musique de Rameau fut loin de laisser les contemporains indifférents. Le 1er octobre 1733, la tradition française sans être jamais véritablement remise en question prit un tournant important et original. On est tout à coup saturé de musique, assommé de croches et de double-croches où l'on a bien du mal à distinguer les règles de la mesure et de la bienséance qui gouvernent l'esthétique classique. Le choc est trop fort; au reste, le public de l'opéra au dix-huitième siècle n'apprécie la nouveauté qu'avec modération. La musique de Rameau est choquante parce qu'elle paraît alors trop neuve. Après le courant limpide de la musique de Lully, les innovations harmoniques de Rameau paraissent tout simplement d'un goût fort douteux. Et Rémond de Saint-Mard clame sa nostalgie:

Il n'est plus question de ces chants délicieux qui agissaient autrefois si puissamment sur l'âme, qu'ils troublaient, et allaient jusqu'à suspendre quelquefois ses qualités. L'honneur de ces grands effets appartient aujourd'hui aux dissonances: il faut à notre goût usé des fugues, des tenues, du contre-point, une foule prodigieuse d'accords, et l'on en est venu au point de satiété que les moins naturels sont devenus les plus agréables.[3]

La sensibilité et les esprits sont quelque peu déroutés; il semble, bien à tort, que Rameau ait abandonné toutes les références, ces points d'appui si précieux de la tradition: Lully et l'Antiquité; on l'accuse d'avoir coupé les ponts. Le poète Roy qui aurait fait un excellent librettiste pour Rameau s'il s'était mieux entendu avec lui, reconnaît le génie du compositeur, mais on comprend mal sur quoi porte son admiration lorsqu'on lit la liste de ses reproches: 'J'admire avec toute l'Europe le génie supérieur qui s'est attaché et qui a réussi à rendre notre musique plus lumineuse, moins uniforme; mais il y a bien des compensations à faire.' Cette retenue est de taille, car il enchaîne aussitôt:

Que de Musiciens sont et seront punis de s'être écartés de la Nature, d'avoir méprisé les routes frayées par Lully, comme nos écrivains d'avoir tourné le dos à l'Antiquité! Les recherches de l'art ne sont pas interdites à nos Orphées; qu'ils se livrent à la fougue, à l'enthousiasme, pourvu qu'ils l'asservissent au sens des paroles et à la convenance des caractères et des situations; qu'ils ne perdent pas leurs veilles sur un sujet qui ne produit rien et qu'ils se persuadent enfin que les paroles ne sont pas à négliger.[4]

Reprocher à Rameau de 's'écarter de la nature' c'est méconnaître le travail

3. Fréron, *Lettres sur quelques écrits de ce temps* (1749), lettre IX, 2 décembre 1749.
4. Lettre XIII, 8 septembre 1749.

d'observation précise que le compositeur entreprit. Par le conseil d'asservir la musique au sens des paroles Roy montre qu'il n'a pas compris à quel point la musique à présent devait occuper une place plus importante – sa place véritable – dans l'œuvre. Si on regarde le détail des reproches qu'il adresse à la musique nouvelle, on se rend compte qu'il mélange ce qui revient aux défauts des œuvres de facture italienne et ce qui concerne tout spécialement Rameau. La confusion dans son esprit est totale pour tout ce qui n'est pas simplement la tradition lulliste; il commence par plaindre les acteurs de l'opéra:

Il est des acteurs, qui plus intelligents que les autres et capables d'un jeu noble et d'une déclamation pathétique, gémissaient de voir leurs talents inutiles. L'exécution est assez indifférente aux opéras de fabrique moderne. Point d'action, nul tissu d'intrigue, ni scène, ni caractère. Une rhapsodie de chansons déplacées, des Divertissements arrivés par hasard et toujours hors-d'œuvre, des féeries, ressource commune aux imaginations stériles et dénuées de littérature, des ambigus de délire et de fadeur.

Autant de critiques qui s'adresseraient plus justement, sans doute, aux opéras italiens ou aux opéras-ballets de la Régence qu'on n'abandonna jamais complètement, mais qui ne conviennent pas aux œuvres de Rameau. Pourtant la liste continue où l'on reconnaît des allusions directes au compositeur:

quelquefois des farces obscènes et presque indignes du défunt opéra comique: voilà ce que fournissaient au Public les Directeurs, abonnés à certains ouvriers privativement à tout autre.

On lui cachait [à la jeunesse avide de nouveauté] avec soin qu'il y eût des mets plus savoureux […]. On s'accoutumait à voir danser des Bergers sur des airs de Démons; on souffrait une déclaration d'amour précédée ou soutenue de préludes et d'accompagnements effrayants […].

La musique n'était plus faite pour le cœur; on la réduisait au seul mérite d'étonner les oreilles. Les acteurs ne chantaient plus: ils étaient forcés de glapir. On cessait de prononcer et d'articuler: avantages pour les mauvais rimeurs.

On se dissimulait son ennui: on s'en dédommageait par un faux air de science supérieure, par une profonde connaissance de choses difficiles, comme si le difficile divertissait; on pensait avoir entendu de la musique italienne qui est admirable en son genre. Nous allons donc renoncer à être français, abjurer notre patrie pour adopter des accents incompatibles avec la douceur et la sagesse de notre langue et totalement opposés à la tendresse de nos sentiments.[5]

Les critiques dirigées contre Rameau sont ainsi noyées dans le fatras des nouveautés; la position du compositeur n'est pas clairement établie dans tous les esprits; pour Roy, Rameau reste décidément une sorte d'énigme.

A l'opposé les éloges évidemment ne manquent pas; ceux de Fréron sont sans réserves; pour la reprise de *Castor* en pleine querelle des Bouffons, il écrit:

5. Les allusions à *Platée*, à *Castor*, à Rameau et à l'Italie sont à peine déguisées.

'M. Rameau a déployé dans cet opéra toute l'étendue de son génie. Quelle force! Quelle énergie! Quelle douceur et quelle volupté!'[6]

Les airs d'admiration, les exclamations émerveillées sont malheureusement moins explicites que les reproches, comme par exemple encore sur la musique d'*Anacréon*: 'Je ne vous dirai rien de M. Rameau: on retrouve toujours sa richesse, son harmonie, ses brillantes et sublimes symphonies: talents qui en font le premier compositeur de l'Europe.'[7] En fait, ce critique anonyme ne dit pas grand-chose. On regrette que Rameau n'ait pas eu d'admirateurs plus habiles de leurs plumes et moins évasifs quant à l'analyse de leurs impressions. Il est plus instructif de lire les critiques de ses adversaires, ou de ceux qui ne sont pas aussi franchement ses partisans.

Au cœur même de la querelle des Bouffons, alors que Rameau est attaqué de toutes parts, que les pamphlets se succèdent pour ou contre la musique française; alors qu'il semble qu'il faille absolument appartenir à l'un ou à l'autre des deux camps, qu'aucune position médiane ne soit possible, certains jugements tâchent de faire au compositeur une place à part. Le baron d'Holbach, qui, pourtant, passe pour avoir ouvert le feu en grand partisan qu'il est des 'Italiens', ne condamne pas Rameau, bien au contraire. *Platée*, pour lui, ouvre la porte au goût nouveau et prépare les esprits au succès de la musique italienne. Sa *Lettre à une dame d'un certain âge sur l'état présent de l'opéra* est écrite sur un ton humoristique; il feint d'être scandalisé comme les irréductibles qui croient défendre la tradition lullyste en l'imitant inlassablement sans tâcher de lui redonner vie par des recherches nouvelles: 'O temps! O mœurs!' On a abandonné, écrit-il, 'ce spectacle si grave', 'si vénérable', ce 'Temple rempli de sang froid noble et majestueux' seul capable de provoquer des 'applaudissements sages et mesurés' – pour faire place à d''indignes Bateleurs', aux 'Histrions ultramontains' qui n'amènent que 'dépravation', 'mauvais goût', 'vertige', 'joye bruyante', 'éclats immodérés': 'On rit à l'opéra, on y rit à gorge déployée! Ah Madame, peu s'en faut que cette triste idée ne me fasse pleurer.' Tout cela, conclut-il, c'est la faute de Rameau:

Hélas! Cette révolution ne fut que trop clairement annoncée, lorsqu'un Novateur sacrilège osa s'affranchir des routes connues et porter à nos oreilles des accords ignorés. Les bons citoyens n'entendirent pas les symphonies d'*Hippolyte et d'Aricie*, les ouvertures des *Indes Galantes* et des *Talens lyriques*, sans en frémir. Les vieillards à perruques respectables que leur longue expérience et la vivacité de leur organe ont mis en droit de juger depuis soixante ans sans examen et sans appel, interrompirent les représentations de *Platée* par leurs sanglots et leurs gémissements [...] Ce ciel n'a point entendu nos

---

6. *Lettres sur quelques écrits de ce temps* (1754), ii.48.
7. *Lettres sur quelques écrits de ce temps* (1753), t.iii, 31 mars.

vœux, et le fatal événement dont *Platée*, ce phénomène terrible nous menaçait, est enfin arrivé.[8]

Rameau ne fut jamais un adversaire de l'Italie, bien au contraire; la querelle se déroula sans qu'il y prenne vraiment une part active; il n'est guère concerné par les factions, sûr qu'il est de travailler seulement pour le développement de l'art musical. Il n'y a qu'une musique et rien n'empêche d'emprunter à l'étranger, sans parti pris. Ce qu'il fit.

Le poète anonyme de *La Guerre des Bouffons*, petit ouvrage en vers sur les événements, conseille qu'on arrête là la querelle et que la France et l'Italie imitent 'chacune les vertus de l'autre':

> De nos *Pygmalions*, de nos *Indes Galantes*
> On connaît l'art sublime, et les scènes brillantes.
> Mais l'exemple d'autrui nous servant de flambeau
> Fait découvrir dans l'art des nuances du Beau;
> Vrais embellissements qu'on peut saisir encore,
> Et tardives couleurs que le temps fait éclore.

Il montre que Rameau fut capable dans *Platée* de faire bien mieux que les Italiens – qu'il aurait pu continuer s'il avait voulu:

> Pour rabaisser sa Muse au plus bas personnage,
> Rameau connaît trop bien l'élégant badinage;
> Et si dans la dispute il voulait le tenter
> Sur l'Italien même il saurait l'emporter.
> [...]
> De son *Platée* on sait le burlesque amusant;
> Le Divin Pergolèse est-il aussi plaisant?
> A-t-il, comme Rameau, par la scène comique
> L'expression riante et la tête harmonique?

Il s'agit de trouver un équilibre, dont la mesure sera le point d'appui:

> Mais de l'Italien n'empruntons que le feu,
> Sans prendre des Bouffons le ridicule jeu

Car le Français est, certes, 'né volage', il est 'enjoué', 'plaisant', mais:

> Son goût juste l'arrête aux bornes du comique.

C'est pourquoi

> A l'opéra comique abandonnons ses droits;
> Il n'est point réservé pour l'oreille des Rois:
> Laissons lui dans ses jeux l'équivoque grossière;

8. Paul Henri Dietrich, baron d'Holbach, *Lettre à une dame d'un certain âge sur l'état présent de l'Opéra* (En Arcadie 1752), p.2 et 3.

43

Né de la fange, il doit ramper dans la poussière,
L'italien théâtre, élevé dans Paris
Peut de ce vil honneur lui disputer le Prix [...]
Mais l'opéra français fixe l'œil de l'Europe
[...]
Il ne doit éclairer que l'image du Beau.[9]

Il y a là, certes, un peu d'excès; ces vers datent de 1753; ils sont cependant significatifs de l'originalité qu'on accordait souvent à la musique de Rameau, de l'embarras où l'on était quelquefois de la ranger dans une mode – la réponse évidemment est qu'il n'appartenait à aucun parti, ce qui ne laissait pas de dérouter certains critiques dans leurs jugements.

Ainsi cette lettre adressée à de La Porte en 1759 dans laquelle l'auteur, partisan incontestable de la musique française, ne semble pas très bien distinguer dans le goût nouveau ce qui appartient à l'Italie de ce qui revient à Rameau. C'est à cause de la mauvaise déclamation des chanteurs, écrit-il d'abord, que le public français s'est détourné de la tradition de Lully et de Quinault:

Le théâtre de sa gloire [de Quinault] est devenu, depuis longtemps, l'échafaud sur lequel, chaque hiver, des bourreaux chantants exercent sur ses productions et sur sa mémoire, les supplices les plus flétrissants. Le public, excellent juge des effets, mais peu éclairé sur les causes, n'ayant plus d'acteurs, a cru qu'il n'avait plus de poème d'opéra. Il a été plus loin; il a cru qu'il ne devait plus en avoir. Abusé par la mauvaise déclamation des plus célèbres chanteurs, il a pensé qu'il n'aimait plus les ouvrages faits pour occuper l'esprit et pour intéresser le cœur.

Le goût nouveau, enchaîne-t-il, s'est perdu alors dans le grotesque et le frivole: 'Les vieux moyens indiqués par la nature, lui ont paru trop au dessous des nouvelles lumières données par la charlatanerie, et adaptée par l'orgueil du caprice.'[10]

C'est un jugement adressé à la musique italienne. Mais on reproche ensuite au public d'aimer de plus en plus, également, la musique savante et une abondance trop considérable de musique (ii.354):

Pour se faire croire plus savant en musique, chaque Français s'est piqué d'avoir moins de sens commun et moins de véritable goût que ses ancêtres. Le vain fracas d'un million de notes entassées, accrochées, guindées ou précipitées, les unes par dessus ou par dessous les autres, ont passé pour le sublime essor d'un génie plus qu'humain.

Ici, c'est un reproche adressé aux recherches harmoniques de Rameau. Notre critique, qui n'est sûrement qu'une 'vieille perruque' de province, comme on aurait dit à l'époque, met, tout ensemble, des nouveautés qu'il observe dans la musique française en général.

---

9. *Guerre des Bouffons, réforme de l'opéra*, p.3 et 4.
10. Joseph de La Porte, *L'Observateur littéraire* (1758-1761), ii.353-54.

Plus curieux encore est ce jugement d'un autre auteur anonyme dans une lettre adressée également au journal de de La Porte. On y lit un éloge sans réserve de *Dardanus*: 'Tout est grand dans cette musique, tout y est bien pensé, bien senti, et analogue à cette noblesse du genre auquel elle est si ingénieusement adaptée' (1760, ii.340-41).

Sans transition, l'auteur développe, ensuite, tous les reproches qu'ordinairement on inflige à la musique savante de Rameau:

que l'on ne croie donc point, qu'une musique barbare et monotone dans sa bizarrerie, soit devenue nécessaire au succès de cet art, et que, pour plaire, il faille l'adopter aux dépens de la raison et de la délicatesse du goût. Comment persuader à des êtres bien organisés qu'ils seront sensibles à une combinaison algébrique de sons, la plus régulièrement harmonique, si vous le voulez, mais qui ne sera analogue à aucune idée; qui ne pourra faire naître aucun sentiment; qui ne rendra aucune image; ou, si elle en ébauche quelques-unes, ces images seront petites, basses, fastidieusement étendues, ou follement déplacées. Tant d'efforts laisse l'âme anéantie, l'esprit assoupi et l'organe fatigué d'une sensation plus laborieuse qu'agréable.

Contre qui, sinon contre Rameau, de tels traits peuvent-ils être dirigés? Ces arguments se retrouvent chez tous ses adversaires; ils montrent l'aveuglement de leurs auteurs attachés à la vieille tradition. Comment peut-on admirer Rameau et écrire encore ce qui suit (ii.341):

Je sens que je vais choquer plusieurs de nos prétendus connaisseurs; mais quand je vois à certains spectacles, une tourbe d'auditeurs s'enflammer, par degrés, à chaque nouvelle secousse d'un même trait de musique, cent et cent fois répeté en solo, poussé de là en duo, puis en trio, en quatuor, en quinte, enfin aux dernières limites de l'extravagance; le tout soutenu par les nerveuses façades d'un orchestre en furie; je me représente toujours ces petits automates dont on anime les mouvements, en raison de la force qu'on applique à la manivelle qui les fait mouvoir. Telle est pourtant, à ce qu'on dit, la sorte de musique la plus distinguée.

On reconnaît dans cette dissertation l'ennemi de toute recherche harmonique. Comment l'auteur ne se rendit-il pas compte qu'il ne pouvait à la fois admirer le résultat et condamner les moyens employés? Sans doute devons-nous voir ici le plus beau compliment que l'on puisse faire à Rameau: il a su atteindre à son idéal et cacher l'art par l'art même.

Après la disparition du compositeur, les jugements sont moins enflammés; on tâche de faire le point et de tirer avantage de tous les courants du siècle et de la tradition. L'arrivée de Glück à Paris remet, une fois de plus, la musique française en question. Il s'agit de serrer les rangs contre 'l'agression' de l'étranger.

L'auteur de la *Lettre à M. le baron de la Vieille Croche* prend d'abord la défense de la tradition française:

Le Ciel me preserve de vouloir heurter de front les intrépides sectateurs de M. Le

Chevalier G... ni même de faire de la peine aux fanatiques de bonne foi, qui veulent tout sacrifier aux musettes étrangères, en foulant aux pieds les muses patriotiques, mais j'ose élever ma faible voix au milieu de ces réformateurs indécents.[11]

Il reconnaît cependant qu'il y a des améliorations à apporter – ce à quoi il lui semble qu'il faudrait travailler: 'Je voudrais [...] chercher les moyens de perfectionner tous les arts de la Patrie.'

L'harmonie a fait des progrès, précise-t-il; on ne refuse plus à cette science le droit d'exister; le point semble bien acquis. Il salue le travail de Rameau. Cependant, et c'est là que l'on s'aperçoit que les passions se sont bien calmées, il nuance son jugement; il préconise un emploi plus modéré de l'harmonie (p.2, 3):

Mais n'a-t-on pas un peu abusé de ces moyens utiles et dangereux, en chargeant de notes parasites, des motifs souvent dénaturés par le tapage des accompagnements [...] de sorte qu'à la place d'une scène passionnée, l'oreille ne reçoit que du bruit, que le peuple du parterre prend pour de la musique neuve? Un Clabaudeur enchanté ou mercenaire crie bravo et voilà toute la colonie en convulsion.

Du reste, de la même manière, il lui semble qu'il faudrait corriger Quinault: 'Or donc, il me semble [...] qu'il faudrait commencer par retrancher la prolixité des scènes de Quinault, c'est-à-dire des scènes de remplissage. C'est un arbre enchanteur qu'il convient d'élaguer, mais qu'il ne faut pas couper par le pied'.

Le récitatif de Lully, également, devra être amélioré d'une manière qui n'est guère en accord avec les réformes de Rameau:

Je voudrais, en outre, conserver, autant que faire se pourrait, la sublime simplicité de la déclamation de Lulli, en la débitant davantage et en y ajoutant des traits d'acompagnement sobrement appliqués, à la place des basses continues; on rendrait par là le récitatif plus précis et plus intéressant, au lieu qu'aujourd'hui on fait souvent oublier le motif du chant à force de fredons chromatiques.

Il conseille, enfin, contre la 'mode' et les 'folies' un esprit de tolérance:

On accuse une petite congrégation de vieilles perruques, qui chante encore Lulli et Rameau, et qui n'en admire pas moins M. Le Chevalier G... dans ce qu'il a fait de bon, en le blâmant dans ce qu'il a fait de médiocre; on accuse [...] ce vieux et paisible troupeau [...] de faire schisme et d'intolérer le nouveau genre de musique [...].

Mais ce sont les autres les intolérants: 'Les missionnaires intolérants [...] passeront comme un nuage et subiront le sort de leurs devanciers; et que mettrons-nous alors à la place d'une fantaisie usée [...]?' (p.6).

Les innovations de Rameau sont donc entrées dans les mœurs, comme celles de Lully et de Quinault. On cherche à présent à les utiliser, à les développer

---

11. Anonyme, *Lettre à Monsieur le baron de la Vieille Croche au sujet de Castor et Pollux donné à Versailles le 10 mai 1777*, 14 mai 1777, Bibliothèque de l'Arsenal, Fonds Rondel Ro4121, p.2.

pour conserver à la musique française son indépendance et son identité. Au
delà des 'modes' et des 'folies' auxquelles il ne se mêla jamais, Rameau est, à
son tour, entré dans la tradition et dans le patrimoine culturel de la France.

En 1830, Fétis, bien qu'il ne semble jamais content de rien, pas plus de la
musique française, que de celle de Glück, reconnaît tout de même que 'la
musique de Rameau fut pour la France une époque de progrès dans l'art, et
prépara le public à entendre de meilleures choses'.[12]

Peut-être Fétis attendait-il, un peu tôt, il est vrai, l'arrivée d'un Debussy. Le
fait est que le dix-neuvième siècle fut, pour la musique française, comme une
grande parenthèse.

12. François-Joseph Fétis, *Curiosités historiques de la musique* (Paris 1830), p.31.

5. Rameau force le goût

SELON une opinion fréquemment répandue, les œuvres de Rameau mettaient un certain temps à s'imposer. Pour les plus marquantes d'entre elles surtout, les premières représentations étonnaient tant, qu'il fallait, bien souvent, attendre la reprise pour qu'éclate le succès ou le triomphe: 'C'est le sort ordinaire des opéras de Rameau; ils ont de la peine à percer, mais ils gagnent tous les jours.'[1]

Si les critiques, les observateurs littéraires prennent pour la plupart assez vite parti: leurs exclamations excessives ne font guère progresser la reflexion, le public éclairé s'interroge; le goût mûrit lentement; Rameau le précède simplement: il n'est pas un musicien révolutionnaire, il ne fait qu'avancer un peu plus loin, avant les autres, dans la ligne de la tradition; il n'impose pas un goût nouveau à ses contemporains, il leur fait découvrir celui qui a toujours été le leur et dans un certain sens il continue le travail de Lully – ce n'est certes pas aux philosophes, comme certains d'entre eux se l'imaginaient,[2] de travailler le goût d'une nation: seuls les créateurs d'art ont un rôle à jouer dans ce domaine.

Voltaire, lui, ne s'était pas trompé: après la première des *Indes galantes*, alors que le public restait déconcerté, il écrit:

On dit que dans les Indes l'opera de Ramau pouroit réussir. Je croi que la profusion de ses doubles croches peut révolter les lullistes. Mais à la longue il faudra bien que le goût de Ramau devienne le goust dominant de la nation, à mesure qu'elle sera plus savante. Les oreilles se forment petit à petit. Trois ou quatre générations changent les organes d'une nation. Lully nous a donné le sens de l'ouie que nous n'avions point. Mais les Ramaux le perfectioneront. Vous m'en direz des nouvelles dans cent cinquante ans d'icy.[3]

L'insuccès, au début, de certaines œuvres de Rameau, n'est pas, de toutes manières, de l'indifférence. Les parodies sont là pour le prouver; elles sont le signe de la popularité d'une œuvre, non seulement par leur nombre mais par

---

1. Clément, *Les Cinq années littéraires*, lettre 8, 15 avril 1748.
2. Voir le chapitre sur les philosophes, 'Rameau: plus loin que les philosophes', p.23ss.
3. Lettre à Thieriot, 11 septembre 1735, Best.D911. C'est l'opinion également d'un esprit modéré comme Nougaret, attaché à la tradition et, en même temps, attentif à la nouveauté. Il écrit en 1769 alors que toutes les querelles ont cessé et qu'il est plus facile qu'au temps où Voltaire écrivait d'avoir l'esprit calme: 'Les admirateurs outrés de Rameau devraient bien faire cette réflexion: Lully créa le spectacle lyrique en France; son seul génie le soutint [...] Les lullystes devraient se dire à leur tour: laissons chanter les louanges de Rameau, les goûts sont changés, il a su prendre celui de son siècle; il viendra un autre homme de génie, qui obscurcira peut-être à son tour la gloire de Rameau, de même que ce musicien célèbre balance la réputation de Lully' (*De l'art du théâtre*, ii.239).

la rapidité de leur éclosion: véritable génération spontanée au lendemain de la première représentation.

Hippolyte et Aricie fut créé le 1er octobre 1733; sa parodie par Boissy au Théâtre Français date du 30 novembre. Après la reprise du 11 septembre 1742 une autre parodie vint, un mois après exactement, consacrer l'œuvre, celle-ci par Favard et Parmentier qui prévinrent ainsi les spectateurs:

> Auteurs, acteurs timpanisés
> Ne soyez point scandalisés
> Des jeux de notre Muse
> Vous ne seriez pas critiqués
> Si vos talents n'étaient marqués;
> C'est notre excuse.

Les *Indes galantes* eurent également deux parodies; mais cette fois-ci, les deux, juste après la création: le même jour, le 17 septembre 1735, Favart donnait à l'opéra comique les *Amours des Indes*, tandis qu'au Théâtre Italien Romagnesi et Riccoboni représentaient les *Indes chantantes*. Et qu'on ne croie pas que ces sortes de spectacles aient été bâclés, mis en scène et interprétés n'importe comment. Les *Amours des Indes* réunissent les meilleurs artistes de l'Académie royale de musique: Boucher en fit les décorations et les habits; mademoiselle Sallé, Dupré et Lani dirigeaient les ballets; et l'acte des fleurs fut interprété, par mesdemoiselles Puvigné, Lani, et par Noverre, nous dit Jean Monnet;[4] en 1735, il devait être bien jeune.[5]

Il y eut trois parodies de *Castor et Pollux*; la première par Romagnesi et Riccoboni, juste après la création,[6] portait le même nom que l'œuvre; *Les Jumeaux* furent représentés à la Comédie italienne pour la reprise de 1754, tandis qu'un amateur donnait à la scène *Castor et Pollux*, parodie nouvelle, le 14 janvier 1754.[7]

La parodie de *Dardanus* par Panard et Favard pour la comédie italienne fut perdue; ce n'est peut-être pas un grand mal si on en croit les quatre vers qui nous en restent:

> Dardanus et Castor, fils de Jupiter même,
> Par leur baroque chant, nous forcent de roter.
> Ha! Que Jupiter donne à deux enfants qu'il aime
> Un f... maître à chanter![8]

---

4. Jean Monnet, *Mémoires pour servir à la vie de Jean Monnet* (Londres 1772); 1754, à la foire St Germain.

5. 7 jours après, on donnait la suite de la parodie: *Le Bon Turc*.

6. Création: 24 octobre 1737 – parodie: 14 décembre 1737.

7. Charles Malherbe, *Commentaires*, en tête des 16 premiers volumes de l'édition A. Durand (Paris 1918), sur *Castor et Pollux*.

8. Malherbe, sur *Castor et Pollux*.

Il y eut aussi le *Nostradamus*, parodie de *Zoroastre* par Taconnet qui n'eut pas l'heur de plaire au public de la foire Saint Germain: elle fut huée et Taconnet dut s'enfuir chez Nicolet qui n'habitait pas loin.[9]

La liste de ces parodies serait trop longue et fastidieuse; elles montrent que chaque œuvre nouvelle de Rameau, et même les reprises, marquaient la vie artistique du pays comme un événement important; mais à chaque fois le compositeur engageait une bataille; elles ne furent jamais sans énergie ni sans excès. Chabanon nous décrit la première d'*Hippolyte et Aricie* (p.27):

qu'on se fasse un tableau de ces Républiques tumultueuses, où les citoyens enflammés du zèle de leurs prérogatives, les soutenaient avec fureur contre tout usurpateur prêt à y attenter; on aura une idée juste du soulèvement de la nation contre l'Artiste qui lui apportait des lumières nouvelles et de nouveaux plaisirs [...] L'opéra d'Hippolite [*sic*] est décrié, ses représentations sont abandonnées et désertées.

En 1733, deux camps s'étaient formés – d'un côté les ramistes, de l'autre les lullystes, ceux-ci reprochant à Rameau son excès de science, la complexité de sa musique qui, prétend-on, manquerait d'expression. Cependant l'unanimité se fait pour convenir que *Hippolyte et Aricie* est un événement bien original qui ne peut laisser indifférent: 'Le Musicien a forcé les plus sévères critiques à convenir que dans son premier ouvrage lyrique, il a donné une musique mâle et harmonieuse, d'un caractère neuf.'[10]

Même si Boissy badine:

Les airs d'ailleurs nouveaux dans leur espèce,
Sont plus tartares que français;
On leur fait ici politesse,
Comme à des gens qu'on voit pour la première fois[11]

le parterre, à qui il prête ces paroles, fut provoqué dans ses habitudes esthétiques; certains, parmi les spectateurs, ne surent comment réagir, et l'insuccès de l'œuvre à sa création fut le fait de ceux qui, peu curieux, ne s'interrogèrent pas sur la nouveauté qu'on leur présentait. Telles sont, en tous cas, les explications de Maret:

La toile fut à peine levée, qu'il se forma dans la parterre un bruit sourd, qui, croissant de plus en plus, annonça bientôt à Rameau la chute la moins équivoque. Ce n'était pas cependant que tous les spectateurs contribuassent à former un jugement aussi injuste; mais ceux qui n'avaient d'autre intérêt que celui de la vérité ne pouvaient encore se rendre raison de ce qu'ils sentaient, et le silence que leur prêtait la prudence, livra le musicien à la fureur de ses ennemis.[12]

9. Malherbe, sur *Zoroastre*.
10. *Mercure*, octobre 1733, p.2248, 2249.
11. Louis de Boissy dans sa comédie *Le Badinage*, scène 9.
12. Rapporté par Pougin à propos d'*Hippolyte*, dans *Pierre Jélyotte et les chanteurs de son temps* (Paris 1905), p.189.

Il fallut attendre la reprise de 1742 pour que le succès soit véritablement incontestable: 'Cet opéra est fort bien reçu du Public et a un très grand succès', dit le *Mercure* à la date de septembre 1742. Mais déjà durant la saison de 1733-34, les avis s'étaient réformés: 'Peu à peu, les représentations d'*Hippolyte* furent plus suivies et moins tumultueuses; les applaudissements couvrirent les cris de cabale qui s'affaiblissaient chaque jour et le succès le plus décidé, couronnant les travaux de l'auteur, l'excita à de nouveaux efforts' (Chabanon, p.10).

Finalement il y eut au dix-huitième siècle 123 représentations de l'œuvre, et 42 pour le seul hiver de 1733/34, ce qui est hors de proportion avec les chiffres de l'époque.

A la création des *Indes galantes* en 1735, la bataille ne fut pas, non plus, gagnée de premier coup. Cette fois ce sont surtout les récitatifs qui déconcertèrent le public. L'œuvre, cependant, s'imposa peu à peu: on atteignit bientôt au plus franc succès, comme le souligne Cahusac:

Les *Indes Galantes*, en 1735, paraissaient d'une difficulté insurmontable; le gros des spectateurs sortait en déclamant contre une musique surchargée de doubles croches, dont on ne pouvait rien retenir. Six mois après, tous les airs, depuis l'ouverture jusqu'à la dernière gavotte, furent parodiés et sus de tout le monde. A la reprise de 1751, notre parterre chantait 'Brillant Soleil...' etc. avec autant de facilité que nos pères psalmodiaient 'Armide est encore plus aimable, etc.'[13]

Seul Rameau eut ainsi le privilège d'obtenir, par certains de ses airs, un succès populaire. Sa musique, malgré son trop de science, traversa les murs du théâtre et sortit dans les rues.

Le succès de *Castor et Pollux* à sa création, le 24 octobre 1737, fut encore plus douteux. La polémique reprit entre lullystes et ceux qu'on appela alors les rameauneurs. Rameau ne s'avoua pas vaincu; il n'hésita pas à faire dans son ouvrage des remaniements très importants, et la reprise du 11 janvier 1754 fut un triomphe. L'enjeu était de taille: on était alors en plein dans la dispute des Bouffons; et il fallut au compositeur un grand courage ou alors un grand mépris des circonstances pour relever le défi: 'Un génie tel que Monsieur Rameau saisit exprès un pareil moment pour triompher avec plus d'éclat.'[14]

Ce fut la débâcle chez les partisans de la musique italienne; *Castor* marqua la fin de la querelle des Bouffons (Fréron, ii.45):

que n'avez-vous pu, Monsieur, être témoin à la première représentation, des applaudisse-ments unanimes et redoublés dont retentit la salle du Palais Royal? Vous eussiez vu les Bouffonnistes confondus quitter le coin de la Reine, abandonner ce poste important, s'égarer, se perdre dans la foule, se précipiter à la porte pour se sauver, comme de malheureux assiegés dont la Ville vient d'être prise d'assaut.

13. *Encyclopédie*, article 'Expression' (1756).
14. Fréron, *Lettres sur quelques écrits de ce temps* (1754), ii.44.

On imagine l'atmosphère de la salle du Palais Royal qui inspira un tel lyrisme; le grand magicien chassa ses ennemis du Temple de sa gloire; il s'insinua au fond des cœurs grâce à des philtres savants connus de lui seul (Chabanon, p.20):

Transportons-nous à l'opéra: peignons-nous Pollux environné de Furies, dont la voix, par une marche syllabique, frappe l'oreille à coups égaux et redoublés. Le trouble saisit les spectateurs; il gagne, il s'insinue, il se communique, il s'étend, il s'augmente: un bruit sourd se répand parmi les spectateurs; il naît de leur plaisir, et il le gêne; on veut écouter, on ne peut se taire; l'impression redouble, l'émotion croît, elle est entière, universelle.

Ce fut l'hystérie, sans doute; on ne raisonna plus alors, on se laissa aller à son plaisir. L'ouvrage emporta tous les suffrages, même les plus exigeants comme celui de Collé:

Cet opéra [...] a été applaudi avec fureur, et aura le plus grand succès. Les connaisseurs pensent que Rameau n'a jamais rien fait de plus varié. Il y a, dit-on, de la musique grande et noble, il y en a de gaie, de voluptueuse, de toutes sortes. Jamais on n'a loué aucun de ses ouvrages avec tant de vivacité. La haine que l'on porte aux Bouffons, jointe à l'excellence de son opéra, peut bien y contribuer un peu. Les Bouffons vont, à ce qu'on assure, être renvoyés dans peu de jours.[15]

Rameau n'était pas insensible au succès,[16] cependant, timide, il craignait la foule, peut-être s'en méfiait-il aussi – toujours est-il qu'il ne triomphait pas avec forfanterie, comme nous le montre cette anecdote rapportée par Clément:

En 1763, après la première représentation de *Castor* à Fontainebleau, un des amis de Rameau l'aperçut le soir qu'il se promenait dans une salle écartée, et éclairée très faiblement; comme cet ami courait à lui pour l'embrasser, Rameau se mit à fuir brusquement, et ne revint qu'après en avoir entendu le nom. Alors justifiant la bizarrerie de l'accueil qu'il lui avait fait, il lui dit qu'il fuyait les compliments, parce qu'ils l'embarrassaient et qu'il ne savait qu'y répondre.[17]

Le vieil homme de 80 ans, au faîte de la gloire – à quelques mois de la mort – disparaît dans l'obscurité d'un château ancien.

Pour l'ouverture de la salle des Tuileries, le 24 janvier 1764, ce fut *Castor et*

15. Ils le furent, en effet, d'après le *Journal* de Collé, janvier 1754.
16. Collé raconte dans son *Journal* à la date de mars 1751 qu'à la reprise de *Pygmalion*, alors qu'il obtenait enfin pour cet ouvrage le succès qu'il méritait, Rameau ne put cacher son émotion: 'Les applaudissements ont comblé de joie le pauvre Rameau, à ce que m'a dit Monticourt, qui vit ce grand artiste quelques jours après; il était transporté, il pleurait de joie. Il était ivre de l'accueil que lui avait fait le public; il jurait de lui consacrer le reste de sa vie. "Monsieur le prévôt des Marchands, lui disait-il, ne veut pas faire jouer trois tragédies, deux ballets et trois actes séparés que j'ai tout prêts; mais, Monsieur, le public trouvera tous ces ouvrages à ma mort, et je travaillerai jusqu'au dernier soupir pour lui marquer ma reconnaissance."'
17. M. Clément, *Anecdotes dramatiques* (Paris 1775), i.179.

Pollux qui fut choisi. L'événement était attendu, comme le souligne Bachaumont: 'L'opéra s'est ouvert aujourd'hui par *Castor et Pollux* avec l'affluence qu'on présume. La garde était plus que triplée.'[18] Si la représentation fut tumultueuse la faute en fut à Soufflot, architecte de la nouvelle salle dont les défauts mécontentèrent fort le public.

Le succès ne tomba pas, bien au contraire, après la mort du compositeur, et le *Mercure* de juin 1765 s'excuse auprès de ses lecteurs de devoir écrire encore et toujours sur *Castor*:

Nos lecteurs de province doivent voir avec étonnement cet article ne contenir, depuis plusieurs mois, que la continuation de *Castor et Pollux*; ils seront plus étonnés encore, quand ils apprendront que dans une saison où l'on est avide de promenades, et lorsque le temps les favorise le plus, elles sont forcément sacrifiées au plaisir que fait cet opéra, que les recettes ont été jusqu'à présent aussi fortes que dans les plus grands succès de l'hiver.[19]

Pendant la saison 1778/79 encore, *Castor* sera choisi comme une arme efficace pour attaquer la vogue montante des glückistes; la musique française, avec cet ouvrage, possédait un excellent atout dont elle usa 254 fois au dix-huitième siècle.

L'exemple de *Dardanus* est également très représentatif de l'hésitation du public, de son étonnement avant de se donner entièrement et presque unanimement en applaudissements. La création (19 novembre 1739) fut jugée médiocre; on ne donna que 26 représentations. Puis les auteurs reprirent l'ouvrage: Rameau, à son habitude, n'hésita pas à transformer son travail; il n'était pas fermé à la critique, bien au contraire. La première reprise en 1744 ne connut cependant que 20 représentations. On attribua ce manque d'enthousiame du public à la médiocrité du livret de La Bruère. Pourtant, pour cette reprise et les transformations qu'on avait faites dans l'ouvrage, Rameau avait fait appel à Pellegrin. Rien n'y fit. Il fallut attendre seize ans, pour que le succès éclatât, et alors, avec une force considérable et ce, pendant deux années. Il est fort probable que les décorations y furent pour leur part, car les Directeurs n'avaient semble-t-il pas lésiné pour satisfaire les spectateurs. Cependant c'est vers Rameau que le public se tourne: 'En 1760, à une représentation de *Dardanus*, le public aperçut Monsieur Rameau à l'amphithéâtre; on se tourna de son côté et on battit des mains pendant un quart d'heure. Après l'opéra, les applaudissements le suivirent jusque sur l'escalier.'[20]

18. Louis Petit de Bachaumont, *Mémoires secrets pour servir à l'histoire de la république des lettres* (Londres 1777-1789), janvier 1764.
19. *Mercure*, juin 1765.
20. *Anecdotes dramatiques*, i.244.

Pour être juste, évoquons également les batailles manquées dont les *Paladins*[21] est le plus bel exemple. La principale raison de son insuccès est probablement l'incompréhension persistante du public: c'est en effet la deuxième expérience que Rameau fait dans le genre de la comédie-ballet; la première, *Platée*, avait déjà décrié la chronique: on lui reprochait le ridicule des paroles, l'absence de bienséance, les grossièretés, les platitudes.[22] Cette fois le public ne suit pas; la musique de Rameau ne suffit pas à sauver l'ouvrage de la médiocrité des paroles: 'On voudrait rire, pleurer, ou dormir; mais on baille; voilà l'effet général. La musique a de grandes beautés, mais déplacées. Les paroles ont été décidées mauvaises; cependant, l'auteur a donné une preuve d'esprit et de bon sens, c'est qu'il a gardé l'anonyme.'[23]

Collé, avec sa sévérité habituelle, alors qu'il avait reconnu très honnêtement le succès de *Castor*, n'hésite pas à présent à accabler le compositeur:

La musique est d'un ennui insoutenable; Rameau a paru radoter; et le public lui a dit qu'il est temps de dételer. Ce génie en musique, très bête d'ailleurs, a donné dans une très grande absurdité, de penser que les paroles d'un poème n'étaient pas nécessaires à sa réussite.[24]

Et de continuer ainsi, en disant que c'est bien fait – que Rameau l'a bien cherché. Decroix est plus indulgent: il charge le public plutôt que le compositeur; la vérité est probablement entre ces deux avis opposés (p.167, n.74):

cet opéra n'eut qu'un faible succès, ce qu'on attribua uniquement aux paroles [...] Il vaut mieux en chercher la raison dans l'inconstance ordinaire des hommes qui se lassent à la fin d'admirer, comme de toute autre chose. C'était bien encore la musique de Rameau, mais on était fatigué d'entendre toujours la même idole et on se laissait persuader d'avance qu'un homme d'un âge si avancé n'était plus capable de produire rien qui vaille, quoiqu'il y eût des exemples du contraire. Au reste les bons ouvrages gagnent toujours à être revus. Tous les opéras de Rameau en sont la preuve. On a remarqué qu'ils ont eu beaucoup plus de succès [...] aux reprises qu'aux premières représentations.

Ingratitude du public, manque de confiance, manque de maturité – peut-être; mais cette fois la bataille ne fut pas gagnée – le miracle ne se produisit pas. Et Rameau eut beau se défendre 'qu'on n'avait pas eu le temps d'en goûter la musique'; il se servit de cette expression malheureuse: 'La poire n'est pas mûre.' 'Cela ne l'a pourtant pas empêché de tomber', lui répondit Mlle Carton.[25]

---

21. Création: 12 février 1760, d'après un conte de La Fontaine: *Le Petit chien qui secoue des pierreries*.
22. Voir le chapitre consacré aux livrets, p.75-77.
23. Charles Simon Favart, *Mémoires et correspondance littéraire*, éd. Dumolard (Paris 1808), 12 février 1760.
24. *Journal et mémoires*, tome ii, février 1760, p.211, 212.
25. Clément, *Anecdotes dramatiques*, tome ii, article '*Les Paladins*'.

5. *Rameau force le goût*

Mises à part quelques défaites dont les causes, du reste, ne sont toujours pas clairement élucidées, Rameau sut, tout au long de sa carrière, imposer au public ce qu'il avait toujours quelques réticences à accepter du premier coup, un goût qu'il fallut bien qu'il reconnût bientôt – le goût français. Les victoires qu'il remporta ne font aucun doute; une preuve encore, s'il en est encore besoin, est cette reflexion du *Mercure* datée de mai 1749:

Nous devons remarquer une singularité qui regarde M. Rameau. Depuis le printemps de l'année dernière, on a joué les *Tallens Lyriques*, *Zaïs*, les *Fêtes de l'Amour et de l'Hymen* [*sic*], *Pygmalion*, *Platée* et *Naïs*. Jusqu'à présent, il n'était arrivé à aucun autre de nos musiciens de voir six de leurs ouvrages se succéder ainsi au théâtre dans le cours de l'année.

Du jamais vu, donc, et le poète Boissy célèbre l'événement le 11 juin 1749 dans sa comédie en vers libres *La Comète*:

> L'empire chantant a trouvé son Corneille [...]
> Il enfante en un an *Zaïs*, *Pygmalion*,
> *Les fêtes de l'Hymen*, où son talent suprême
> Est après tant de vœux secondé du poème;
> Il met *Platée* au jour, et l'aimable *Naïs*,
> Dont le génie nous charme autant qu'il nous étonne.[26]

Cette esthétique, longuement élaborée, devait pourtant bientôt tomber en désuétude.

26. Arthur Pougin, *Pierre Jélyotte et les chanteurs de son temps*, p.174.

II

Le livret

6. Rameau manque de collaborateurs véritables

RAMEAU n'eut pas la chance de pouvoir travailler dans une équipe d'artistes de la force de celle que Lully avait su réunir autour de son autorité. Peut-être aussi n'en voulut-il pas, bien que cela ne paraisse pas très vraisemblable. Si Lully put travailler avec des collaborateurs de grand talent, comme Quinault et Vigarani, tout au long de sa carrière, Rameau ne manqua pas d'en rencontrer lui aussi beaucoup, mais il n'en garda aucun très longtemps – à part Cahusac pour la deuxième partie de son œuvre, jusqu'à la mort de ce dernier (1759). De tous ces artistes de qualité, Rameau ne s'accorda véritablement avec aucun; son génie voyait plus loin, chaque fois, que les inspirations souvent talentueuses avec lesquelles il lui fallait composer. Il aurait sans doute voulu, à lui tout seul, pouvoir produire toutes les parties à la fois; s'il n'en avait pas le métier, il en avait la force, et il pestait de devoir compter trop sur les autres. Il 'embrassait toutes les parties à la fois', écrit Noverre, un de ses plus grands admirateurs et le premier qui ait su véritablement et complètement ce dont le spectacle lyrique souffrait et quelles étaient ses grandes aspirations, 'maîtres de musique et de ballets, chanteurs et danseurs, chœurs, peintres, décorateurs, dessinateurs d'habits, machinistes, tous également peuvent avoir part à sa gloire'.[1]

C'est pourquoi il préférait le plus souvent travailler seul et il avait pris l'habitude d'acheter leurs droits aux poètes qui lui apportaient leurs livrets, de manière à pouvoir transformer ces derniers tout à loisir si le besoin se présentait; et il ne s'en priva pas. C'était le seul moyen qu'il avait trouvé de donner à sa musique toute la place dont elle avait besoin. Mais qu'on ne se méprenne pas: son ambition n'était pas de s'emparer pour sa musique, de la première place dans le spectacle lyrique. Dans l'architecture de ce théâtre qui se dessine peu à peu au dix-huitième siècle pour certains hommes de l'art dont Rameau fait partie, il n'y a pas de première place: tous les moyens d'expression ont la leur, singulière, et seuls ils la peuvent occuper; pas de hiérarchie, pas de priorité; mais pas non plus d'indifférence pour autrui: chacun doit s'occuper de prévoir tous les autres pour que la combinaison soit parfaite, qu'un équilibre se crée, pour que l'attention du spectateur ne se divise plus dans une jouissance éclatée, mais qu'elle se rassemble au contraire pour un plaisir plein, unique. Ce miracle est le résultat d'un travail complexe; et s'il se produit rarement, c'est qu'il doit être le rassemblement de perfections multiples. Rameau savait cela et quelques

---

1. Jean Georges Noverre, *Lettres sur la danse et les arts imitateurs* (1760), lettre XVII (Paris 1952), p.121-22.

autres avec lui que l'on évoquera dans ce chapitre. Il voulait pour sa musique la place qu'on lui doit; le livret la prépare en créant, par exemple, des moments forts, bien caractérisés, ou bien le librettiste taille ses vers selon des ruptures qu'il sait favorables à la musique. A son tour, le compositeur veillera à bien rendre les émotions exprimées par le poète; avec les moyens propres de la musique il apportera au tableau général les teintes qui lui reviennent.

Les librettistes auxquels Rameau avait affaire n'avaient pas ce sens aigu de l'unité d'inspiration nécessaire dorénavant à l'opéra. L'un excellait pour les scènes bien caractérisées; l'autre savait amener avec habileté les chœurs, ou bien il connaissait l'art de lier les divertissements à l'action générale: aucun ne réunissait toutes ces qualités à la fois. Le compositeur se voyait alors obligé de refaire lui même certains passages, ou de les faire refaire, parfois par un autre librettiste. 'Que n'eût-il pas fait si l'usage de se consulter mutuellement eût régné à l'opéra.'[2]

Et Noverre comprend bien que se consulter ne signifie pas accepter de faire des concessions mais, bien au contraire, additionner des forces pour créer une œuvre plus vaste; et de regretter que Rameau n'ait pas eu la chance d'associer son génie à celui de Quinault:

C'est pour lors que la musique aurait porté le caractère du poème; qu'elle aurait tracé les idées du poète, qu'elle aurait été parlante et expressive, et que le danseur aurait été forcé d'en saisir les traits, de se varier et de peindre à son tour. Cette harmonie qui aurait régné dans deux arts si intimes aurait produit l'effet le plus séducteur et le plus admirable.[3]

Le président de Brosses a le même rêve; mais il trouve une solution: il conseille tout simplement à Rameau de remettre en musique les livrets de Quinault, par exemple son *Alceste*.[4] Il n'est pas le seul à nourrir cette nostalgie.

Les livrets de Quinault, cependant, n'avaient pas atteint la perfection; on le savait, mais on n'était pas sûr non plus qu'on eût pu en faire de meilleurs, comme si, au fond, on pensait encore ainsi qu'au début du siècle que le genre du spectacle lyrique portait en lui des inconvénients irréductibles – qu'il n'y avait rien à faire, qu'il resterait toujours une œuvre hybride.

L'esthétique de l'opéra, en effet, évolue lentement et Rameau ne rencontre aucun collaborateur vraiment digne de ce nom; ce fut un premier frein si l'on en croit le conditionnel employé par Noverre et une des raisons de l'insuccès que connurent certaines de ses œuvres; un deuxième obstacle furent les critiques que Noverre ne porte pas beaucoup dans son estime: les mots ne manquent

---

2. Noverre, lettre XVII, p.123.
3. Noverre, lettre XVII, p.123.
4. Président de Brosses, *Lettres familières écrites d'Italie en 1739 et 1740* (Paris 1858), ii.316.

6. *Rameau manque de collaborateurs véritables*

pas pour les invectiver dans cette même lettre XVII déjà citée: ce sont 'des connaisseurs sans connaissance', 'des ignorants titrés', 'des importants subalternes', des 'demi-savants' qui poussent des cris et des croassements, 'des chenilles vénimeuses', 'les échos des ridicules et de l'ignorance privilégiée de nos agréables', enfin ce sont 'des Nestors'! Tout ce beau monde a contribué à 'dégoûter M. Rameau et lui a fait abandonner les grandes idées qu'il pouvait avoir' (p.120).

Sans entrer tout à fait dans les excès dont fait preuve ici Noverre avec son enthousiasme, on comprend que les temps n'étaient pas encore mûrs et que Rameau, solitaire, devait accomplir seul son ouvrage: travailler à donner au spectacle lyrique la consistance, l'ampleur dont il avait besoin, définir son identité propre. Il entreprit donc d'en faire le maximum par lui seul, se subordonnant autant qu'il le put le rôle du poète et réalisant quelque peu ce que Rémond de Saint-Mard préconisait: que le poète et le musicien se trouvent réunis dans la même personne.[5] Rarement satisfait, il exigeait des librettistes une soumission dont ceux-ci se plaignaient; il en changeait pour le même ouvrage, demandant sans cesse qu'on fît des retouches. Le livret de *Platée*, par exemple, ne comporte pas moins de quatre versions différentes, tant Rameau, sans cesse, exigeait des remaniements. Autreau est l'auteur du travail principal; Rameau fit ensuite appel à Le Valois d'Orville auquel il dicta ses volontés, puis ce fut Ballot de Sauvot à qui on demanda d'autres transformations. La première version du livret est du 31 mars 1745, la dernière est datée du 5 février 1750: pendant cinq ans, Rameau tâcha d'améliorer son ouvrage. Il s'était fait de cette façon une réputation détestable. Certains, peu aptes à comprendre l'enjeu véritable que son travail et ses exigences poursuivaient, l'accusèrent d'avarice: s'il achetait leurs droits aux librettistes avant la création de l'œuvre c'était pour ne pas avoir à partager ensuite le pourcentage sur la recette auquel il avait droit. D'autres reconnaissaient le génie du compositeur, comme Voltaire, et acceptaient de se plier à ses volontés sans toutefois parvenir toujours à taire une certaine mauvaise humeur.

Mais il est faux de croire que Rameau, devant le manque de génie de ses librettistes, se soit fait une raison – trouvant ainsi avantages à faire ressortir ses propres talents. Le *Postillon Français* se fourvoie dans son admiration:

Lully doit autant à Quinault qu'à son propre génie. Campra et Destouches n'ont pas moins d'obligations à La Motte et à Danchet: mais un aussi grand homme que Rameau ne devait briller que par son propre éclat, lui seul pouvait se suffire à lui-même, et suffire à tout le monde.

C'est un jugement rétrograde qui semble se contenter ainsi de l'état des choses – et qui en profite pour l'ériger en véritable système où se révèle la

---

5. *Lettres sur quelques écrits de ce temps* (1749), tome ii, lettre IX, 2 décembre, p.235.

véritable cause d'ordre purement esthétique pour laquelle les circonstances ne sont qu'un prétexte: à l'opéra, la musique doit l'emporter sur la poésie. Rameau n'est pas responsable de l'opinion de ses partisans; il ne partage bien évidemment pas l'avis de l'auteur de cet article qui continue ainsi: 'La poésie a son théâtre: qu'elle aille y déployer tous ses avantages. La musique doit avoir aussi le sien: qu'on ne le lui dispute plus; qu'elle y règne seule; qu'elle en chasse toute rivale qui veut lutter contre elle.'[6]

Cette querelle des priorités est d'un autre âge, comme l'opinion 'que la musique seule décidait du sort d'un opéra et que le poème n'avait presque pas d'influence sur son succès'.[7] L'esthétique nouvelle dont Rameau est un des promoteurs a d'autres ambitions bien au-dessus de toutes ces considérations un peu mesquines: créer l'unité du spectacle lyrique dans la réunion de tous les arts expressifs.

6. *Commentaires*, le 30 juin 1739, cité par Malherbe, *Commentaire des Fêtes d'Hébé*, p.xxvi.
7. *Mercure*, mars 1762, cité par Malherbe, *Commentaire de Zaïs*, p.xliii.

7. Les difficultés des librettistes

LA collaboration de Voltaire et de Rameau est révélatrice du climat de tension dans lequel les artistes devaient travailler. L'absence de règles précises, la nécessité de les inventer au moment même de la conception favorisaient les humeurs excessives. Les rapports entre les deux artistes pour *La Princesse de Navarre* furent quelquefois bien orageux; dans les lettres que Voltaire écrit à cette époque à propos de cette œuvre alors même qu'il y travaille et qu'il reste pour cela en relation assez étroite avec le compositeur, on observe qu'à la soumission la plus totale au génie succède progressivement une nervosité mal contenue.

Dans sa correspondance avec le duc de Richelieu qui leur avait commandé cet ouvrage à l'occasion du mariage du dauphin il écrit: 'J'ay reçu 3 lettres de Ramau assez insenseés, je n'ay fait réponse à aucune';[1] puis il est question de 'cet étrange Rameau'.[2] Au comte d'Argental il traite Rameau de 'Roy des quintes', puis très vite: 'Encor une fois il est essentiel que madame de Tensin mande à M. de Richelieu que ce pauvre Rameau est fou.'[3] Il en dit autant à M. Hénault;[4] il craint sérieusement pour la pièce: 'Pour Ramau, je crois sa tête phisiquement tournée, on dit qu'il bat sa femme, et qu'ensuite il se met au lit pour elle. Il faudroit absolument que madame de Tensin eût la bonté d'écrire à monsieur de Richelieu, et de L'avertir du risque qu'il court s'il compte sur un tel extravagant';[5] il supplie la comtesse d'Argental: 'Mais tâchez donc que madame de Tensin écrive à Mr de Richelieu qu'il faut seigner Rameau et le mettre au bouillon.'[6]

Les difficultés semblent sérieuses même si le ton est plaisant et la date du mariage du dauphin approche (23 février 1745). Cependant, en même temps qu'il marque de la sorte son agacement pour les exigences jamais satisfaites du compositeur, Voltaire reconnaît son génie au nom duquel le reste compte finalement pour rien: 'Ce Rameau est aussi grand original que grand musicien [...] Il est fou; mais je tiens toujours qu'il faut avoir pitié des talents. Permis d'être fou à celui qui a fait l'acte des Incas.'[7]

1. 18 juillet 1744, Best.D3004.
2. 27 juillet 1744, Best.D3008.
3. 15 août 1744, Best.D3017.
4. 14 septembre 1744, Best.D3029.
5. Au comte d'Argental, le 15 septembre 1744, Best.D3030.
6. 18 septembre 1744, Best.D3031.
7. A Hénault, 14 septembre 1744, Best.D3029.

Déjà, à l'époque de *Samson*, Voltaire montrait pour Rameau une grande admiration; lui-même se jugeait bien médiocre, il l'avouait à son ami Berger: 'J'ai fait une grande sottise de composer un opéra; mais l'envie de travailler pour un homme comme mr Rameau, m'avait emporté. Je ne songeais qu'à son génie & je ne m'apercevais pas que le mien (si tant est que j'en aie un) n'est point fait du tout pour le genre lyrique.'[8]

Il faisait au compositeur des lettres pleines d'une affection incontestable:

Mon mariage avec vous m'est aussi bien cher que celui que je viens de faire. Nos enfants ne sont pas ducs et pairs; mais grâce à vos soins et à votre talent, ils seront immortels. Les applaudissements du public valent mieux qu'un rang à la cour.

Je me flatte que madame Rameau est à présent debout, et qu'elle chante à votre clavecin. Adieu! vous avez deux femmes: elle et moi. Mais il ne faut plus faire d'enfants avec madame Rameau: j'en ferai avec vous, jusqu'à ce que je devienne stérile. Pour vous, vous ne le serez jamais.[9]

Et lorsque, finalement, *Samson* fut abandonné, il n'oublia pas de filer sa métaphore: 'Rameau s'est marié avec Montcrif. Suis-je au vieux-sérail? Samson est-il abandonné?'[10]

Pourtant Voltaire, poète, était prêt à toutes les concessions: 'Je ferai de Samson tout ce qu'on voudra; c'est pour lui, c'est pour sa musique mâle et vigoureuse que j'avais pris ce sujet.'[11] Avec quelques sautes d'humeur comme en témoigne cette lettre au comte d'Argental à propos, cette fois, de la *Princesse de Navarre*: 'Eh bien, mon cher ange, êtes vous un peu content? y a t'il quelque chose à refaire à cette mauditte Princesse de Navarre? Que dit Ramau, que veut il? Je vous demande en grâce de luy faire signifier que je ne changeray rien au divertissement sur lequel il doit travailler.'[12]

Aussi bien, les rapports entre les compositeurs et leurs librettistes n'étaient généralement pas faciles. C'étaient des difficultés de toutes sortes. La folie de Rameau, pour Voltaire, est le résultat d'exigences jugées irréalisables; on lui demande sans cesse des transformations impossibles; il résume la situation dans une formule: 'Il me mande *que j'aye à mettre en quatre vers tout ce qui est en huit, et en huit tout ce qui est en quatre.*'[13]

Ces exigences ne sont pas du mépris pour la poésie mais la quête d'une adéquation entre la musique et les vers; les accusations de Collé sont injustes lorsqu'il déclare que Rameau sacrifie tout à sa musique, qu'il se soucie fort peu

8. A Berger, le 1er février 1734, Best.D709.
9. Vers le 15 avril 1734, Best.D719.
10. A Thieriot, 16 mars 1736, Best.D1035.
11. A Thieriot, 17 décembre 1735, Best.D966.
12. Octobre 1744 à d'Argental, Best.D3035.
13. A Hénault, 14 septembre 1744, Best.D3029.

du poème, que c'est là la cause du manque de succès de certaines de ses
œuvres. Il reproche au compositeur d'avoir fait 'un tort considérable à l'opéra
en sacrifiant, sans esprit et sans goût, continuellement, les poèmes à sa musique'
et il l'accuse d'avoir été

le premier a forcer les poètes lyriques à restreindre un sujet [...] à 90 ou 100 vers tout
au plus [par acte]; c'est ordonner de faire des bouts rimés et des acrostiches, que d'exiger
que l'on expose, que l'on noue et dénoue une action en 90 vers. Rameau a toujours
immolé les poètes aux danses et aux ballets [...] il lui faut un valet de chambre-parolier.[14]

En effet, un poème d'opéra n'est pas un poème ordinaire – et Collé fait bien
de remarquer que Rameau, plus que tout autre auparavant, fut attentif à en
définir les contours. Les remainiements portent souvent sur des questions de
rythme: on ne met pas en musique de la même manière un vers de huit pieds
et deux vers de quatre, Voltaire aurait dû le savoir. Tous les mots de la langue
française ne conviennent pas au langage musical et l'abbé Prévost va même
jusqu'à estimer que l'art du poète consiste à combiner les quatre cents mots
dont la langue lui laisse l'usage.[15]

Mais ne confondons pas deux attitudes qui nous semblent en contradiction,
celle de Rameau, attentive à ménager entre le poème et la musique une mesure
commune – une identité d'inspiration, travail qui ne va pas, évidemment, sans
des difficultés de toutes sortes, et l'autre point de vue, tout-puissant depuis la
disparition de Lully: alors que le maître, mu par la même recherche que Rameau
d'une unité du spectacle, utilisait sa musique pour servir le plus fidèlement
possible le sens du poème, ses successeurs crurent pouvoir se débarasser de sa
'tyrannie' en suivant une route différente; les opéras-ballets font la place bien
étroite au livret: la musique et la danse[16] mènent le jeu: les librettistes dans ces
conditions avaient bien à se plaindre; ils n'étaient que des pretextes à musique
et à danses. Un pli nouveau était donné au spectacle lyrique et en l'absence de
tout esprit rassembleur de la taille de Lully ou de Rameau, pendant quarante
ans le poème d'opéra eut la portion congrue: au service de la musique, il devait
se plier à ses exigences. Comme la musique à cette époque était réputée
incapable d'expression véritable par elle-même, on ne lui demandait que d'imiter
la nature par l'intermédiaire des mots; comme cette imitation-décalque ne
pouvait entrer dans les nuances et les caractères trop complexes, le poème
d'opéra en était réduit à se mettre au niveau de la pauvreté des moyens de la
musique. Il n'était donc plus guère question de poésie et c'est sans aucun doute
l'explication de l'absence de talents dans ce domaine: avec si peu de liberté,

14. *Journal et mémoires*, mai 1757.
15. *Le Pour et contre* (1733), ii.319.
16. Voir Avant-propos, p.3.

aucun poète véritable ne voulait se donner à un ouvrage condamné à la médiocrité.

Sur ces problèmes de rythme et de vocabulaire, sur la place bien réduite que le compositeur laisse à l'inspiration du poète, sur l'absence de respect que l'on porte ensuite à son œuvre, Montdorge nous donne le témoignage d'un homme de métier; son ironie est amère:

Ce n'est point un poète qu'il faut à l'opéra. Un poète, n'en déplaise à ceux qui le sont, doit oublier qu'il l'est. Il faut qu'il devienne appareilleur de paroles, éplucheur de syllabes. Il faut que sans cesse la lime, et lime douce, à la main, il polisse de petits rondeaux, de petits quatrains, de petits riens.

L'enthousiasme n'a que faire ici; tout doit être conduit par l'art; et combien en faut-il pour filer une scène en trente ou quarante petits, très petits vers?[17]

On oublie, effectivement, trop souvent, à quel point la place dont le poète dispose matériellement dans un opéra pour s'exprimer est réduite. On lui demande d'organiser des effets théâtraux mais l'étroitesse de son champ d'action ne lui en laisse guère la liberté. Tout est en miniature: il faut très peu de mots au compositeur, il en faut beaucoup plus au dramaturge. Une fois cet exploit de contraction réalisé, le poète présente son œuvre; elle a beau être très habilement construite et digne d'admiration, sa mise en musique pose très souvent des problèmes. Montdorge met en scène dans son livre un poète de ses amis avec lequel il dit avoir vécu et qu'il appelle 'mon poète de chambrée' (sans doute les deux amis ne sont-ils qu'une seule et même personne). Ce poète reçoit une lettre d'un compositeur (p.22):

Premièrement, la déclaration d'amour que vous m'avez donnée pour la troisième scène du second acte ne va pas. Tout le monde la trouve fort jolie; je la fis voir l'autre jour au Café, à l'heure du souper où il y a le plus de monde et surtout de faiseurs de paroles. Elle fut admirée d'un chacun, il faut lui rendre justice de ce côté là; mais une déclaration doit toujours finir en cadence soutenue et il n'y a pas moyen avec votre syllabe; il m'en faut une qui finisse par exemple, par 'Prendre'. Je serai à mon aise pour placer ma cadence là-dessus, au nom de Dieu, des syllabes heureuses et je réponds de tout.

Pour un peu, le compositeur ne regarderait pas au sens du poème pourvu que sa musique puisse trouver dans les mots un support; telle est la convention qui impose un cadre strict dans lequel aucune originalité poétique ne peut trouver de place. C'est ne tenir aucun compte de l'identité même du poème; très probablement, avant d'en avoir pris connaissance, le compositeur s'est fait une idée précise du genre de musique qu'il désire et il demande aux vers de s'y plier coûte que coûte. Certaines syllabes, jugées malheureuses, ne le gêneraient pas tant s'il tâchait sinon d'y adapter sa musique, au moins de composer

17. Gauthier de Montdorge, *Réflexions d'un peintre sur l'opéra* (La Haye 1743), p.18-19.

avec elles, et de créer cette troisième voie faite d'équilibre entre les mots et les notes.

Le compositeur, au contraire, veut mener le jeu; il dicte ses exigences (p.23-24):

On me conseille de finir le troisième acte par un quatuor; il me faut des paroles: mais il ne faut pas qu'aucun vers tienne à l'autre, pour que je fasse fuguer mes quatre parties. Par exemple:

Oui je vous aime
Quel bien suprême!
Comblez mes vœux
Je suis heureux.

[…] On est maître de commencer par le premier, le second, le troisième ou le quatrième, la pensée est toujours également bonne.

Et l'on s'étonne ensuite que les textes des opéras soient insipides; ils doivent non seulement satisfaire aux exigences de la composition mais également aux modes, aux habitudes: on veut que tel acte se termine de telle manière, qu'il y ait un duo à tel endroit, un quatuor à tel autre, sans parler des caprices des interprètes… La place faite au poème est à tel point exiguë que le poète se sent pris dans un carcan. Dès le départ, la somme des obstacles qu'il lui faut surmonter anéantit immédiatement toutes les inspirations qu'il pourrait avoir. Son rôle est subalterne. Il n'est, à proprement parler, plus question de création; le travail demandé est d'ordre technique:

Il faut avoir essayé d'assujettir des paroles sur un air à danser, pour savoir combien il en coûte pour ne rien dire. Ce qu'on appelle la Parodie est aisé quand on envoie 'sur un sopha, la femme de Moustapha boire du Nenupha'; mais quand on est obligé de suivre la liste des mots enregistrés au théâtre lyrique et d'observer les longues et les brèves sur la note, on veille des nuits entières sans pouvoir fixer sur un Rigaudon 'les Zephirs dont les désirs font naître les plaisirs'; et le lendemain on est bien heureux si on a pu mettre en mesure: 'Ces langueurs sans alarmes, ces rigueurs et ces larmes, ces fadeurs et ces charmes' dont le ridicule est si bien connu.

Et de conclure: 'il est presque impossible de plier quelque chose de passable sur un air de violon'. On s'était fait une idée très précise de la sorte de mots susceptibles d'être mis en musique; il leur fallait, outre la décence dont on avait une opinion très étroite, se plier aux formes figées des divertissements, trop strictes par elles-mêmes et complexes pour leur laisser un champ d'action aussi ténu fût-il. Ballottés par des rythmes à la réputation solide, transportés d'office dans les reprises obligatoires, les mots sont des objets auxquels on demande d'être suffisamment peu de choses pour qu'on puisse leur donner la teinte que l'on désire. Comme l'écrit encore Montdorge, le poète est un assembleur de mots – et souvent même la musique était déjà composée sur laquelle on lui demandait de placer ses vers. Il devait s'y plier ou renoncer. Et si jamais il essayait de laisser un peu de liberté à son sens créatif, l'œuvre était brisée (p.19):

J'ai vu naître plusieurs opéras entre les mains de mon poète de chambrée [...]. Je les ai suivis jusqu'à parfaite destruction; j'en ai lu qu'on pouvait lire avant qu'ils fussent sortis de l'atelier: mais, en vérité, on exige pour la gloire ou pour la facilité de la musique tant de changements, tant de lambeaux pour remplir des vides, qu'il en est, à la fin, d'une tragédie lyrique comme de la soutane dont parle Scarron: c'est elle et ce n'est point elle.

Telle était la situation quand Rameau se mit au travail; les poètes d'opéra ne pouvaient être que de bons techniciens et surtout de mauvais poètes. Tandis que régnait le compositeur, ils restaient dans quelques coins obscurs: c'était l'usage – déjà ancien – qu'on ne songeait guère à remettre en cause. Il fallut du temps et beaucoup de ténacité pour redéfinir les rôles. Montdorge, lui-même, à ses débuts ne donnait que peu d'importance au livret; il ne jugea pas nécessaire de signer le sien pour les *Fêtes d'Hébé* et pourtant en 1739 Rameau règne déjà depuis six ans; les exigences du jeune librettiste viendront après. L'usage était de faire imprimer le texte avant la création de l'œuvre; il ne l'avait pas suivi; Rameau dut le lui rappeler. Nous avons sa lettre de réponse: 'Vous me fâchez beaucoup Monsieur, quoi! il faut absolument que le poème d'un ballet soit imprimé avant sa représentation! Je me flattais qu'on pouvait se soustraire à l'usage et qu'il nous suffirait d'exposer simplement le sujet de chaque entrée. Songez donc que je n'ai jamais songé vous envoyer qu'un enchainement de scènes qui prétassent à la musique et au spectacle. Et, en vérité, des scènes ainsi sacrifiées ne prétendent point à la lecture.'[18]

Un simple résumé – pour chaque entrée – cela aurait dû bien suffire. Après tout il ne s'agit que d'un opéra-ballet, un simple canevas, un vague plan dessiné dans les grandes lignes pour organiser les danses: voilà le seul rôle du livret et l'étonnement du jeune librettiste est tout à fait légitime; il n'est pas du tout question ici de littérature.

Tel n'était pourtant pas l'avis de Rameau qui eut pour ces raisons souvent bien du mal à trouver des poètes d'opéra dignes de ce nom. La tyrannie qu'on dit qu'il exerçait sur le poète montre qu'il ne se satisfaisait pas d'une situation depuis longtemps établie et que dans cette première moitié du siècle on ne songeait pas à contester. S'il s'était contenté de l'usage, personne ne lui en aurait fait le reproche, pas même Collé; au contraire, il voulut transformer les règles du jeu, s'en occuper personnellement alors que nul n'y songeait, tâcher avec les moyens dont il disposait de bousculer un peu les usages trop confortablement installés. C'était un travail auquel Rameau n'était pas spécialement préparé – il n'était pas poète; sa culture littéraire était, paraît-il, des plus

18. Parfaict, *Histoire de l'Académie royale de musique*, jeudi 21 mars 1739.

sommaires; et enfin les mots n'étaient pas son moyen d'expression. Son mérite est d'avoir refusé d'accepter un état de fait; s'il n'est pas parvenu grâce aux remaniements qu'il fit lui-même, ou qu'il fit faire, à améliorer considérablement la qualité du poème, au moins donna-t-il à ses contemporains l'idée d'exigences nouvelles. Collé est injuste, et ceux qui pensent comme lui, parce qu'ils emploient contre Rameau des armes qu'il a lui-même contribué largement à forger; le poème d'opéra ne peut plus, à partir de ce compositeur, se contenter de la médiocrité.

Cependant c'est surtout pour sa musique que Rameau travailla à l'amélioration du livret. En définissant les termes de l'indépendance toute nouvelle de l'expression musicale, il libéra par voie de conséquence le poème; il enrichit considérablement son champ d'action du fait même que la musique doit à présent exprimer plus. Une collaboration effective devient possible entre deux modes d'expression qui, au lieu de se restreindre l'un l'autre, au contraire additionnent leurs moyens, non pas en se superposant mais en se complétant. Les œuvres de Rameau sont autant d'exemples de cette recherche d'une adéquation totale. Une porte s'est ouverte pour la musique française… et c'est dans cet esprit qu'en 1905 Debussy composera *Pelléas et Mélisande* sur un poème de Maeterlinck.

8. Les librettistes de Rameau

IL est bien sûr, à présent, que Rameau n'était pas du tout indifférent aux poèmes lyriques qu'il allait devoir mettre en musique. Le choix qu'il fit de ses librettistes fut une preuve suffisante. En effet, il sut découvrir, malgré ce qu'on en a pu dire, les meilleurs d'entre eux, soit que ces auteurs aient déjà une réputation solide, comme Pellegrin ou Autreau, ou encore Cahusac, soit que, jeunes encore, ils aient montré tous les signes d'un talent certain, comme, par exemple, Bernard. La notoriété de ces librettistes ne va jamais jusqu'à la fortune, tant s'en faut, et s'ils jouèrent un rôle dans l'évolution de leur art, on ne les reconnut véritablement qu'une fois disparus; de leur vivant, ils ne furent jamais à l'abri des critiques les plus sévères, voire des quolibets.

Pellegrin, auquel Rameau s'adressa pour le livret d'*Hippolyte et Aricie*, était confortablement installé chez son protecteur, le fermier général de La Pouplinière. Il jouissait d'une réputation respectable après son livret de *Jephté*; l'époque où il écrivait pour les théâtres forains était passée; il était connu pour sa grande facilité à versifier – on prétendait même que le nombre de ses vers allait au delà de cent mille sans compter toutes les pièces que probablement il écrivit sous des prête-noms.

En dehors du théâtre, il était connu pour ses œuvres religieuses d'un caractère très particulier: pour lutter contre la montée de l'incroyance et de l'impiété, il traitait de grandes questions religieuses, en vers, et les mettait sur des airs à la mode. Par exemple, sur l'air de *Joconde* 'Seigneur, vous avez bien voulu me donner une femme' il fit une explication de l'oraison dominicale; il prêcha 'Contre le péché en général' sur l'air d'*Armide* 'Amour que veux-tu de moi?' On l'appelait le 'Curé' de l'opéra ou 'Ce bon vieux curé qui met en flon flon l'Evangile'. Le poète Remi écrivait de lui:

> Le matin catholique et le soir idolâtre
> Il dîne de l'autel et soupe du théâtre.[1]

Il n'accepta pas tout de suite de travailler avec Rameau qui, célèbre dans l'Europe entière pour ses œuvres théoriques, n'avait encore jamais travaillé pour le théâtre lyrique, si l'on excepte ses interventions à la foire, et on n'imaginait pas qu'un théoricien pût passer avec bonheur à la pratique. Lorsqu'il se rendit enfin, ce fut sans enthousiasme, et il demanda, comme on sait, des garanties écrites pour le cas où la pièce n'aurait pas de succès.

1. Malherbe, *Commentaires*, sur *Hippolyte et Aricie*.

8. *Les librettistes de Rameau*

Rameau, nouveau venu sur la scène, s'était en effet adressé à un véritable homme de métier – et la hargne de Voltaire ne vient sans doute que du dépit d'avoir vu *Samson* interdit. Ce livret d'*Hippolyte et Aricie* est construit de main de maître et une de ses principales qualités est sa cohésion: l'œuvre se tient et rien n'est laissé au hasard. Dès le prologue, on entre en contact avec le sujet principal, au lieu que, habituellement, on plaçait à cet endroit des scènes très peu en rapport avec la pièce proprement dite. L'unité de l'ensemble est garantie, d'autre part, par le souci du librettiste de poser tout au long de l'œuvre des jalons qui sont des points d'appui sur lesquels l'action repose et qui donnent sa cohérence à la psychologie des personnages. Pellegrin explique, par exemple, dans sa *Préface* comment il s'y est pris pour rendre plus crédible la très rapide condamnation d'Hippolyte par Thésée; chez Racine on est toujours étonné, en effet, de l'aveuglement du roi pour une femme que finalement il n'aime plus guère puisqu'il la trompe autant qu'il peut, et de sa promptitude à accuser puis à perdre un fils qu'il adore. Pellegrin prend soin de préparer cette attitude brutale pour la rendre plus vraisemblable: les Parques annoncent à Thésée dans les Enfers qu'il retrouvera ces mêmes enfers chez lui; Thésée découvre son fils l'épée dirigée sur Phèdre – il venait de la reprendre à la reine qui s'en était emparée pour s'en servir contre elle; un trait non négligeable et nouveau est qu'Hippolyte sera accusé pour avoir sauvé Phèdre de son geste de folie; Phèdre interrogée par Thésée répond: 'N'approche point de moi, l'amour est outragé. Que l'amour soit vengé'; enfin, Oenone a un rôle beaucoup plus actif que chez Racine – ce qu'elle répond à Thésée est sans équivoque:

> 'Mais, la Reine… Seigneur, ce fer armé contre elle,
> Ne vous en a que trop appris.'

Le doute n'était ainsi plus permis à Thésée.

Une autre qualité de Pellegrin est qu'il a su adapter un sujet entièrement tragique pour la scène lyrique: le théâtre tragique et la tragédie lyrique ne respirent pas de la même manière, le souffle qui les anime n'est pas au même rythme. La sorte de bienséance à laquelle le public est habitué pour l'opéra s'accommode mal de la tension excessive jusqu'à la catastrophe qui fait toute la force de la tragédie. Au lieu d'une accumulation jusqu'à l'extrême et sans répit, il faut au spectacle lyrique une alternance entre moments tragiques et moments de détente: l'unité de ces deux sortes de spectacles ne se construit pas de la même manière et ce qui est excellent pour l'un est cause que l'autre tombera. Il faut à l'opéra sa part d'optimisme dont la tragédie mourrait.

C'est pourquoi Pellegrin fit du couple des jeunes gens Hippolyte et Aricie le centre de son intrigue; des amours, même contrariées, trouvaient bien leur place sur la scène lyrique; et le destin tragique de Phèdre passait au second plan. D'autre part, au lieu de l'écroulement irrémédiable sur lequel s'achève toute tragédie, il aménagea une fin heureuse sans diminuer la mesure juste qui gouverne l'ensemble de la pièce.

Ces quelques brèves remarques montrent que Pellegrin valait plus qu'un simple arrangeur de syllabes. Certains le reconnurent, mais pas autant qu'il l'aurait mérité et toujours un peu tard; Fréron, par exemple, qui comme apologiste virulent de l'Eglise avait d'autres raisons d'être du clan du librettiste, fit son éloge dans l'*Année littéraire* de 1757. Il y déplore qu'on ait trop oublié les bons ouvrages de l'abbé: 'Quoique le public le place sans pitié au rang des écrivains les plus abjects, il n'a pas laissé de paraître avec honneur sur la scène lyrique.'[2] Mais c'est douze ans après la mort de l'auteur. Un des grands mérites de Rameau fut d'avoir vu en lui un des meilleurs librettistes de son temps; avec Voltaire, il n'avait pas mal choisi.

Fuzelier, qui fit pour Rameau les *Indes galantes* en 1735, n'était pas non plus un débutant; il avait beaucoup travaillé pour la foire; il avait écrit pour Campra le *Ballet des âges* en 1718, et pour Colin de Blamont les *Fêtes grecques et romaines* en 1723. La principale qualité que Rameau devait apprécier chez lui est son goût extrême pour la variété: il se défendait d'abuser du merveilleux comme il était coutume dans la tradition française, et la diversité des tableaux qu'il met en scène est fabriquée, comme il le dit dans son *Avertissement*, 'sans le secours des dieux et des enchanteurs'.[3] La variété de ses scènes est due à un exotisme d'une authenticité d'ailleurs parfois douteuse qui appartient également à la tradition française du dix-septième siècle. Cependant, cette volonté de présenter des 'caractères nationaux' est sans doute le premier pas vers le 'naturel' dont parleront les philosophes. Rameau ne pouvait qu'apprécier ces moments très contrastés, ces instants fortement expressifs.

Le livret de *Castor et Pollux* par Bernard est probablement le meilleur que Rameau ait eu à mettre en musique. Les éloges ne manquent pas, et la comparaison qu'ils utilisent avec Quinault est significative: 'Je ne vois que *Castor et Pollux* qui se soutienne, par sa richesse, à côté des poèmes de Quinault.'[4]

Fréron juge ce poème 'un des meilleurs qui aient été faits depuis Quinault: il ouvre une vaste et belle carrière à la Musique; le sublime, le pathétique, le touchant, le terrible, le gracieux, s'y trouvent réunis'. Par ses admirables oppositions 'il présente sans cesse de nouveaux objets à l'imagination du Spectateur. La scène est tour à tour sur la Terre, aux Enfers, et dans les cieux' (1754, ii.45).

2. (1757), ii.125.
3. *Avertissement des Indes galantes*.
4. Jean-François Marmontel, *Mémoires et œuvres*, éd. Tourneux (Paris 1891), *Supplément à l'Encyclopédie*, article 'Opéra'.

Ce compliment touche à un point de toute première importance dans l'esthétique nouvelle qui est en train de s'affirmer: des contrastes doivent être aménagés pour que l'attention ne se relâche pas; la variété devient une nécessité; Noverre le réaffirmera encore dans la deuxième moitié du siècle.[5] Et, comme avec Fuzelier, Rameau est à l'aise dans la diversité. De plus, les vers sont les meilleurs venus; Fréron leur trouve bien des qualités: 'Les vers des Ariettes ne sont ni fades ni forcés. Ils sont naturels, délicats et dignes de la muse aimable et facile de M. Bernard.'[6] Voltaire est bien de cet avis. Il écrit à Thieriot:

Je viens de lire les paroles de Castor et Pollux. Il est plein de diamants brillants; cela étincele de pensées et d'expressions fortes. Il y manque quelque petite chose que nous sentons bien tous, et que L'auteur sent aussi, mais c'est un ouvrage qui doit faire grand honneur à l'esprit de l'auteur. Je n'en sais pas le succez. Il dépend de la musique et des fêtes, et des acteurs. Je souhaiterois de voir cet opéra avec vous, d'en embrasser les auteurs, de souper avec eux et avec vous mon cher amy.[7]

Cet enthousiasme ne va pas pour Voltaire sans quelques critiques aussi; ce qui donne d'autant plus de valeur au compliment:

Je trouve dans Castor et Pollux des traits charmants. Le tout ensemble n'est pas peutêtre bien tissu. Il y manque le molle et amœnum [douceur et charme], et même il y manque l'intérêt. Mais après tout je vous avoue que j'aimerois mieux avoir fait une demi douzaine de petits morceaux qui sont épars dans cette pièce qu'un de ces opera insipides et uniformes.[8]

La pensée s'est précisée depuis le mois précédent. Ce qui fait défaut donc au 'Gentil Bernard', au 'petit Bernard', à 'l'aimable Bernard', comme Voltaire aimait à l'appeler, à côté du brillant de ses vers, c'est peut-être un peu plus de métier – et c'est un spécialiste qui le juge – il lui manque le sens de l'unité de l'œuvre et d'avoir su ménager l'intérêt dramatique. Il a construit des scènes de qualité certaine; il aurait fallu les lier, attacher tous ces 'petits morceaux' épars et brillants, composer un ensemble cohérent. C'est probablement pour cette raison que Collé, lui, n'est guère content du livret de *Castor et Pollux*, malgré les remaniements très importants entrepris par les auteurs pour la reprise du 11 janvier 1754:

Vendredi 11: première représentation de *Castor et Pollux* auquel Rameau a fait trois actes tout neufs. Bernard a fait aussi beaucoup de changements, et son poème n'en est pas meilleur pour cela; mais il faut avouer aussi qu'actuellement une tragédie lyrique est un ouvrage impossible.[9]

5. *Lettres sur la danse et sur les ballets*.
6. *Lettres sur quelques écrits de ce temps*, ii.47.
7. A Thieriot, le 3 novembre 1737, Best.D1383.
8. Le 6 décembre 1737, Best.D1396.
9. *Journal et mémoires*, janvier 1754.

Collé est exigeant et son avis nous importe beaucoup parce que la sévérité est ordinairement plus révélatrice que l'admiration excessive. S'il est 'actuellement' impossible de construire une tragédie lyrique, c'est pour la raison qu'on a déjà évoquée précédemment, qu'un livret d'opéra doit être réduit à quelque 90 ou 100 vers par acte tout au plus; c'est à propos des *Surprises de l'amour* du même Bernard que Collé faisait cette reflexion. Comment, en effet, ménager un intérêt dramatique en si peu de vers? Il reproche à Rameau cette exigence draconienne; il ne nous a pas semblé, dans le chapitre précédent, que cette accusation soit légitime: Rameau est l'héritier d'une tradition en matière de livret où il n'a aucune responsabilité: ses efforts, au contraire, ont tous contribué à faire que la situation évolue.

Cependant, la réflexion de Collé sur le livret des *Surprises de l'amour* tombe tout à fait juste; c'est la même que celle que Voltaire faisait sur *Castor*: l'œuvre manque d'unité et de cohésion; le livret est mal lié et Collé veut en apporter la preuve; il prend comme exemple l'acte d'*Anacréon* et la vérité psychologique du personnage de Diane:

Pour que Diane fût liée à cet acte, il faudrait qu'elle fût amoureuse d'Adonis; elle ne l'est point, et cependant sa conduite ferait dire, à de mauvaises langues, que cette chaste déesse a tout au moins de très violents désirs; Diane, enfin, est tout à fait compromise dans le ballet, où on lui fait danser une pantomine très voluptueuse et très lascive même avec Endymion, qui finit par faire un trou à la lune, et se retirer avec elle des yeux des spectateurs, ne pouvant en conscience et avec bienséance achever devant eux ce qu'ils vont faire en l'air apparemment.

La chaste Diane est mise en effet dans des situations bien étranges. Et Collé est furieux aussi d'un certain abus du merveilleux qui tombe trop souvent dans le ridicule le plus achevé à force de convention: 'L'acte de la Lyre enchantée est d'un ridicule dont rien n'approche. La scène est sur le mont Parnasse; et on y trouve une syrène rivale d'une muse; un poisson sur une montagne, voilà du merveilleux!' Et de conclure: 'L'auteur ne sait pas faire une scène [...] il n'y en a pas une seule dans les trois actes.'[10]

Si Bernard peut être critiqué, il présente des qualités certaines; Rameau ne s'était pas trompé en s'adressant à lui. Il ne fit pas non plus un mauvais choix lorsqu'il demanda à Autreau d'écrire pour lui le livret de *Platée*. Ce n'est pas que cet auteur connût la gloire, bien au contraire: tard venu au théâtre, il y resta toujours dans l'ombre, connut sa vie durant une succession de malchances; on déformait ses œuvres et personne ne lui rendait justice; enfin il était pauvre et mourut à l'Hôpital des Incurables dans la plus grande indigence. Cependant, il occupa une place importante dans l'évolution du théâtre en France au début du siècle.

10. 31 mai 1757, ii.94.

8. *Les librettistes de Rameau*

Ce qui nous intéresse principalement ici c'est son commerce avec les comédiens italiens:

C'est à ce poète, Monsieur, que les comédiens sont redevables des premiers succès qui les retinrent à Paris. Le Public que la nouveauté avait d'abord attiré à leur spectacle, se lassa bientôt de n'y voir jouer que des pièces italiennes; et les spectateurs ne fournissant plus à la dépense nécessaire, les acteurs songeaient à se retirer. C'est dans ces circonstances, qu'Autreau, âgé de 60 ans, et peintre de profession, fit jouer sur leur théâtre le *Naufragé au Port à l'anglais* ou les *Nouvelles Débarquées*. C'était le premier ouvrage de l'auteur, et la première comédie française representée par les Italiens. Quelques scènes, en forme de prologue, développaient les embarras et les difficultés de la nouvelle entreprise. On y implorait l'indulgence du Public; et le Public applaudit à la pièce sans qu'elle eût besoin d'indulgence.[11]

Autreau eut, comme le souligne toujours La Porte, 'le double avantage d'introduire notre langue sur le théâtre italien et de ramener, sur la scène française, un genre de comédie presque oublié' (ii.297-98).

Comme l'influence de l'Italie va être pendant tout le dix-huitième siècle, au centre de toutes les querelles autour du spectacle lyrique, que Rameau ait choisi comme librettiste un de ceux qui, justement, travaillait à la développer ne peut laisser indifférent. De plus, ce 'genre de comédie' se caractérise essentiellement par la 'simplicité de la composition', une 'expression naturelle' – on y peint les ridicules et l'intrigue en est très simple.

Simplicité, expression, nature, ce sont les mots dont la deuxième moitié du dix-huitième siècle lyrique fera ses arguments principaux; peindre les ridicules, c'est-à-dire, à la manière de Molière, faire œuvre de moraliste. Noverre osera y rêver en 1760 pour la danse à l'opéra.[12] Ce sont probablement ces qualités du théâtre parlé, ainsi réveillées, qui décidèrent Rameau à travailler sur un livret de Autreau. L'intention de choquer est ici manifeste; il s'agit ni plus ni moins de manquer de respect à la vieille tragédie lyrique, d'en bouleverser les règles desquelles on ne sait plus très bien comment se défaire. En 1741 trois œuvres, déjà, ont marqué les recherches de Rameau dans le domaine tragique; sans rien renier, bien entendu, sans rien casser, il prend ses distances; il change de point de vue, cherche une liberté nouvelle; de là naît la raillerie.

Et celle-ci est sûrement nécessaire dans cette quête toujours d'une identité véritable pour le spectacle lyrique. A l'épreuve du burlesque ce qui est solide le deviendra plus encore; le reste tombera. On trouve, ainsi, dans *Platée* une musique tout aussi soignée que dans les autres œuvres de Rameau; et ses principaux lieux de recherche: les chœurs, l'orchestration, et, comme le souligne

11. La Porte, *L'Observateur littéraire*, ii.289-90.
12. Dans le prologue de *Platée*, on annonce, en effet, qu'on raillera les mœurs, ce qui jusqu'ici est bien étranger aux œuvres de l'Académie royale de musique.

Girdlestone, l'expressivité toute physique en ce qui concerne le personnage de la nymphe.[13]

Railler la vieille tragédie mais aussi essayer le moule de la comédie pour y trouver son miel, tel fut le propos de Rameau lorsqu'il s'empara du livret d'Autreau. Car il s'en empara; il en acheta les droits: il avait une idée très précise de la cohésion qui devait s'établir entre le texte et la musique. Il révisa lui-même le livret et ensuite en augmenta la force parodique par la musique, allant quelquefois jusqu'à la bouffonnerie et la caricature.

Aucun doute n'est possible là-dessus. Rameau comme Autreau porte la responsabilité du texte. Il avait toute la liberté d'y transformer ce qu'il désirait; ou bien, au moins, de le corriger, de l'atténuer par sa musique. Au contraire, il le renforça, en doubla le sens, l'approuva dans ses tentatives les plus osées comme, par exemple, en donnant à Platée une voix de fausset et en faisant d'elle un travesti.

Les critiques qui félicitent le musicien et blâment le poète font un jugement contradictoire, sans le savoir – et ils sont nombreux, ainsi Collé (février 1749):

les paroles ne peuvent être plus basses, plus sottes, plus bêtes et plus ennuyeuses qu'elles le sont [...] j'avoue que la musique en est bien jolie, mais il est deshonnorant pour notre nation qu'on laisse jouer en public des choses aussi détestables.

Et plus tard à la reprise: 'quelque admirable qu'en soit la musique, il faut avouer qu'on a toujours peine à tenir contre la stupidité et l'ennui des paroles'.

Clément est du même avis: 'On nous a donné les derniers jours de Carnaval, *Platée* nouvel opéra bouffon, mais le plus platement bouffon [...] Après tout, la musique en est souvent très agréable.'[14]

Même Voltaire exprime sa déception – qui contraste fortement avec son enthousiasme d'avant la représentation. Il devait assister à la création de l'œuvre, à Versailles, avec Mme Denis qui ne put pas y aller; il lui écrivit:

Vous n'avez perdu que beaucoup de foule, et un très mauvais ouvrage; c'est le comble de L'indécence, de L'ennui et de L'impertinence [...] Le malheur de Rameau est d'être un sot gouverné par de faux connaisseurs. Voylà pour quoy, il n'a jamais fait, et ne fera jamais un bon opéra. Tous ses ouvrages sont inégaux parce qu'il est impossible que le génie se plie toujours heureusement à de mauvaises paroles, mais celuy cy n'est point inégal, et le total compose le plus détestable spectacle que j'aye jamais vu, et entendu.[15]

Ces auteurs n'ont pas compris le sens de l'entreprise de Rameau. Ils n'avaient pas vu que le compositeur lui-même était à l'origine de l'esprit général de l'œuvre. Très attachés, encore, comme tout le début du siècle à la séparation

---

13. Cuthbert Girdlestone, *Jean-Philippe Rameau* (Paris 1983), p.416ss.
14. *Les Cinq années littéraires*, 26 février 1749, lettre XXVI.
15. A Mme Denis, avril 1745, Best.D3100.

des genres en matière de spectacles, ils n'étaient pas prêts à voir ainsi l'opéra désacralisé. Traditionnellement, le spectacle lyrique en France est gouverné par la mesure, la gravité qui mène à la surprise dont le champ d'action est soigneusement délimité – une surprise de bon ton presque préparée; c'est un plaisir sérieux dont le rire est exclu, comme contraire à la bienséance.

Rameau osa toucher à ces règles; personne jusqu'ici ne l'avait tenté; infatigable chercheur, il essaya la voie de la comédie. Nous verrons plus loin comment il sut emprunter au style italien, comme Autreau le fit pour son livret; et le privilège royal de *Platée* est de 1741, plus de dix ans avant la guerre des Bouffons.

Les philosophes comprirent bien que Rameau avait été un précurseur; si la querelle s'envenima par la suite, ils montrèrent sans restriction leur admiration pour *Platée*: peu de temps avant la représentation de la *Serva padrona* en 1752, Grimm et Rousseau lui-même faisaient les louanges de cette œuvre et d'Alembert y voyait l'annonce du goût nouveau: 'Peut-être la *Serva Padrona* aurait-elle été moins goûtée si *Platée* ne nous avait accoutumés à cette musique.'[16]

L'éloge est de taille et témoigne, à sa manière, de l'ouverture d'esprit dont Rameau était capable. Peu importe qu'il n'ait pas donné suite à cette percée dans le champ clos du spectacle lyrique – les nouveaux contours qu'il cherchait pour ce spectacle ne passaient peut-être pas par là – observons simplement, pour le sujet qui nous occupe, qu'ici encore, il sut trouver le librettiste qui lui convenait le plus.

Marmontel, lui, est un grand partisan des machines et des grands effets de décoration. Dans son article 'Lyrique' du *Supplément de l'Encyclopédie* de 1777, il fait une grande défense du merveilleux. Rameau, quant à lui, est loin d'y être hostile; la musique s'accommode très bien du langage du merveilleux: avec lui, elle dépasse la logique trop raide des mots. Les machines font partie du spectacle lyrique à la française; elles font les 'scènes' comme la musique, comme les danses; elles doivent, comme les autres modes d'expression, participer de l'ensemble du spectacle. Ce n'est donc pas par hasard, si Rameau fit appel à Marmontel pour le livret d'*Acanthe et Céphise*. On y trouve, en effet, bien des occasions pour mettre en scène des effets surnaturels. Evoquons simplement les différents décors dont les changements, à l'époque, se faisaient 'à vue': on passe d'un 'lieu champêtre' à 'des jardins enchantés'; ensuite, dans un 'bois sacré', un 'temple de l'amour' doit apparaître; enfin un 'palais magnifique' doit succéder à un 'désert affreux'. Ces contrastes énergiques étaient du goût de Rameau qui y trouvait matière à une musique bien caractérisée. Mais on fit

---

16. Girdlestone, p.453.

reproche à Marmontel d'en avoir trop fait. Si *Acanthe et Céphise* connut si peu de succès c'est parce qu'il a voulu 'sacrifier la scène au spectacle, et les nuances à la rapidité: contrainte malheureuse et désormais inévitable'.[17]

Clément est aussi de cet avis, qui ironise dans les *Cinq années littéraires*:

Acanthe et Céphise s'étaient d'abord flattés d'ennuyer la cour à l'occasion de la naissance de Mr le Duc de Bourgogne; mais la cour s'étant excusée, c'est aujourd'hui la Ville qui baille en attendant la trente troisième représentation qui lui promettent les ramistes. Il faut convenir que la musique de Mr Rameau gagne à s'user, comme on dit, et qu'il y a des morceaux dans celle-ci dignes de son Auteur, dans l'instrumentale s'entend, car pour la vocale, Mr Marmontel y avait mis bon ordre: je vous ai dit et prouvé que c'était l'idée du monde la plus heureuse et la plus agréablement exécutée que sa Guirlande; ce poème-ci est tout le contraire et je ne sais ce qui m'en choque le plus, de la dureté des vers, ou de la misère de la fable.[18]

Collé s'indigne:

Quelles paroles! Elles font regretter Cahusac; ni fond, ni détails. Cahusac présentait au moins quelques tableaux et donnait au spectacle; les deux premiers actes de ce ballet, qui est en trois et sans prologue, sont absolumet dénués de tout spectacle; il y en a un peu au troisième acte, mais le poème est si froid, si mal inventé, si mal rendu, si mal écrit, et même si bêtement écrit, on peut le dire, qu'il n'est pas croyable que ce soit Marmontel, lui qui a quelque réputation, qui en soit l'auteur. On trouve de belles choses dans la musique, mais elle aura bien de la peine à vaincre l'ennui que donnent les paroles.[19]

Du reste, Marmontel lui-même n'est pas satisfait; il s'en excuse dans ses *Mémoires*:

Il fallait que dans cet ouvrage, paroles et musiques, tout fût fait à la hâte et à jour nommé. On se doute bien que de part et d'autre la besogne fut ébauchée. Cependant comme *Acanthe et Céphise* était un spectacle à grande machine, le mouvement du théâtre, la beauté des décorations, quelques grands effets d'harmonie et peut-être aussi l'intérêt des situations le soutinrent.[20]

Il est vrai que les auteurs avaient été un peu pressés – mais la réflexion de Marmontel est significative quant à la place qu'il faisait dans un spectacle aux machines et aux effets visuels.[21]

---

17. Ainsi s'exprime Marmontel lui-même. Rapporté par Fréron, *Lettres sur quelques écrits de ce temps* (décembre 1751), tome v, lettre 6, p.124.

18. Lettre 90, 15 décembre 1751.

19. *Journal et mémoires*, novembre 1751, i.376.

20. Tome i, livre IV, p.127.

21. Pierre Jean-Baptiste Nougaret, *Anecdotes secrètes du XVIIIe siècle* (Paris 1808). C'était bien là sa spécialité. Ce qui permit à l'abbé Arnaud d'écrire en 1777 cette épigramme:

> Ce Marmontel, si long, si lent, si lourd,
> Qui ne parle pas, mais qui beugle
> Juge la peinture en aveugle

8. *Les librettistes de Rameau*

Chacun de ces librettistes dont on vient de donner quelques précisions présentait, dans sa spécialité, des avantages certains pour la musique de Rameau; mais aucun n'était entièrement satisfaisant.

Cahusac fut le librettiste qui travailla le plus pour Rameau dans la deuxième partie de son œuvre, qui, si on en excepte *Zoroastre* et les *Boréades*, est presque intégralement consacrée aux spectacles de ballets. Et Cahusac est un spécialiste de la danse. Par la danse, le spectacle lyrique est mouvement (le maître de ballets est le premier organisateur de la scène), c'est lui qui préside à la représentation; avec le machiniste, il donne vie à l'œuvre. Et Cahusac est aussi machiniste. Et il est poète également. Il suit donc le travail de création d'un bout à l'autre de son devenir, de la conception dans sa collaboration avec le compositeur, à sa réalisation quand il s'agit de concrétiser dans le visuel ce qu'il avait imaginé par l'écriture. Par ses multiples talents, Cahusac est, sans aucun doute, l'homme de métier qui satisfait le plus les exigences de cohérence et d'unité qui préoccupaient Rameau.

Homme de danse et librettiste, Cahusac travailla en toute logique à intégrer la danse à l'action; il fut le premier théoricien véritable de la danse en action: il est l'auteur de l'article 'Ballet' de *l'Encyclopédie* où il expose sa conception;[22] il écrit un livre, *La Danse ancienne et moderne, ou traité historique de la danse* en 1754 où il dénonce l'attitude rétrograde des danseurs, insensibles à la nécessité de transformer la danse traditionnelle et qui se réfugient derrière leurs privilèges:

Vous sentez, Monsieur, tous les abus qui résultent de cet inconvénient: mais vous voyez encore mieux combien il est difficile d'y remédier. Une des grandes objections des Danseurs modernes contre la Danse en action, c'est, disent-ils, que les grands maîtres ne l'ont point pratiquée, et que sans doute elle leur a paru un obstacle au développement des grâces, à la précision des mouvements, à la perfection des figures.

Cahusac se rend très bien compte qu'irrémédiablement le monde de la danse est arrivé à un terme et qu'il s'agit de trouver une autre direction: 'D'ailleurs la danse en action est aujourd'hui l'unique ressource qui reste à un Danseur qui veut se faire de la réputation en suivant une route nouvelle dans son art. La Danse Simple a été poussée aussi loin qu'on puisse la porter.'

Et de rappeler les mérites de Dupré, de Mlle Sallé, de Mlle Camargo;

> Et la musique comme un sourd!
> Ce pédant à fâcheuse mine
> De ridicules si bardé,
> Dit avoir le secret des vers du Grand Racine.
> Jamais secret ne fut si bien gardé.

Rapporté par Nougaret le 3 avril 1777.

22. Voir p.148, 150.

cependant: 'Ces trois sujets semblent avoir épuisé toutes les ressources de la danse simple. La danse en action est un champ vaste, encore en friche; il faut le cultiver.'[23]

Ses œuvres sont remplies de ces danses en action – de ces ballets figurés – elles n'en sont que plus variées, mais surtout l'enchaînement des scènes et des actes est plus cohérent et plus naturel. Il fallait animer également les chœurs et leur donner la place qui leur revenait. Du point de vue de la composition, le travail harmonique de Rameau sur les chœurs fut considérable;[24] il fallait que le librettiste, lui aussi, cherchât à intégrer ces moments forts de l'œuvre à l'ensemble de l'action. Cahusac créa les chœurs en action: alors que le compositeur veillait à leur donner une expression véritable à la manière d'une symphonie, et à les accrocher au fil musical qui lie chaque instant d'un bout à l'autre de l'œuvre, le librettiste les chargeait d'une valeur dramatique de la force de leurs possibilités qu'on découvrait alors. Nous avons déjà donné des exemples de ces chœurs en action dans le chapitre consacré à la musique instrumentale. Les critiques s'entendent assez bien à leur sujet pour déclarer qu'ils sont parmi les meilleurs moments musicaux chez Rameau, sauf évidemment quand il y en a trop – comme dans les *Fêtes de Polymnie*; on les apprécia beaucoup dans *Zoroastre*, on prétendit même qu'il n'y avait qu'eux de bon dans cet ouvrage.[25] Il est certain que cette recherche sur les chœurs fut une raison essentielle de la bonne entente qui régnait entre le compositeur et le librettiste.

Cahusac faisait une place importante aux machines et au merveilleux; il créait ainsi des contrastes importants, apportant sur la scène cette qualité si nécessaire: la variété. La musique de Rameau se nourrit de ces instants forts et c'est une réussite: 'Il n'y a point d'acte qui ne soit rempli de grands mouvements, de situations frappantes, et de périls extrêmes'.[26] Les machines, du reste, peuvent aider à mettre en valeur les passions fortes: 'la vengeance surtout y est portée à son dernier excès. Que de haine, que de fureur, que de rage dans ce terrible Abramane.'

Les danses, les chœurs, les machines, autant de points de rencontre pour Rameau et Cahusac attentifs à renouveler et à renforcer la valeur expressive du matériel d'opéra, justement sur les points qui demandaient le plus à être reconsidérés. Quant à ses qualités de poète, Cahusac n'emporta pas tous les suffrages. A propos des *Fêtes de l'Hymen*, Collé admire 'la patience du public pour des paroles aussi rebutantes; nul fond, nuls détails' (novembre 1748).

---

23. Louis de Cahusac, *La Danse ancienne et moderne ou traité historique de la danse* (La Haye 1754), iii.146.
24. Voir p.30ss.
25. Un 'mot' circulait à propos de cet ouvrage: on l'appelait 'l'opéra des laitues'.
26. Fréron, *Année littéraire* (1756), i.224.

Contre *Naïs*, il ne trouve plus de mots assez forts: 'Le poème est au-dessous même de ce dernier auteur [Cahusac]. C'est ce que je pense pouvoir dire de plus fort pour tâcher d'exprimer à quel point il est mauvais. Si Cahusac continue, on manquera de termes pour rendre l'excès de la platitude de ses opéras' (22 avril 1749). Et ce sera la même chose quelques mois plus tard pour *Zoroastre*.

Fréron voudrait plus de sobriété; les idées nouvelles sur la simplicité gagnent du terrain: 'Dans toutes sortes d'ouvrages, nous ne voulons aujourd'hui que le nécessaire; nous vivons dans le siècle de la précision'. Il trouve le poème de *Zoroastre* trop plein d'ornements inutiles; le fait qu'on ait pu supprimer dès les premières représentations des morceaux considérables et des scènes presque entières est la preuve pour cet auteur que l'économie sévère, nécessaire à l'opéra, n'a pas été observée: 'C'est un défaut dans un ouvrage, quand on en peut retrancher beaucoup sans le gâter; cela prouve que les parties ne sont pas bien liées pour former un tout indissoluble.' Trois actes ont été refaits, en effet, à la reprise de 1756 pour donner à l'œuvre plus d'unité d'action. 'Dans un opéra, les moindres superfluités chargent la scène, embarrassent l'action, coupent l'intérêt et conséquemment font manquer l'effet théâtral: en un mot l'action ne saurait être trop libre ni trop dégagée, l'intérêt trop vif ni trop pressant.'

Sans doute Cahusac manque-t-il d'un sens dramatique véritable; Fréron lui reproche également trop de monotonie dans la construction des actes:

c'est toujours Abramane qui suscite un péril, et toujours Zoroastre qui le surmonte. Chaque acte commence et finit de même; l'art se montre trop à découvert [...] Mais ce qui ruine le plus l'intérêt qui vient toujours de l'émotion causée par la crainte et la pitié, c'est la certitude que le bon génie, sous le nom d'Oromase, donne à Zoroastre qu'il vaincra tous les obstacles et les dangers: comment, après cette assurance de la part du Dieu tutélaire, trembler encore pour Zoroastre! Comment le plaindre lui-même et son amante, puisqu'on est sûr qu'ils vont triompher! C'est peut-être cette prédiction qui porte le coup le plus fatal à l'intérêt.[27]

On ne peut pas avoir tous les talents. Encore Cahusac eut-il le mérite d'avoir fait avec Rameau de très importants remaniements. De tous les librettistes de Rameau il est probablement celui qui lui convînt le plus. Car il travailla avec lui sur les points sensibles qui font que le spectacle d'opéra est en train de se définir d'une manière plus serrée. Cahusac contribua largement à donner à la scène son mouvement et plus de naturel; par son art de la danse et des machines il est, plus que tout autre, le coordinateur que la musique de Rameau appelle. Par bien des points il annonce Noverre.

Le travail des librettistes de Rameau ne fut donc pas, loin de là, aussi insignifiant qu'on le prétendit; à y regarder de près, beaucoup de ces poèmes

---

27. *Année littéraire* (1756), i.220-25.

contribuèrent à transformer les règles du spectacle lyrique justement dans le sens qui préoccupait Rameau. Si l'on a raison d'évoquer leurs imperfections incontestables, il faut montrer également comment, chacun à sa manière, ils aidèrent le compositeur dans sa quête d'une définition nouvelle de l'opéra.

9. Naissance d'une critique véritable

Au début du siècle la qualité des livrets d'opéra n'occupait guère les réflexions de la critique; il était convenu qu'ils jouaient un rôle très secondaire; leur médiocrité, leur insignifiance dans les opéras-ballets étaient alors une convention qu'on ne songeait grère à remettre en question. La musique, les ballets avaient toutes les priorités; le texte du poème ne servait que de prétexte.

Les critiques se contentaient très souvent de ne donner des œuvres que des commentaires très succints. Pour la musique on témoignait de son admiration ou de sa déception au moyen de deux ou trois adjectifs aussi vagues que possible; on donnait pour le livret, dans les meilleurs cas, le résumé de l'argument. Suivait ensuite le nom de quelques interprètes et la 'critique' s'arrêtait là. Nombreux sont les dictionnaires qui ne donnent que le titre des œuvres et leurs auteurs. François Parfaict publie pour les années 1735, 1736, et 1737 des *Agendas des théâtres de Paris* qui ne sont finalement que des listes de titres avec de temps en temps une toute petite phrase de commentaire. Son *Histoire de l'Académie royale de musique* en 1741 est beaucoup plus complète: on y trouve des anecdotes, des descriptions de décors, des renseignements précieux sur les interprètes et les auteurs, mais des livrets il n'est presque jamais question. Deleris en 1754 et 1763 donne au public un *Dictionnaire portatif des théâtres* où l'on ne trouve strictement que la liste des représentations, la date, le lieu, quelquefois le sujet et la liste des acteurs. Le *Dictionnaire dramatique* de Chamfort (1776), pour prendre encore un exemple parmi de nombreux autres, s'il est un peu plus fourni quant aux arguments que l'on peut exiger d'un critique, reste cependant très imprécis sur les grandes questions que pose l'opéra et principalement sur le poème. On y apprend, par exemple, que Montdorge est un assez bon librettiste, que les paroles qu'il fit pour les *Fêtes d'Hébé* en 1739 'fournissent un assez beau canevas au génie du musicien'. En quoi consiste ce canevas réussi, cela n'est pas dit. D'un point de vue général – et justement on reste trop dans le général – 'ce qu'il faut remarquer surtout, c'est que cet opéra est un des premiers où l'on ait essayé de venger cette espèce de Poème du reproche de fadeur et de faiblesse que les bons juges lui ont fait souvent, avec quelques raisons'. Ici, on nous donne une précision pour nous aider à comprendre l'argument: 'Montdorge s'est affranchi des habitudes qui consistaient à reprendre toujours les mêmes sujets de la Galanterie si employés par Lully.' Le mot 'galanterie' est le seul dans toute l'argumentation capable d'accrocher un peu la réflexion; le reste est trop fuyant, comme la suite:

'Montdorge s'écarta avec succès de la route commune; mais il aurait fallu pour accréditer cette innovation plus de verve et de chaleur poétique.'[1]

Le critique ne nous fait part ici que de ses impressions personnelles; il ne cherche pas à transmettre des idées à ses lecteurs, ni à en échanger; son discours très subjectif s'appuie essentiellement sur les sentiments de plaisir et de déplaisir qu'il a éprouvés et dont il témoigne; le reste n'est pas vraiment son souci.

Si ce genre de relations sur les spectacles, avec leur imprécision, leur ton de conversations de salon, fourmillent d'un bout à l'autre du siècle, on assiste cependant, à partir des années cinquante, à une transformation digne d'être soulignée. Quelques auteurs, lentement, se montrent plus exigeants quant à la qualité du poème d'opéra. Certains se plaignent amèrement de la nullité des textes, comme l'abbé de La Porte devant l'influence grandissante et bruyante de la mode italienne: 'Fatale époque des froids écarts, des plates variétés, du décousu, en un mot, du néant de nos poèmes lyriques, accommodés aux sautillantes productions de nos Orphées modernes: les héros et les Dieux de l'Antiquité sont devenus des Saltimbanques.'[2]

D'autres, comme Nougaret, déplorent que le théâtre lyrique ne donne pas assez de nouveautés et que trop peu d'auteurs travaillent pour lui.[3] D'autres encore insistent sur le rôle important que joue le poème, ainsi l'auteur de cette lettre sans signature adressée à de La Porte qui la publia dans son journal: il insiste sur la supériorité du poème de *Dardanus* que le poète a su rendre assez beau pour qu'il puisse se passer du coloris de la musique.[4] Le livret gagne lentement une certaine indépendance.

Mais le plus remarquable est qu'on assiste à la naissance d'une véritable critique: quelquefois le texte est analysé dans le détail; les reproches qu'on lui fait sont précis, efficaces et réclament une amélioration dont ils indiquent les moyens. Parmi les auteurs de ces journaux sous forme de lettres que l'on envoyait de Paris vers la province et l'Europe, Fréron est probablement le plus énergique, par la hargne et la verve dont il sait faire preuve. Son ironie détruit avec un plaisir non dissimulé, mais il dit chaque fois pourquoi.

En 1757, il s'en prend au livret d'*Anacréon*[5] dans lequel il trouve qu''il y a beaucoup d'expressions et de pensées qu'on devrait renvoyer au vieux magasin'. Il cite un passage qui l'agace particulièrement:

---

1. Sébastien-Roch-Nicolas Chamfort, *Dictionnaire dramatique* (Paris 1776), article '*Fêtes d'Hébé* 1739'.
2. *L'Observateur littéraire*, ii.354.
3. *De l'art du théâtre*, ii.240.
4. *L'Observateur littéraire* (1760), ii.343.
5. Nous avons déjà évoqué sa critique du livret de *Zoroastre* (p.81).

9. *Naissance d'une critique véritable*

C'est à l'amour qu'il faut céder;
Quel autre charme nous arrête?
L'esprit peut faire une conquête;
Mais c'est au cœur à la garder.

et enchaîne: 'Jamais le cœur et l'esprit ne se sont plus souvent rencontrés que depuis quelques années. Tragédies, Opéras, Romans, Livres de Morale, livres de physique, Sermons même: tout est plein de cette idée retournée jusqu'à la satiété.'[6] Son désir de renouvellement s'en prend au sujet lui-même:

La dernière entrée n'a pas été applaudie avec la même chaleur que les premières. C'est la faute au sujet et non à l'auteur. Bacchus est une divinité qui n'est plus de mode. Notre délicatesse française, qui se raffine tous les jours de plus en plus, est blessée de l'idée seule du vin et de ses attributs [...] il faut céder à l'usage, le premier tyran, et tout auteur doit se conformer, autant qu'il peut sans offenser la raison, à l'esprit de son siècle. Il y a soixante ans que cet acte d'*Anacréon* aurait eu le plus grand succès. Mais aujourd'hui on n'a point vu avec plaisir un vieux buveur amoureux qui dit:
            'Ah! laissez-moi du moins
            Laissez-moi Lycoris pour me servir à boire.'

Sans discuter l'argument proprement dit, soulignons la nouveauté du point de vue de l'auteur: il est bien rare au dix-huitième siècle qu'un critique, par ailleurs de caractère plutôt conservateur, ne prenne plus comme référence l'héritage du passé, pour mettre en avant, au contraire, l'idée d'une progression vers le mieux. On ne peut, bien évidemment, pas ranger Fréron dans le camp des philosophes qui depuis 1752 ont habitué l'opinion à des propos virulents pour une transformation radicale du goût dans le spectacle d'opéra. Fréron a toujours fait l'éloge de Rameau et appartient, si l'on doit absolument lui mettre une étiquette, aux défenseurs de la musique française. Ce n'est donc pas au nom d'une révolution qu'il écrit; il ne caresse pas le rêve de faire taire les amants de la tradition. Il s'inscrit, bien au contraire, au nombre de ceux qui souhaitent une amélioration. Comme Rameau, sans doute, il a senti que le livret d'opéra devait sortir de la médiocrité où on le tenait depuis trop longtemps et occuper à côté de la musique une place plus importante.

Sa critique entre dans les détails et ressemble quelquefois à une véritable analyse littéraire; sa relation du livret de l'*Hercule mourant* de Marmontel est significative à cet égard. Il juge les vers trop durs, dégoûtants ou incohérents, et il cite un exemple accompagné tout de suite de son commentaire:

            'Peuple, c'est votre appui qui revient dans ces lieux
            Allons à son retour intéresser les Dieux'
– un appui qui revient, le retour d'un appui!

ou bien:

6. *L'Année littéraire* (1757), tome iii, 31 mars.

II. *Le livret*

'Déchirez, dispersez mes dépouilles sanglantes;
Arrachez de mon sein mes entrailles brûlantes.'
– les entrailles placées dans le sein! Mais quelle image dégoûtante! On voit, si j'ose dire, les intestins d'Hercule rôtir; se peut-il qu'un Poète français s'abandonne à des fautes aussi grossières contre le goût, ce goût la première règle des écrivains de notre nation?

et de conclure: 'Que Monsieur Marmontel renonce enfin à chausser le Cothurne, il lui blesse le pied.'[7]

On comprend que si les critiques prennent l'habitude de faire ce genre d'analyse, peu de livrets seront jugés favorablement. On exige une expression plus soignée et une révision des vieilles images, des vieilles habitudes, dont certaines, prises exactement, peuvent en effet paraître absurdes et même manquer aux bonnes règles de la bienséance. Les critiques de Fréron, cependant, n'auraient pas été de mise au début du siècle – où l'on ne voyait pas dans les mots 'dépouille' ou 'entrailles', par exemple, ce qu'ils contiennent effectivement; ils appartenaient au vocabulaire consacré du langage tragique et à ce titre tenaient le haut du pavé. Mais cette époque est passée. La critique, à présent, va tenter de poser sur tout ce vieux matériau un regard neuf.

A ces exigences sur la forme, certains auteurs en ajoutent une autre: le poème doit être utile – il doit travailler à l'amélioration des mœurs. Le spectacle d'opéra n'est plus un simple divertissement, il doit comme toute œuvre d'art, et spécialement les arts du théâtre, dorénavant servir à l'édification des spectateurs. On se plaint que les auteurs aient trop longtemps oublié ce rôle bienfaisant et social que les spectacles musicaux occupaient dans l'Antiquité. Voltaire écrit:

Par quel honteux usage, faut-il que la musique, qui peut élever l'âme aux grands sentiments, et qui n'était destinée, chez les Grecs et les Romains, qu'à célébrer la vertu, ne soit employée chez nous qu'à chanter des vaudevilles d'amour! Il est à souhaiter qu'il s'élève quelque génie assez fort pour corriger la nation de cet abus, et pour donner à un spectacle devenu nécessaire la dignité et les mœurs qui lui manquent.[8]

C'est au poète que Voltaire s'adresse essentiellement, qui, avec l'aide de la musique, fera œuvre de moraliste et travaillera à l'amélioration de l'humanité. Voltaire croit au progrès de la civilisation; l'opéra doit y participer grâce surtout au livret auquel il faut faire une place importante. Le comte Algarotti, ami de Voltaire, lorsqu'il vitupère les œuvres de son pays, est du même avis:

Il faudrait [...] rendre surtout au Poète, les droits dont il a été dépouillé très injustement. Mais quel est le particulier assez généreux ou assez puissant pour former une pareille entreprise? Autrefois, lorsque les Républiques cherchaient par le moyen des spectacles

7. *L'Année littéraire* (1761), iii.85.
8. François Marie Arouet de Voltaire, *Œuvres complètes*, éd. Moland (Paris 1877-1885), *Connaissances des beautés et des défauts de la poésie et de l'éloquence dans la langue française*, article 'Opéra', xxiii.408.

86

à porter le Peuple à l'amour de la vertu, ou du moins à le divertir pour le Repos de l'Etat, un Edile ou un Archonte ne dédaignait pas d'avoir l'inspection sur le théâtre [...] Maintenant il est abandonné à des entrepreneurs qui n'ont en vue que leur intérêt personnel.[9]

Servir la vertu, c'est exactement le rôle que les philosophes veulent faire jouer à tous les arts du spectacle. Pour des raisons différentes, des penseurs modérés et favorables dans les grandes lignes à la tradition comme Voltaire et Algarotti se trouvent du même avis que les partisans de réformes radicales. C'est le sens donné à cette deuxième partie du siècle.

Et Algarotti enchaîne, allant sans doute un peu trop loin, emporté qu'il est par son désir de remettre en place les prérogatives: le poème devient le fondement de l'édifice et par conséquent (p.10):

Le poète doit diriger les acteurs, les danseurs, les peintres, les machinistes. Il doit concevoir dans sa tête l'ensemble du drame, le disposer avec intelligence, amener des incidents nouveaux, préparer des effets surprenants, employer à propos les secours que tous les arts agréables viennent lui offrir en foule. Il doit, lui seul, faire jouer tous les ressorts de la machine et avoir soin qu'il en résulte un tout parfait et harmonieux. Il doit, en un mot, être l'âme du spectacle.

Quant au compositeur, au lieu d'agir 'despotiquement' et d'être la cause de la 'décadence' de la musique elle-même en s'appropriant 'l'empire absolu' et les 'droits exclusifs' du spectacle, il faut qu'il comprenne 'qu'il doit être subordonné au Poète, et que la Musique n'a de charmes qu'autant qu'elle rend ceux de la Poésie' (p.26).

On comprend d'où vient le caractère excessif de ces propos: le comte Algarotti tient encore pour une part à cette ancienne opinion sur la musique pour laquelle le début du siècle ne reconnaissait qu'un rôle d'accompagnatrice du chant, digne de faire partie des arts imitateurs qu'à condition de doubler le poème. En insistant sur la place primordiale du livret dans le spectacle d'opéra, Algarotti semble tirer ses arguments de l'ancienne esthétique et en même temps il participe de l'évolution du goût de la fin du siècle.

Jusqu'aux années trente, avant Rameau donc, le spectacle musical était surtout un spectacle de musique. Le compositeur gouvernait l'ensemble de l'œuvre; il fallait donc que le poème se pliât aux possibilités alors très médiocres de la musique comme art imitateur; l'extrême pauvreté des livrets s'explique aisément: les situations devaient être simplifiées à l'extrême pour permettre à la musique de s'y plier; la peinture psychologique des caractères s'enfermait dans quelques stéréotypes de convention; Bergers et Bergères éprouvaient deux ou trois sentiments faciles à rendre: l'amour ou son contraire, la jalousie. Et

9. Algarotti, *Essai sur l'opéra*, traduit de l'italien (Paris 1773), p.6.

tout était dit. Comment faire autrement? C'était tout ce que la musique était capable d'exprimer dans l'état des connaissances de l'époque.

En échangeant les rôles, en subordonnant la musique au poème, Algarotti non seulement demande qu'on travaille à l'amélioration des livrets d'opéra, mais reconnaît à la musique des possibilités d'expression dont elle ne disposait pas auparavant: le poème, imaginé sans contraintes, gagnera en richesse mais aussi en complexité à laquelle la musique devra se plier; elle en est donc capable et les critiques le reconnaissent. C'est un progrès digne d'être souligné.

En même temps, Algarotti reste toujours prisonnier de la vieille conception de la musique; il ne semble pas lui prêter cette force d'expression indépendante que Rameau a travaillé à définir; le langage de la musique, s'il est jugé plus riche et plus divers, reste, dans son opinion, subordonné au langage poétique: il en est le décalque; il s'y superpose, alors que l'on sait maintenant que la musique pure n'est pas vide de sens, qu'elle dispose de ses moyens d'expression propres.

Ainsi, par petites touches complémentaires, quelquefois contradictoires, chacun apporte sa contribution à l'évolution et à la transformation de l'esthétique du spectacle lyrique: chaque librettiste que nous avons évoqué insiste sur un ou deux points qui lui sont chers; des critiques dénoncent la médiocrité des poèmes, d'autres tâchent de mieux définir leurs rôles; d'autres, enfin, font la place plus grande à la musique expressive; il semblerait que, seul, Rameau ait su rassembler toutes ces exigences parce qu'il avait senti qu'elles prenaient toutes, en fait, la même direction, que les artistes et les observateurs recherchaient tous, finalement, la même chose: plus d'indépendance pour l'opéra, plus d'unité et de cohérence.

10. Le livret et les philosophes

Sɪ l'opinion des philosophes sur la musique instrumentale pure, sa valeur expressive, et les recherches harmoniques de Rameau, n'est pas toujours très neuve et tient pour beaucoup à la tradition, dans ce qu'elle a de plus fermé et répétitif, leur réflexion sur le poème d'opéra rejoint par bien des points celle de Rameau et des promoteurs des transformations de l'esthétique en matière de spectacle lyrique. Elle recouvre exactement le double mouvement d'évolution que l'on a déjà observé à propos de la musique instrumentale et qu'on retrouvera pour la danse aussi: vers une indépendance effective du livret d'opéra, d'abord, avec des règles précises et plus de liberté d'inspiration, ensuite dans le sens d'une entente avec les autres modes d'expression du spectacle; en l'enrichissant dans une prise de conscience de toutes ses possibilités, le poète rendra l'adéquation du poème à la musique plus serrée et plus juste; de son côté le compositeur fait de même pour la musique; la réunion des deux champs d'expression est à la condition qu'ils aient recherché, dans un premier temps, leur liberté de croissance.

Des philosophes comme Rousseau et Diderot donnent au texte une priorité absolue. Si cette position est désastreuse pour la musique instrumentale, en revanche, pour le livret elle est enrichissante. Il faut absolument que l'on comprenne avec netteté les paroles; les mots au spectacle lyrique ont la même importance expressive qu'au théâtre parlé; il faut qu'ils racontent une histoire, des situations complexes, les sentiments et les passions humaines; on demande au texte de la vraisemblance: le chant, dans ces conditions, ne convient pas pour toutes les occasions, il marque les moments privilégiés;[1] le récitatif sera très simple, avec très peu d'accompagnement; il sera parlé même, quelquefois, pour remplir plus exactement son rôle explicatif. Les mots sont alors loin de servir de simples prétextes à musique; ils prennent une importance considérable. Finis les livrets exsangues, les situations convenues, les personnages sans relief; on veut représenter quelque chose, sortir des thèmes et des mots obligatoires; on cherche des sentiments forts et, à la manière du théâtre bourgeois, des situations touchantes propres à provoquer les larmes. L'esthétique du drame inventé par Diderot passe tout naturellement dans l'ambition que l'on caresse pour le spectacle lyrique; les personnages familiers remplaceront les dieux trop abstraits et trop usés également; le pathétique se substituera aux sentiments

---

1. Voir p.23ss.

très conventionnels et limités qu'on observe surtout dans les opéras-ballets du début du siècle. Si l'on veut représenter la vie quotidienne, c'est pour en apprendre quelque chose: les philosophes veulent élever le spectacle lyrique au nombre des arts utiles pour l'amélioration des mœurs. Et le poète d'opéra sera un moraliste. La qualité du poème ne pourra, certes, qu'en être considérablement augmentée; voilà le livret indépendant au même titre que tout texte pour le théâtre parlé; mais cette comparaison avec le texte parlé est dangereuse si on ne la dépasse pas; en refusant au compositeur tout travail harmonique sur les mots, avec les mots, les philosophes réduisent grandement les possibilités de collaboration entre les deux modes d'expression: les mots du livret ne prennent leur signification pleine que combinés aux notes; en référer au théâtre parlé, c'est refuser à l'opéra sa spécificité, cette définition qu'il tâche justement, alors, de se donner. Pourtant, certains philosophes annoncent des principes tout-à-fait prometteurs. Rousseau, par exemple, est attentif à distinguer exactement le rôle de chacun des artistes, poète et compositeur:

> Quelle est la liberté qu'on doit accorder au musicien qui travaille sur un poème dont il n'est pas l'auteur? J'ai distingué trois parties de la musique imitative; et, en convenant que l'accent est déterminé par le poète, j'ai fait voir que l'harmonie, et surtout le rythme offraient au musicien des ressources dont il doit profiter.[2]

Rameau n'aurait pas dit autre chose, mais il aurait ajouté que l'harmonie aussi est expressive, qu'elle s'ajoute, complète, enrichit cet 'accent' donné par le poète, autant de possibilités que ne possède pas le théâtre parlé, et qui font que l'opéra est, sans aucun doute, le mode d'expression le plus riche que l'homme ait inventé.

Diderot va beaucoup plus loin encore: il évoque une véritable collaboration du poète et du compositeur. En réponse au *Traité du mélodrame* de Laurent Garcin, partisan du texte avant tout, il écrit: 'Il ne faut, selon lui, produire des sons que pour renforcer les idées du poète. Mais il ne voit pas que si le poète n'a pas pressenti la puissance de l'art musical, n'en a pas préparé l'effet, le musicien n'a qu'à couper les cordes de son instrument.'[3]

Mais sous l'expression 'puissance de l'art musical', Diderot n'a pas mis tout ce que son siècle découvrait alors. C'est ainsi que l'on peut accuser ces auteurs d'une certaine étroitesse de vue en matière de spectacle lyrique; ils s'étaient pourtant donné tous les moyens nécessaires pour aller beaucoup plus loin qu'ils n'ont fait; Rameau, par ses œuvres, les dépassa grandement; il sut aller jusqu'au bout des conséquences des possibilités nouvelles qui s'ouvraient au théâtre

---

2. *Ecrits sur la musique*, p.401-402.

3. Diderot, *Correspondance littéraire, philosophique et critique*, éd. Tourneux (Paris 1877-1882), lettre à Burney, octobre 1771, xi.215.

lyrique; il se dégagea entièrement de toutes les comparaisons abusives avec le théâtre parlé; il vit clairement qu'il s'agissait d'inventer autre chose, de sortir des chemins trop battus. Ce qui réduisit ainsi le champ de vision des philosophes, c'est leur conception, encore une fois, du naturel: 'C'est au cri animal de la passion à nous dicter la ligne qui nous convient' (p.87), déclare le Neveu de Rameau. Dans ces conditions, la musique ne peut rien exprimer de très nouveau, évidemment.

Les philosophes contribuèrent beaucoup à l'amélioration de la qualité du poème lyrique; mais leur travail s'arrêta là: ils sentirent qu'il fallait ensuite s'intéresser à l'intégration du poème lyrique à la musique, cependant les réponses qu'ils apportèrent restent bien pauvres en comparaison de celles qu'ils auraient pu observer dans les œuvres nouvelles s'ils avaient eu quelques préjugés en moins.

III

Les décors et les costumes

Introduction

LE fossé que l'on a observé au niveau de la conception de l'œuvre entre l'art du compositeur et celui du librettiste tend à se combler; lorsque l'on passe au stade de la réalisation, et qu'il s'agit de mettre en scène et de concrétiser dans le visuel ce qui jusqu'alors n'avait été qu'imaginé, ce n'est plus d'une absence de collaboration dont il faut parler pour les spectacles du début du siècle mais d'une presque totale indifférence mutuelle. Les métiers de la scène, ceux du décor et des costumes se préoccupaient bien peu de la sorte de spectacle qu'il s'agissait de représenter, de l'inspiration du compositeur et de celle du librettiste: la convention avait établi ses règles; les artistes de la scène proposaient un cadre, une toile de fond sur lesquels la musique et le poème viennent s'installer en superposition. Au cours du dix-huitième siècle, lentement, on assiste à une transformation des habitudes. Comme les autres arts qui participent au spectacle d'opéra, celui du décorateur et du costumier vont vouloir s'intégrer plus profondément à l'unité de l'œuvre lyrique. Alors que pour bien des spectacles, on continuera ce qu'on avait toujours fait: utiliser les décors, les peintures, les étoffes, comme de simples présentoirs de l'œuvre, une sorte d'emballage pour la mettre en valeur, une part notable des hommes du métier, certains critiques, certains observateurs, contemporains à Rameau, et à propos, très souvent, des œuvres de ce compositeur, s'intéressèrent à donner aux arts de la scène la valeur expressive dont ils les sentaient capables. La richesse des possibilités qui s'offre au décorateur se révèle, tout à coup, surprenante. On définit les règles de cet art avec de plus en plus de précision. L'ambition du décorateur est à la mesure de cette découverte; il sort de son rôle de simple exécuteur; il devient artiste; c'est lui qui fait le spectacle. En même temps que l'on découvre la richesse du matériau dont on peut disposer sur la scène, on se rend compte à quel point il peut, et surtout doit, participer de l'ensemble de l'œuvre, car il en fait partie, autant que la musique, que le poème, que la danse, tous éléments dont il doit tenir compte. Les décors et les costumes vont, progressivement, prendre une place de plus en plus importante et active à l'élaboration de l'œuvre lyrique dans sa cohérence et dans la définition de cet art expressif nouveau dont on découvre les contours au dix-huitième siècle; le spectacle lyrique est fait de la somme de toutes les expressions qui le composent. C'est en s'émancipant d'abord, en se libérant de leurs rôles subalternes auxquels on les avait relégués, que les décors et les costumes vont imposer la singularité de leur langage et devenir tout à fait indispensables.

11. Persistance de la tradition classique au dix-huitième siècle

i. En ce qui concerne les costumes

DANS sa conception des costumes et des décors, le dix-septième siècle avait établi des conventions où se complut longtemps encore le goût du dix-huitième siècle. Cependant, peu à peu, on oubliait les règles du jeu; on se bornait à imiter ce que la tradition avait transmis, et la répétition engendrant la médiocrité, on atteignit lentement la saturation. Après 1750, les auteurs ne voient plus, dans les réalisations du passé, la fantaisie qui les animait. Ils ne comprennent pas que ces sortes de spectacles ne recherchent pas du tout la vraisemblance et encore moins la simplicité, bien au contraire; et c'est au nom de ces deux exigences qu'ils portent leurs jugements: bientôt ils ne voient qu'absurdités dans une tradition où l'art du plaisir avait atteint des sommets de raffinement; au nom de la vérité historique, ils condamnent les combinaisons complexes d'éléments disparates où la coutume avait placé un langage secret qu'ils ne savent plus comprendre. Les époques classiques, parce qu'elles sont fortes et qu'elles n'ont besoin de personne, se font la vérité qu'elles veulent; tandis que cette deuxième moitié du siècle curieuse des horizons lointains et bercée des récits des voyageurs demande plus d'exactitude. Les spectacles du début du siècle gardaient beaucoup des habitudes de la tradition du spectacle de cour du dix-septième siècle: ils ressemblaient à des revues, et l'on avait plaisir à paraître, à faire son entrée, dans des costumes extravagants ou ingénieux; on aimait les assemblages, les mélanges, les symboles; on se couvrait d'or, de pierreries et de tissus luxueux; on se faisait admirer haut-chaussé sur des cothurnes démesurés, face au public, bien en face; peu importait la personne à qui l'on devait s'adresser: où qu'elle fût placée sur la scène, on regardait les spectateurs, on tâchait de se montrer à son avantage.

On aimait la magnificence, l'or, l'argent, les riches draperies; les personnages allégoriques portaient des costumes dont les conventions étaient comprises de tous, chacun savait déchiffrer les signes dont ils étaient couverts. Autant d'invraisemblances, de folies, et de joie du spectaculaire que la critique contemporaine à Rameau ne comprenait plus de tout; elle réclamait, en bloc, la suppression de toute la panoplie des costumes du siècle précédent. Cependant, le dix-huitième siècle, dans son ensemble, continue de se servir de ces costumes d'un autre âge, de ces habitudes complexes dont on a perdu la clef; les changements se font très lentement en matière de goût.

La composition des personnages allégoriques ne manquait pas de beaucoup d'originalités: les Vents, par exemple, portaient des masques aux joues bouffies, comme s'ils allaient souffler des tempêtes; ils tenaient, dans une main un soufflet, dans l'autre un éventail. Le personnage du Fleuve était habillé d'une grande robe de chambre verte, d'une culotte courte, de bas de soie, d'une perruque et d'un petit chapeau à lampion; les cordons de ses souliers étaient en roseaux verdoyants et ses poches étaient pleines d'algues et de joncs; autour de son cou pendait une guirlande d'algues. L'habit du personnage représentant Le Monde était une véritable carte de géographie: 'sur son cœur on lisait France; Espagne un peu plus bas; Angleterre derrière sa manche; Allemagne du côté opposé; Italie le long d'une de ses bottes; pôles vers ses omoplates; au milieu de son dos était affiché Terres australes inconnues, et plus bas, Iles sous le vent.'[1] La Débauche était 'coiffée d'une couronne dont les festons étaient des verres à pied remplis de vin rouge, blanc, jaune, orange' et tout son habit était couvert de gobelets. Le géomètre portait sur son front un triangle avec un compas de chaque côté; sur sa poitrine était un triangle à l'envers avec le monde déssiné au centre, et deux compas encore avaient été cousus sur ses épaules. Le costume des Quatre Eléments est probablement un des plus extravagants: sa jambe droite ainsi que les doigts de sa main droite sont des branches d'arbres fruitiers et de vignes; des jets d'eau sortent du genou de la jambe gauche et du bout des doigts de la main, un robinet est accroché à la manche; sur son ventre sont de grandes flammes rouges en bouquet jusqu'au milieu de la poitrine; sa tête est couverte de nuages bleutés en perruque avec par dessus une sphère, qui est le monde, mais en fait aussi une cage contenant des oiseaux; on voit des oiseaux, également, comme des étoiles sortant des nuages, accrochés par des fils.[2]

Noverre nous fait un beau tableau de ces personnages allégoriques tout en nous précisant que les temps ont changé; nous sommes alors en 1760:

On ne peint plus, ni on ne danse plus les Vents avec des soufflets à la main, des moulins à vent sur la tête et des habits de plumes pour caractériser la légèreté; on ne peindrait plus le Monde, et on ne le danserait plus avec une coiffure qui formerait le mont Olympe, avec un habit représentant une carte de géographie; on ne garnira plus son vêtement d'inscriptions; on n'écrira plus en gros caractères sur le sein et du côté du cœur, Gallia; sur le ventre Germania; sur une jambe Italia; sur le derrière, Terra Australis incognita;

---

1. François-Henri Joseph Blaze, dit Castil, *La Danse et les ballets depuis Bacchus jusqu'à mademoiselle Taglioni* (Paris 1832), ch.9, 'Costumes des danseurs', p.167ss.
2. A. Guillaumot, *Costumes d'Opéra* (album de 50 planches), préface de Ch. Nuitter (Paris 1883), planches de costumes du dix-septième siècle.

sur un bras Hispania, etc. On ne caractérisera plus la musique avec un habit rayé à plusieurs parties et chargé de croches et de triples croches! On ne la coiffera plus avec les clefs de G-ré-sol, de C-sol-ur et de F-ut-fa! On ne fera plus danser enfin le Mensonge avec une jambe de bois, un habit garni de masques et une lanterne sourde à la main. Ces allégories grossières ne sont plus de notre siècle![3]

On retrouve ces sortes de personnages dans les œuvres de Rameau. Dans les *Fêtes de l'Hymen et de l'Amour* en 1748, on pouvait voir un jeune Egyptien représentant le printemps; son costume est rose ainsi que son panache; il porte un tonnelet tout bardé de guirlandes de fleurs; il tient à la main gauche un panier de fleurs et une seule fleur à la droite.[4] En 1749, le danseur Léger interprète le personnage d'un Zéphyr dans *Naïs*; les nuages sont la composante principale de son habit de draperie bleue brodée de gaze d'Italie, et de son panache; on observe des ailes de papillons. La robe et le grand panier de Mlle Puvigné sont également couverts de nuages roses et blancs quand elle interprète le rôle de l'air dans *Zoroastre* (Guillaumot). Le costume du magicien dans *Dardanus* en 1768 n'a plus de tonnelet; il est court, tout en pointes bleues et jaunes; son panache est fait de plumes rouges; sur la poitrine est representée une grande chauve-souris, ainsi qu'une tête de bouc. Dans les *Comptes des Menus* pour les spectacles de la cour en 1763 à Choisy, on lit que Bocquet fit pour *Castor et Pollux* les habits de la Jalousie et ceux de la Vengeance, qui sont composés de toute la panoplie traditionnelle: serpents, casques...[5]

Evoquons encore les costumes de ce même *Castor* pour les fêtes à l'occasion du mariage du dauphin en juin 1770. On y voyait des Magiciennes avec de 'grandes robes de toile noire, avec armure de toile rouge, chargée de caractères magiques et chauve-souris imprimée en argent', des Démons dans le même costume, avec, en plus, des 'Draperies de toile noire peintes en flammes', des serpents, des 'perruques hérissées de serpents', des 'poignées de serpents'; le Zéphyr du troisième acte interprété par Simonin était couvert de bouquets de plumes blanches, et 'd'ailerons de glacé argent peint en ailes de papillons', sa coiffure était en 'ailes de papillons peintes avec des fleurs de toutes les couleurs' (Guillaumot). Au quatrième acte les Furies portaient des 'Corsets et manches de satin feu, jupes de satin vert ornées de plumes en zig-zag, des serpents parcourant tout l'habillement'; leurs coiffures étaient des serpents encore; elles avaient des torches à la main et, aux pieds, des souliers de feu.

Le goût de ce luxe extravagant se maintint à travers tout le dix-huitième siècle, et les costumes pour les œuvres de Rameau ne font pas exception. Dans les détails des factures par Vatier, mercier et marchand de mode à Paris,

---

3. *Lettres sur la danse et les arts imitateurs*, lettre XVIII, p.143.
4. Guillaumot, *Costumes d'Opéra*, Planches de costumes du dix-huitième siècle.
5. Archives nationales, *Comptes des Menus*, 01/2887.

fournisseur de l'Académie royale de musique, on découvre le personnage d'Hébé, interprété par Mlle Fel en 1753:

– Manches de cour de gaze blanche brochée, garnie de blonde
– Bracelets de ruban rose garnis de chenilles et paillettes d'argent
– Un nœud d'épaule de rubans roses garnis de chenilles et paillettes d'argent
– Un bouquet de fleurs mêlées
– Une fraise de blonde avec un ruban rose à gros grain
– Une rosette pour les cheveux
– Des fleurs pour la tête
– Un tour de gorge de grande blonde.[6]

Papillon de La Ferté, à son tour, nous donne les détails des costumes de ce même *Castor et Pollux*, interprété en 1770 à l'occasion du mariage du dauphin; Castor est couvert d'argent, Pollux d'or. Reproduisons la description du costume de Castor:

Perruque à cadenettes; casque et panache blancs; gants et bas blancs; chaussure à la grecque de satin blanc avec festons; sabre et bouclier.
Cuirasse de moire acier brodée en argent. Pièces et manches de taffetas chair tendre, mancherons et draperie de panne cerise brodés en argent et ornés de franges d'argent et pierreries, mante de glacé argent doublée de taffetas blanc. Culotte de panne cerise.

Pour Télaïre:

Perruque à grandes boucles, ruban blanc chenillé argent – bouquet de plumes blanches et perles pour coiffure et collier – grands bas et souliers blancs.
Habit à la grecque, fond de satin blanc brodé – un papillon d'argent fin à grands ramages de draperie ornée de franges argent à jassemin et relevée par des chaînes et attachée de pierreries – grande mante de satin blanc brodée de même et doublée de gaze argent.

Les hommes du chœur ont des habits à la grecque et portent des 'armures brodées en paillettes argent et d'une broderie à grand ramage de fleurs en argent'; quant aux femmes, elles ont des 'corsets et jupes de Callamandre bleus ornés d'une broderie à grands ramages de fleurs en argent, amadis, pièces et ceintures de glacé argent, le tout orné de franges roseau, argent et pierreries'.[7]

L'invraisemblance et le manque évident de réalisme ne semblent pas des obstacles suffisants pour endiguer cette débauche de luxe et de sophistications. Le public, tant à la cour qu'à la ville, tenait encore beaucoup à être émerveillé. Le spectacle reste une fête, une féerie, et tant pis pour l'illusion théâtrale en

---

6. Guillaumot, Planches de costumes.
7. Papillon de La Ferté, *Détails des fêtes et spectateurs pour le mariage du Dauphin, juin 1770* (manuscrit de la bibliothèque de l'Opéra de Paris). A propos de Castor, le costume de Pollux est presque le même, mais l'argent de la cuirasse, des mancherons, des franges est remplacé par de l'or.

accord avec le sujet de la pièce. Favart, acteur pour bien des points de l'esthétique nouvelle du spectacle d'opéra, revient de Londres et donne les Anglais en exemple:

On ne verra point chez eux des paysannes grossières avec des girandoles de deux mille écus, des bas blancs à coins brodés, des souliers chargés de paillettes, attachés avec des boucles de diamants et bichonnées jusqu'au sommet de la tête. J'ose dire que ma femme a été la première en France qui ait eu le courage de se mettre comme on doit être lorsqu'on la vit avec des sabots dans *Bastien et Bastienne*.[8]

En 1825, Castil Blaze fera encore le point sur le siècle passé dans lequel, en matière de costume, il ne voit qu'invraisemblances et assemblages sans signification, que 'mélange bizarre des habits de l'époque et d'une imitation grossière et ridicule de ceux de l'Antiquité'.[9] Les guerriers grecs, par exemple, portaient, outre la cuirasse, des cothurnes chargés de rubans – et un casque à grands plumets; sous le casque on mettait la grande perruque poudrée à blanc qui laissait tomber quatre queues à la conseillère de trois pieds et demi de long, crépées et pommadées.

Lorsque l'acteur rentrait dans la coulisse, les perruquiers se hâtaient de le repoudrer, tandis que d'autres serviteurs brossaient son armure et son harnais blanchis. Deux de ces queues ramenées en avant, pendaient sur la cuirasse, entre les bras et la poitrine, et descendaient presque jusqu'aux genoux. Un ridicule aussi monstrueux aurait dû sauter aux yeux, faire pouffer de rire au milieu des scènes les plus pathétiques; non, ce n'est que cinquante ans plus tard que l'on s'est aperçu qu'il était possible de faire mieux.[10]

Baron se rappelle le ballet des *Horaces et des Curiaces* qu'il avait vu dans sa jeunesse. Noverre s'était battu en vain avec le costumier pour qu'il simplifiât un peu:

On voyait paraître Camille [...] avec deux monstrueux paniers de chaque côté; sur la tête, une coiffure de deux ou trois pieds de haut, farcie d'une prodigieuse quantité de fleurs et de rubans. Les six frères [...] s'avançaient avec leurs tonnelets sur les hanches, les Horaces en habit de drap d'or et les Curiaces en habit de drap d'argent, tous ayant d'ailleurs de chaque côté de la tête cinq boucles de cheveux poudrés à blanc et un toupet prodigieusement exhaussé, qu'on appelait alors toupet à la grecque.[11]

Et évidemment Baron demande comment on pouvait danser avec tout cela. Ce genre de costume, en effet, ne correspondait plus du tout aux exigences nouvelles de la danse: ce qui pouvait convenir aux mouvements très limités et

8. Favart, *Mémoires*, 3 novembre 1760.
9. *La Danse et les ballets*, ch.9, p.166.
10. Malherbe, *Commentaires*, sur *Hippolyte et Aricie*.
11. A. Baron, *Lettres et entretiens sur la danse ancienne, moderne, religieuse, civile et théâtrale* (Paris 1825), entretien V, p.233-34.

très sobres de la danse plate s'accommodait fort mal aux nouvelles conceptions de Noverre.

La vérité historique qui n'était pas le souci des costumiers du début du siècle, devient, par la suite, une référence; ce qui n'empêche pas certains d'entre eux de donner toujours dans l'invraisemblance. Il en va de même de la vérité géographique: on ne veut plus s'en laisser conter, ou plutôt on ne veut plus de contes. Ainsi, Favart se plaint-il de la représentation des *Paladins* en 1760: 'Le divertissement chinois est une copie de ceux qu'on a donnés à l'opéra-comique et à la comédie-Italienne, avec cette différence que les habits de celui-ci ne sont ni turcs, ni mongols, ni chinois, c'est un composé de tout cela et ce n'est rien.'[12] La cour de Louis XIV aurait été parfaitement satisfaite de ces chinoiseries ou de ces turqueries à la manière de celles que le grand roi réclamait à Molière pour le *Bourgeois gentilhomme*, il n'en va pas de même pour les esprits avertis de la fin du règne de Louis XV, ouverts sur le monde, curieux du récit des voyageurs, et qui réclament pour la scène un minimum de réalisme. Il est passé le temps des ravissements et des plaisirs un peu enfantins des falbalas: l'époque est au sérieux, on se flatte de se mêler de sciences exactes; un Chinois doit ressembler à un Chinois et l'on tolère de moins en moins de voir paraître des furies en paillettes.[13]

D'autant plus que, comme on ne sait plus se servir du matériel suranné hérité du siècle précédent, certains exécutants, peu préoccupés par les problèmes artistiques, profitent du désordre et exaspèrent l'opinion. Et l'on se perd en frivolités; la mode se met de la partie et les rivalités entre les artistes brouillent encore plus les cartes. 'L'opéra a été regardé longtemps comme l'école du bon goût [...] Tout est bien changé [...] l'opéra [...] est devenu la copie des femmes de la ville.'[14]

Les costumes suivent les modes de la ville et comme celles-ci changent très souvent on assiste à une compétition bien peu en rapport avec la bonne marche des spectacles. Chacun veut briller à son avantage; on se fait prêter de riches oripeaux par des grands seigneurs pour étonner: il s'agit d'être au goût du jour; l'intérêt de l'œuvre passe alors, et de loin, au second plan.

La variété compte par-dessus tout: peu importe que l'on ait le rôle d'une soubrette: on paraîtra avec des diamants, des pompons, des grosses boucles et le visage fardé à outrance.

---

12. Favart, *Mémoires*, 24 mai 1760.
13. Favart, 24 mai 1760. Le ballet des Pèlerins dans les *Paladins*: 'Celui des diables a paru trop sérieux; quant à moi, ce que j'y ai trouvé de plaisant, c'est d'y voir des furies en paillettes.'
14. Noverre, *Lettres sur la danse et les arts imitateurs*, lettre XXI, p.179.

ii. En ce qui concerne les décors

Les décors, on avait pris l'habitude de les réutiliser comme les costumes, pour des pièces différentes. Parfois on ne les transformait pas du tout et ce n'était pas spécialement par économie: on trouvait un décor beau par lui-même; il aurait été dommage de ne pas le montrer à nouveau. En même temps que certains hommes de métier réclamaient plus de rigueur et de vraisemblance, on pouvait assister à tous les abus menés avec les meilleures intentions d'ailleurs. Ainsi, pour honorer le roi du Danemark on représenta à l'opéra, en 1768, le *Devin du village* avec les costumes et les décors de *Phaëton* de Lully! Et puis certaines scènes revenaient d'une œuvre à l'autre; on les imposait aux compositeurs et aux librettistes; les plus courantes étaient les Enfers, le Jardin Enchanté, le Paysage désolé, le Temple, ou le Palais, la Forêt.[15] Pour chacune d'entre elles, on tenait en réserve un décor approprié. De temps en temps on les rafraîchissait, on les raccommodait; ainsi, pour la reprise de *Zoroastre*, probablement celle de janvier 1770, on réutilise dans l'acte I, le décor de la reprise précédente, c'est-à-dire datant au minimum de mars 1757! 'On n'en a pas fait usage depuis les représentations de cet opéra. Quelques réparations et les raffraîchissements suffisants [...]'. Pour le désert de l'acte V 'on propose de se servir ici des châssis du désert d'*Armide*'. Quant aux décors qu'on est obligé de refaire à neuf, on s'ingéniera à les construire de telle sorte qu'ils puissent servir pour d'autres œuvres: pour le Palais d'Oromases, Roi des Génies, de l'acte II: 'Cette décoration est à faire à neuf [...] On croit qu'il conviendrait de la composer et de la traiter de manière qu'elle pût servir dans le troisième acte de *Castor et Pollux* au moment où le théâtre représente Jupiter dans les Cieux.' Le temple souterrain et secret d'Abramane de l'acte IV, il faut le concevoir assez simple et solide 'de façon à pouvoir servir en d'autres occasions pour un temple rustique dont on a souvent besoin à l'opéra'.[16]

Pour la création de *Platée* à Paris le 9 février 1749, l'Académie royale de musique, probablement en difficultés financières, ne commanda qu'un seul décor à Algieri; pour les autres tableaux, on puisa dans les réserves du théâtre; on fit de même pour les costumes.[17]

Ces pratiques continuèrent pendant tout le dix-huitième siècle; dans ces conditions, le décor ne pouvait pas véritablement s'intégrer au reste de l'œuvre, il formait à lui tout seul un spectacle à part, indépendant pour le plaisir et l'émerveillement des yeux. On s'accommodait de cette situation tant qu'on ne demandait pas au spectacle d'opéra la cohérence qu'on réclama ensuite.

15. Voir appendice IV, 'Les principaux décors chez Rameau'.
16. Programme des décorations de *Zoroastre*, Archives nationales, AJ 13/4.
17. Malherbe, *Commentaires*, sur *Platée*.

Les décors comme les costumes étaient prétextes à éblouir; on se réjouissait d'aller les admirer et quand les décorateurs étaient obligés de changer un décor usagé par un neuf, on se servait de cet événement pour attirer le public que l'on prévenait par le moyen des affiches ou des journaux qui en détaillaient les splendeurs avec complaisance. Les habitués connaissaient les décors dont disposait le magasin de l'opéra – à chaque représentation d'œuvres diverses, ils avaient l'occasion de les revoir. C'est ainsi qu'en 1733, à sa création, *Hippolyte et Aricie* fut représenté avec le matériel ordinaire de l'opéra: un temple, des Enfers, un Palais au bord de la mer, une forêt. Il s'agissait là de décorations d'usage courant.[18]

On applaudit les décors pour eux-mêmes, indépendamment du reste du spectacle; le goût pour la magnificence observé à propos des costumes se retrouve évidemment pour les peintures et les machines; il ne connaît pas de limites; on s'efforce de le satisfaire le plus possible, comme ce fut le cas pour *Castor et Pollux* en 1764, spectacle alors au sommet de sa gloire: les directeurs Rebel et Francœur, ravis du succès de ce spectacle, s'ingénièrent à en raffiner les perfections:

loin de s'être reposés sur le succès [ils] ont journellement ajouté quelques nouveaux ornements à ce magnifique tableau. En dernier lieu, s'étant aperçus que l'enlèvement de Castor des Champs-Elysées sur la Terre était susceptible de plus d'illusions, on avait fait une machine dont l'effet pittoresque était si bien entendu, qu'elle rendait admirablement bien cette action.[19]

C'est à la cour qu'on pouvait voir les richesses les plus extravagantes; aucune limite n'était imposée à l'imagination du décorateur. Les représentations de *Castor* du 9 et 13 juin 1770 à Versailles durent être bien étonnantes. Destouches nous en fit le rapport:

Il serait superflu d'entrer en détail par rapport à cet opéra, dont le nom seul atteste la réussite: il suffira de dire que la magnificence et le goût avaient présidé aux habillements; que plusieurs des décorations étaient de la plus grande manière et bien peintes; que, surtout, celle de la fin du cinquième acte, représentant le Palais de Jupiter, communiquant des deux côtés par des colonnades aux pavillons des principales divinités célestes, désignées par leurs attributs et montrant dans le lointain une partie du zodiaque, répondait parfaitement à l'idée brillante et poétique de M. Bernard. On ne doit pas omettre que le Soleil dans son char, éclatant d'or et de pierreries et parcourant sa carrière, était d'un mécanisme vraiment ingénieux et produisait la plus heureuse illusion.[20]

Les décors à proprement parler étaient presque exclusivement peints; ils sont

18. Malherbe, *Commentaires*, sur *Hippolyte et Aricie*.
19. *Mercure*, juin 1765.
20. Destouches, *Recueil des fêtes et spectacles donnés devant Sa Majesté* (Paris 1770), tome iv, 9 et 13 juin 1770.

conçus comme un cadre où évoluent les acteurs mais ne peuvent pas être utilisés par eux pour soutenir leurs gestes ou pour donner plus de réalité à leurs évolutions sur la scène. Sur le mur du fond est une grande toile où sont représentés les paysages dans le lointain: jardins enchantés, prairies, collines avec château ou temple; de chaque côté de la scène sont des châssis de coulisses parallèles au nombre de douze à dix-huit disposés symétriquement par rapport à un axe central, divisant la surface scénique en deux parties égales; ils sont de moins en moins hauts à mesure qu'ils s'éloignent de la rampe mais les objets qui y sont peints, statues de marbre, bosquets, buissons de fleurs, arbres, sont représentés sans tenir compte de l'éloignement et jurent avec la taille réelle des acteurs; un arbre ou un palais peuvent ainsi leur arriver seulement à la taille; en outre, ces châssis étaient censés créer une surface continue, illusion que l'on n'atteignait jamais du fait de leur position légèrement en biais pour suivre la ligne fuyante de la scène, et les acteurs que personne ne dirigeait véritablement en tenant compte du décor passaient entre deux éléments ou s'appuyaient, à l'occasion, sur l'un d'entre eux. Des toiles, appelées bandes d'air, étaient accrochées au haut de la scène; elles représentaient des plafonds, ou le ciel. On imagine que, pour ce dernier cas, l'espace était bien trop petit surtout lorsqu'il fallait y mettre des nuages: ces toiles disposées verticalement devaient, pour l'illusion, paraître horizontales; un ciel peut difficilement être figuré par tranches surtout lorsque l'éclairage intermédiaire laisse entrevoir des ombres entre chaque bande d'air qui ressortent alors, irrémédiablement, verticales; de plus, le défaut d'élévation de la scène ne peut permettre une séparation suffisante entre les éléments aériens et le reste du décor; il n'est pas rare alors qu'un nuage cogne le haut d'une colonne....

Des problèmes de proportions et de perspective, Servandoni sera le premier décorateur à s'occuper véritablement, mais les solutions qu'il inventera[21] si elles feront impression ne seront pas unaniment suivies. Pour ne prendre qu'un exemple, les décors imaginés par Tramblin (ou Tramblain: l'orthographe est changeante) pour *Acanthe et Céphise* à l'occasion de la naissance du duc de Bourgogne le 18 novembre 1751, devaient être tout à fait magnifiques, mais ils participent entièrement de l'esthétique traditionnelle. On en lit les détails dans le mémoire qu'il fit de ses ouvrages de peinture. Pour le premier acte, la toile au fond de la scène 'représente un lieu champêtre, au fond un vallon entrecoupé de ruisseau, au sommet du coteau qui forme ce vallon est le palais d'une fée d'une architecture légère au dessous duquel sont les jardins de ce Palais sur la pente du coteau'. Il fit dix-huit châssis d'arbres, 'des terrains sur lesquels est

---

21. Voir plus loin dans ce même chapitre (p.112ss).

continuée la prairie, avec des arbres isolés', deux plafonds d'air et un nuage en chantourné pour l'enlèvement de Zirphile.

Dans le même acte, le théâtre change et représente des jardins enchantés, formant des cabinets de treillages, fermés par des pilastres d'architecture ionique ornée, les entablements soutenus par des cariatides, des festons et ornements, le tout enchassé d'or; des groupes de marbre, des jeunes enfants, sur des pieds d'estaux [*sic*] dans les cabinets, des arbres isolés devant chaque cabinet formant une voûte de verdure sur les plafonds.

Il lui fallut peindre en châssis seize cariatides, quatre groupes d'enfants en marbre blanc, les cabinets de verdure, plus 'des escaliers de marbre avec des Sphinx, des talus de gazon et de fleurs – un bain au milieu duquel sont des tritons enchaussés d'or, formant une cascade'.

Pour le deuxième acte, il fit un bois sacré 'percé de diverses routes qui conduisent à un temple de l'amour isolé, au milieu duquel temple est la statue du Dieu. Le temple est formé par une colonnade ovale d'un ordre ionique moderne avec son entablement et un soc au dessous surmonté par des groupes d'enfants'. Il fallut aussi 'deux groupes de nuages pour les Vents qui enlèvent Acanthe et Zéphise [*sic*]'. Il en va de même pour le 'désert affreux' et le 'palais magnifique' du troisième acte.[22] Tout est peint et disposé sur la scène selon l'ancienne habitude.

On conservera également longtemps encore les techniques des décorations accessoires, celles des effets spéciaux, des machines dont certaines, du reste, sont toujours utilisées sur nos scènes modernes: le dix-septième et le dix-huitième siècle ont été très ingénieux quant à l'invention et à l'amélioration de ce matériau mobile de la scène. L'*Encyclopédie* de Diderot fait le point sur toutes ces techniques et consacre une planche pour les machines de théâtre.[23] Cet art de l'illusion fut importé en France par les Italiens; les principes du célèbre machiniste Sabbatini sont publiés dès 1638;[24] on y lit, par exemple, comment fabriquer une rivière: une grosse urne U est placée au fond de la scène, couchée, l'ouverture vers les spectateurs; quelques mètres en avant on pratique une fente A-B dans le plancher – une toile glisse de l'urne à la fente: 'La toile est d'azur touché d'argent; un machiniste M, sous le théâtre fait tourner la bande de tissu sortant de l'urne U, qui entre dans le sol en A-B selon la largeur du tissu.'[25] C'est un Italien, aussi, Torelli, surnommé 'le grand sorcier', qui fit les machines

22. Archives nationales, AJ 13. Dans ce même carton sont les détails pour *La Guirlande* par le même décorateur (septembre 1751). Les décors sont organisés pour ce spectacle de la même manière.
23. Volume x, planche XIX.
24. *Pratique pour fabriquer les scènes et les machineries de théâtre* (Paris 1638).
25. Voir spécialement le livre II, ch.35.

pour l'*Andromède* de Corneille en 1650. La tradition française sut digérer parfaitement ces techniques venues de l'étranger et les adapter au goût français, mais les règles de l'art restaient italiennes. Pour représenter une tempête, on peignait des vagues sur de grandes toiles que des ouvriers, placés en dessous, soulevaient par endroits avec des poutrelles verticales; avec des pelles on jetait des boules de papier devant figurer l'écume. Pour le tonnerre, on frappait avec des baguettes une peau tendue sur un châssis; les roulements étaient rendus ou bien par un timballier adroit ou par une nappe de plomb laminé suspendue; une interposition de gazes peintes ou de verres de couleur rendait le clair de lune.

L'illusion, cependant, ne pouvait naître que si le spectateur y mettait une certaine bonne volonté. La scène restait en permanence assez obscure, certes, mais tout de même on voyait très souvent l'envers du décor. Si l'on jouait le jeu de la convention les défauts, les imperfections inévitables disparaissaient; comment, autrement, imaginer que l'on voie vraiment la mer en présence de spirales couvertes de toiles argentées et qui tournent sur un axe horizontal, ou devant des toiles clouées sur des perches qui oscillent par des cordes: l'uniformité seule du mouvement, l'absence de variété, si l'on s'y attarde, ne peut tromper personne; comment, également, trembler de peur, devant des tigres 'représentés par des hommes affublés d'une perruque hideuse et couverts d'une toile mal peinte'.[26] La Fontaine a raison, alors, de plaisanter:

> Souvent au plus beau char, le contre-poids résiste
> Un Dieu pend à la corde et crie au machiniste,
> Un reste de forêt demeure dans la mer
> Ou la moitié du Ciel au milieu de l'enfer [...][27]

Les raisons de Rousseau sont plus polémiques évidemment; le clan des philosophes s'oppose unanimement à l'emploi des machines au nom du naturel et de la simplicité. Il est aisé d'ironiser, de refuser toute concession si l'on a décidé de ne pas s'y laisser prendre:

Les chars des dieux et des déesses sont composés de quatre solives encadrées et suspendues à une grosse corde en forme d'escarpolette; entre ces solives est une planche en travers sur laquelle le dieu s'assoit, et sur le devant pend un morceau de grosse toile barbouillée, qui sert de nuage à ce magnifique char. On voit vers le bas de la machine l'illumination de deux ou trois chandelles puantes et mal mouchées, qui, tandis que le personnage se démène et crie en branlant dans son escarpolette, l'enfument tout à son aise: encens digne de la divinité.[28]

26. Grober, *De l'exécution dramatique considérée dans ses rapports avec le matériel de la salle et de la scène* (Paris 1809), ch.12, p.134.
27. *Epître à M. de Niert* (1677), p.617, *Œuvres complètes*, Bibliothèque de la Pléiade (Paris 1958).
28. Jean-Jacques Rousseau, *Œuvres complètes*, Bibliothèque de la Pléiade (Paris 1959-), *Nouvelle Héloïse*, deuxième partie, lettre 23, p.283.

Rousseau est absolument insensible au merveilleux conventionnel du théâtre dont il a une conception très rationnelle; c'est lui qui s'exprime sous la plume de St Preux; devant toutes les machines de théâtre, le jeune homme ne voit que ridicules: 'on assure pourtant qu'il y a une prodigieuse quantité de machines employées à faire mouvoir tout cela [...], mais je n'ai jamais été curieux de voir comment on fait de petites choses avec de grands efforts' (p.280). Rousseau est sorti de l'esthétique traditionnelle; il est dans un autre monde, fait de sérieux, de sensibilité grave; il refuse les règles du jeu de l'opéra français: 'J'aurais eu peine à croire, si je ne l'avais vu, qu'il se trouvât des artistes assez imbéciles pour vouloir imiter le char du Soleil, et des spectateurs assez enfants pour aller voir cette imitation.'[29]

La Bruyère, comme s'il les avait prévues, avait déjà répondu à ces attaques:

C'est prendre le change et cultiver un mauvais goût, que de dire, comme l'on fait, que la machine n'est qu'un amusement d'enfants, et qui ne convient qu'aux Marionnettes; elle augmente et embellit la fiction, soutient dans les spectateurs cette douce illusion qui est tout le plaisir du théâtre, où elle jette encore le merveilleux.[30]

Les machines, le merveilleux, font partie intégrante du spectacle lyrique à la française; il s'agit évidemment d'entrer dans le jeu, de ne pas prétendre trouver dans un opéra la vraisemblance qu'il faut aller chercher dans la tragédie parlée; les philosophes, au nom de ce qu'ils appellent la vérité, au nom de l'esprit scientifique n'admettent pas que l'on représente le merveilleux; il faut, nous dit Grimm, le garder dans l'imagination et ne représenter que des sentiments humains.[31] C'est, à notre avis, refuser à la scène lyrique un de ses moyens expressifs le plus important, l'amputer de sa singularité véritable: 'Un opéra sans machines, c'est une femme sans fontanges.'[32] La définition de l'opéra diffère de celle du théâtre parlé. Batteux le précise clairement: l'héroïque appartient à la tragédie; le merveilleux est réservé à l'opéra; les deux espèces de spectacles ont leurs règles.[33] C'est aussi la conception de Cahusac, grand défenseur des machines: 'La grande machine' est pour lui 'une des grandes beautés de l'opéra'.[34]

La conception des philosophes ne l'emporta pas – il y aura toujours des machines à l'opéra – il y en aura chez Glück, chez Wagner; on n'abandonnera

---

29. p.283-84. Et Saint-Preux ne peut supporter le spectacle: 'y bailler, y souffrir, y périr [...] mais y rester éveillé et attentif [...] pas possible' (p.281).

30. Jean de La Bruyère, *Caractères* (Paris 1975), iv.34.

31. Friedrich Melchior Grimm, *Correspondance littéraire, philosophique et critique*, éd. Tourneux (Paris 1877-1882), article: 'Du poème lyrique'.

32. Nicole Decugis, *Le Décor de théâtre en France du moyen âge à 1925* (Paris 1953), p.8.

33. *Les Beaux arts*, article 'Opéra'.

34. *Encyclopédie*, article 'Ballet'.

jamais les monstres, même s'ils ne font peur à personne,[35] et sont-ils faits, d'ailleurs, pour faire peur? N'est-il pas bien naïf, enfantin, pour retourner l'argument de Rousseau, de supposer qu'ils sont vraiment imaginés pour terroriser les spectateurs? Il ne faut probablement voir dans ces machines, et tous ces accessoires pour la scène, plus qu'un matériel volontairement inventé pour créer l'illusion, que les éléments d'une sorte de rituel appartenant à une cérémonie nommée spectacle lyrique. Et tant pis pour les Italiens qui, après nous l'avoir appris, ont abandonné l'usage de ces effets spéciaux pour la scène: ils font partie intégrante de l'opéra à la française; Mably s'en félicite:

Aujourd'hui que l'Italie les a abandonnées, il n'y a qu'en France, et surtout à Paris, où le goût et l'usage des machines se soit conservé [...] c'est toujours un plaisir de plus pour les spectateurs qui aiment les machines, que de jouir encore d'une chose qui ne subsiste plus dans presque toute l'Europe.[36]

On trouve beaucoup de ce merveilleux chez Rameau, dont les livrets sont conçus pour le favoriser; les descentes de dieux ou d'autres personnages sur des chars ou des nuages sont de presque tous les spectacles: dans la deuxième entrée des *Fêtes d'Hébé*, par exemple, 'des nuages chargés de trompettes, de timbales, de hautbois et de bassons, descendent sur le théâtre (II, 8, 170); Jupiter descend du Ciel dans *Castor*, dans *Platée* également; on voit le dieu Canope dans les *Fêtes de l'Hymen et de l'Amour* 'sur un char traîné par des crocodiles, s'élancer du haut des cataractes jusqu'au milieu du fleuve' (II, 9, 166).

La critique, en géneral, apprécie les grandes machines; elles font partie de l'esthétique du spectacle lyrique; Collé, par exemple, pour prendre le plus sévère, le plus exigeant d'entre eux, alors qu'il ne laisse passer aucune médiocrité, aucune maladresse chez les compositeurs, les librettistes, les décorateurs, sait apprécier les machines bien construites. Il salue celle du Prologue de *Naïs*, le 22 avril 1749:

Les directeurs ont fait de la dépense en habits et en décorations; celle du Prologue est fort belle: elle représente la guerre des Titans contre les dieux; ils entassent montagnes sur montagnes: une machine enlève les géants et les montagnes à la fois, en sorte que l'illusion est poussée au point de croire que ce sont les fils de la terre qui grimpent sur les rochers qu'ils mettent les uns sur les autres et qui les font monter jusqu'au ciel, où ils attaquent les dieux; Jupiter alors les foudroie, et la machine s'abîme avec les montagnes et les géants pêle-mêle; ce qui forme un spectacle fort beau et qui est fort bien exécuté.[37]

35. Fafner, par exemple, dans *Siegfried* est transformé en dragon. Mais il y en a aussi chez Rameau: par exemple dans *Hippolyte et Aricie* IV ou dans *Dardanus* IV.

36. Gabriel Bonnot de Mably, *Réflexions historiques et critiques sur les différents théâtres de l'Europe* (Paris 1738), p.139.

37. *Journal et mémoires*, avril 1749, i.70.

Le regard qui convient aux merveilles d'opéra est amusé; moqueur quelquefois, il peut l'être; mais, surtout pas, sérieux! Il ne faut pas mélanger les genres – ce qui fut le péché des philosophes. Un poème de Panard donne le ton le plus convenable pour dénoncer ironiquement les faiblesses des machines, sans en condamner l'usage. Ces vers datent de 1733, année de la création d'*Hippolyte et Aricie*; on peut donc y voir, comme le suggère Malherbe, des références à ce spéctacle:

J'ai vu le Soleil et la Lune
Qui faisaient des discours en l'air;
J'ai vu le terrible Neptune
Sortir tout frisé de la mer.

J'ai vu, du ténébreux empire
Accourir avec un pétard
Cinquante lutins pour détruire
Un Palais de papier brouillard.

J'ai vu des dragons fort traitables
Montrer les dents sans offenser;
J'ai vu des poignards admirables
Tuer les gens sans les blesser.

J'ai vu, ce qu'on ne pourra croire,
Deux Tritons, animaux marins
Pour danser, troquer leurs nageoires
Contre une paire d'escarpins.

J'ai vu le maître du tonnerre
Attentif au coup de sifflet,
Pour lancer ses feux sur la Terre
Attendre l'ordre d'un valet.

J'ai vu souvent une furie
Qui s'humanisait volontiers;
J'ai vu des faiseurs de magie
Qui n'étaient pas de grands sorciers.

J'ai vu des ombres bien palpables
Se trémousser au bord du Styx;
J'ai vu l'Enfer et tous les Diables
A quinze pieds du Paradis.

J'ai vu Diane en exercice
Courir le Cerf avec ardeur;
J'ai vu derrière la coulisse
Le gibier courir le chasseur.

J'ai vu Mercure, en ses quatre ailes,
Trouvant trop peu de sûreté,
Prendre encore de bonnes ficelles
Pour voiturer sa déïté.

11. *Persistance de la tradition classique au dix-huitième siècle*

J'ai vu trotter d'un air ingambe
De grands démons à cheveux bruns;
J'ai vu des morts friser la jambe
Comme s'ils n'étaient pas défunts.

Dans les chaconnes et les gavottes
J'ai vu des fleuves sautillants
J'ai vu danser deux Matelottes
Trois Jeux, six Plaisirs, et dix Vents.[38]

38. *Commentaires*, sur *Hippolyte et Aricie*.

12. Vers une meilleure définition du matériau scénique

i. Servandoni

LENTEMENT, cependant, l'esthétique des décors et des costumes d'opéra allait se transformer. Servandoni, qui fut le principal décorateur des premières œuvres de Rameau, s'intéressa plus profondément que tous autres à donner au matériau de la scène plus de vérité et plus de naturel. Il tâcha de résoudre les problèmes liés au manque de cohérence dans les proportions; il donna à la scène cette variété à l'image de la nature que la critique et les philosophes allaient réclamer si fort par la suite; il améliora les machines pour les rendre plus capables de créer l'illusion. Il devint ainsi le génie du trompe-l'œil, du spectaculaire; passé maître dans l'art des effets spéciaux, il est le virtuose de la grande machinerie dans laquelle il voit l'essentiel du spectacle; en cela il se démarque franchement de la position esthétique un peu plate et triste de Rousseau ou de Diderot: de la réalité, certes, mais par le moyen de l'illusion; du naturel, oui, mais la source en sera l'artifice! Servandoni est profondément pénétré des exigences nouvelles de son siècle, mais il tâche de les satisfaire par les moyens d'une tradition bien française. Du reste, les événements lui donneront raison: l'opéra restera le lieu privilégié du merveilleux, un merveilleux vraisemblable devrait-on dire, une illusion d'autant plus surprenante qu'elle est savamment préparée; l'esthétique du drame larmoyant que Diderot aurait voulue aussi pour l'opéra n'aura pas de prise sur la scène lyrique. Naturelles mais soigneusement travaillées, les constructions de Servandoni annoncent Noverre sans jamais vraiment abandonner le vieux fonds des techniques venues d'Italie.

C'est lui, du reste, qui introduisit en France l'art du machiniste Bibiena;[1] il ramena d'Italie, avant que ce pays ne les abandonnât, des machines plus élaborées que celles dont on disposait en France, par exemple, certaines machines pivotantes qui mettent en jeu des effets d'eau artificielle, des machines à tambour avec des gazes, ou encore des débauches de splendeur comme ces

---

1. De cet artiste, Algarotti écrira qu'il fut le premier à introduire les décorations vues de côté: 'Il avait remarqué qu'il y avait une trop grande uniformité dans les rues, les allées, les galeries [...] il essaya de représenter les Décorations, ainsi que les peintres du XVIe siècle avaient représenté les personnages et ses succès le firent regarder comme le Paul Veronèse du théâtre.' Il regrette que Bibiena ait emporté tous ses secrets dans la tombe; il oublie Servandoni (*Essai sur l'opéra*, p.72).

colonnes tournantes, incrustées de pierreries et de cristaux, dont les mille feux émerveillèrent tant quand il mettait sur la scène un temple du soleil.[2]

Servandoni rompit avec la symétrie traditionnellement respectée, il créa la perspective oblique 'per angolo', donnant à la scène une allure plus naturelle; souvent, au lieu d'une seule ligne qui divisait la scène, du trou du souffleur à la toile du fond, il imaginait plusieurs points de fuite dont certains pouvaient être hors de la scène elle-même, ce qui donnait l'impression qu'on avait sous les yeux un espace plus grand; il distribua l'espace scénique de manière à ménager des aires de jeu pour l'évolution des acteurs. Il lui faut de la place et de la variété; pour les châssis, il en place au fond du plateau, de plus élevés de manière à pouvoir y peindre des objets plus grands qui ne jurent plus avec la taille des acteurs; de plus, quand il s'agit de monuments, ou d'arbres, il n'en peint que la partie inférieure pour que l'échelle humaine soit respectée; au spectateur de reconstituer par l'imagination le reste du décor. Les constructions de Servandoni font donc appel à la suggestion, ce qui leur permet de paraître plus importantes qu'elles ne le sont en réalité; la scène s'élargit de toutes parts, et sa profondeur, surtout, peut sembler extraordinaire. Autant il cherche la vérité comme, par exemple, la vérité antique, autant il se donne au jeu des trompe-l'œil; il s'agit de faire fonctionner l'imagination des spectateurs qui termine par elle-même le décor simplement suggéré; *Pirame et Tisbé* fut, paraît-il si on en croit Moynet, un modèle du genre. Nous n'en avons pas malheureusement la relation, mais nous connaissons, en revanche, la décoration de l'acte des Fleurs dans les *Indes galantes* à leur création le 23 août 1735; Mlle Sallé y dansait et marquait ainsi son retour à Paris, après un séjour de deux ans à Londres.[3] Parfaict nous en fait la description:

Elle représentait un grand et superbe jardin, lequel offrait d'abord aux yeux des spectateurs une allée d'arbres entremêlée d'ifs et terminée par un grand berceau qui était aussi formé par des arbres extrêmement élevés. A travers ce berceau on voyait dans un grand éloignement une charmille qui formait un plan demi-hexagone [...].

A droite et à gauche de la face du milieu se formaient des portiques de cinq arcades de chaque côté qui en supportaient cinq autres toutes ornées de quantité de vases et de

2. On trouve chez Moulin la description d'un Temple du Soleil de cette façon; l'auteur s'est de toute évidence inspiré de celui de Servandoni:

> Ces métaux précieux dont mon œil est ravi,
> Avec les diamants, disputent à l'envi.
> Au milieu du Palais, dont la grandeur m'étonne,
> De son trône élevé, La Lumière rayonne.
> Les Heures, les Saisons, les Mois, les Eléments
> Avec ordre arrangés en font les ornements.

Essais sur l'art de décorer les théâtres (Paris 1760), p.26.

3. Le fait est significatif car avec Mlle Sallé, nous avons une autre artiste qui travailla énergiquement pour la transformation du spectacle lyrique. Voir p.161.

festons de fleurs. Ces portiques hauts et bas étaient remplis de gradins à triple rang pour placer des musiciens et contenaient cinq personnes. Les hommes étaient placés en haut et les femmes en bas.

Au milieu de chaque arcade, pendait un lustre de cristal et de chaque côté un feston de fleurs. De chaque arbre, tant de l'allée que du berceau, pendait aussi un lustre orné de festons de fleurs.[4]

Les vases de fleurs, les festons de fleurs, les arcades ne sont pas des nouveautés; la disposition des choristes n'est pas très originale non plus; leur immobilité aurait gêné beaucoup Noverre qui s'intéressa tant au problème des personnages secondaires et des figurants sur la scène. Mais deux indications sont à souligner fortement dans cette description: d'abord l'impression que la scène est immense, que tout y est grand, le jardin, le berceau formé par des arbres extrêmement élevés – Servandoni a choisi des ifs! Il n'a pu en peindre que la base, ou une petite partie, selon sa technique, pour donner l'illusion de leur haute taille. D'autre part, la scène semble profonde, des espaces y sont disposés, où le regard peut se promener: on voit dans un 'grand éloignement' une charmille 'à travers' le berceau d'arbres.

Variété et naturel, telles sont bien les caractéristiques de l'œuvre de Servandoni (il est architecte, il sait 'utiliser' l'espace),[5] auxquelles il faut ajouter l'héritage du passé dont il ne se départit jamais.

La scène du théâtre lyrique a beaucoup profité du travail de Servandoni; avec lui, elle découvre des moyens expressifs nouveaux et, du même coup, elle acquiert plus d'indépendance; elle pourrait à la rigueur se passer des autres arts expressifs... C'était bien la pensée de Servandoni en 1734, lorsqu'il demanda et obtint du roi la permission de représenter des 'drames Pantomimes' dont les décors étaient l'objet principal. Il prit possession de la salle des machines des Tuileries et eut un très grand succès. Ses spectacles n'étaient qu'une succession de tableaux faits pour étonner; les acteurs, simples mimes, n'y occupaient qu'une place très secondaire. Servandoni se passait ainsi du poème; le spectacle était visuel, on n'y cherchait pas une histoire mais des miracles; dans *Flore et Zephire*, par exemple, deux petites filles traversèrent le théâtre en volant au-dessus du parterre, suspendues par des fils de laiton invisibles. Il crée des situations: avenue des Enfers – le Styx – Cerbère – Juge des Enfers – Supplices – Champs-Elysées – Les Songes – le texte disparaît – il s'agit de faire de l'effet, de 'remplacer la magie des mots par la magie des décors'.[6]

4. *Histoire de l'Académie royale de musique*, mardi 23 août 1735.

5. De plus, ce métier lui a donné le goût du spectaculaire; la façade de l'église Saint-Sulpice à Paris, dont il est l'architecte, est construite comme un décor de théâtre; inversement, ses décors bénéficient de ses études architecturales.

6. Fortassier, cité par E. M. Laumann, *La Machinerie au théâtre depuis les Grecs jusqu'à nos jours* (Paris 1896), p.52.

12. Vers une meilleure définition du matériau scénique

L'expérience de Servandoni et sa position extrême de transfuge face au monde de l'opéra est plus significative qu'il n'y paraît: comme le poète au moment de la conception de la pièce, comme les maîtres de ballets, le métier de maître-d'œuvre pour la scène tente de s'émanciper. En attendant que l'on réalise une collaboration idéale, chacun se fortifie, étudie ses possibilités, tente de mieux se définir.

Les innovations de Servandoni ne furent pas perdues, il eut des successeurs; cependant, les observateurs s'entendent assez bien pour penser qu'on ne sut pas l'imiter avec tout son génie. 'Son génie n'a pas laissé de traces sur nos théâtres'; et Grimm déplore que les décors soient de nouveau d'une 'symétrie choquante', 'toujours de face', sans 'jamais [...] de décorations en diagonales'.[7]

Ce sera l'avis également de Cochin, homme du métier, dans ses *Lettres sur l'opéra*:

Depuis Servandoni et Boucher il a été très rare que nous ayions eu quelque décoration digne d'applaudissement [...].
L'architecture s'y soutient encore, mais faiblement; elle manque presque toujours d'effet. La lumière y est répandue comme au hasard et, souvent, vient de plusieurs côtés; point d'ombres vigoureuses qui la fassent valoir. Les Gloires sont mieux traitées, et l'artiste que en est chargé à souvent du succès; mais les paysages sont faibles, fades et sans effet; blafards et dépourvus de ces belles obscurités que la nature présente et qui relèvent son éclat, ils sont ordinairement rehaussés de blanc à leurs extrémités comme des choux fleurs; ce qu'on ne voit jamais dans la nature.[8]

Nous sommes en 1781, Cochin semble ignorer le travail de Noverre, principalement sur le jeu des ombres et des lumières; mais ses arguments sont de poids lorsqu'il attaque les problèmes de perspective et de proportion:

C'est un faux système, ou routine négligente, ou timidité dans la composition. Il semble qu'on ait ordonné de prendre toujours pour mesure, soit des colonnes, soit des arbres, la hauteur de premier châssis. On n'oserait supposer sur les devants des objets d'une grandeur plus colossale; on croirait faire une faute si on ne faisait voir sur ce premier châssis que le commencement d'une colonne, ou le tronc d'un arbre avec la naissance des branches les plus basses. Il arrive de là que par la perspective (qui n'est pas toujours d'un bon choix, parce que le point de distance est supposé trop près), à peine au quatrième châssis, l'architecture est réduite à une petitesse qui ne s'accorde plus avec les acteurs, lesquels ne décroissent point à l'œil dans la même proportion.[9]

Servandoni ne disait pas autre chose au début du siècle:

Cette hardiesse de prendre un point de distance plus éloigné que le fond de la salle, donnerait aux objets une diminution moins rapide, et les rendrait plus agréables en les rapprochant d'avantage du géométral; elle ouvrirait les moyens d'avoir des éloignements

---

7. *Correspondance littéraire*, mars 1766, vi.495.
8. Charles Nicolas Cochin, *Lettres sur l'opéra* (Paris 1781), p.89-90.
9. *Lettres sur l'opéra*, cinquième lettre, p.91.

plus profonds, des parties d'édifices ou de campagnes plus vastes dans les enfoncements et plus multipliées successivement.[10]

Le goût et les habitudes, décidément, ne changent pas vite; sans doute Cochin exagère-t-il un peu, mais cette lenteur à corriger des erreurs qui nous paraissent évidentes aujourd'hui ne doit pas être mise au compte d'un aveuglement grossier des spectateurs et des décorateurs: tout le monde voyait bien, et pas seulement Cochin, que les arbres, les palais étaient démesurément trop petits par rapport aux acteurs. Cependant, cela importait peu; l'esthétique de l'époque ne faisait pas encore obligatoirement le rapport immédiat entre le jeu des acteurs et les décorations; le spectacle n'était pas un: sur scène plusieurs moyens d'expression se superposaient encore; le décorateur se souciait bien plus de faire un décor complet – avec des arbres et des palais entiers – que de tenir compte de la taille des acteurs; il considérait encore trop la scène comme un tableau qui devait donc se suffire à lui-même, et pourquoi, alors, des arbres tronqués, des bribes de monuments? Algarotti en 1773 faisait encore des réflexions à ce sujet; le décor ne tenait pas assez compte du jeu des acteurs, et les mêmes problèmes de proportions demeuraient:

Un article des plus nécessaires et auquel on ne fait pas beaucoup d'attention, c'est de disposer tellement les issues sur la scène dans les décorations en général et dans celles d'architecture en particulier, que les acteurs puissent entrer et sortir librement de tous côtés et que leur taille ait une juste proportion avec la hauteur des colonnes. Les acteurs viennent pour l'ordinaire du fond du théâtre, parce que là seulement il y a un passage libre pour arriver sur la scène.

Ils paraissent donc des géants à côté des décorations en miniature du fond: 'Mais ces mêmes géants se rappetissent ensuite, et deviennent des nains à mesure qu'ils s'avancent et qu'ils sont plus voisins des yeux.'[11]

Voilà pour le quotidien des spectacles; en même temps, parallèlement, les idées de Servandoni faisaient tout de même leur chemin; ses successeurs lui empruntèrent beaucoup. Noverre ensuite augmentera son héritage. On se souviendra longtemps de ce grand innovateur et de sa bien réelle collaboration avec Rameau au sujet de laquelle le *Mercure* écrivait en juillet 1755 (p.40, 42):

> J'ai pris pour la réalité
> Ce qui n'en était que l'image
> Ces murmures, ces bruits, ces champêtres concerts
> Ne sont dûs qu'aux accords d'une adroite musique;
> Et ces paysages divers
> Sont les jeux d'un pinceau que dirigea l'optique.
> Mais de ces arts ingénieux

10. *Lettres sur l'opéra*, cinquième lettre, p.92.
11. *Essai sur l'opéra*, p.80, 81.

Comment s'opèrent les merveilles?
Servandoni ment à nos yeux.
Rameau ment à nos oreilles.

ii. Les successeurs de Servandoni

Parmi les successeurs les plus marquants de Servandoni, ceux qui contribuèrent le plus à rendre plus expressif le matériau pour la scène furent sans doute les Slodtz ainsi que Boucher auprès desquels Boquet apprit énormément. Les décorateurs font la liaison entre les deux moitiés du siècle, entre le génial machiniste et Noverre, le réformateur de la danse et par elle de toute la scène; beaucoup des idées de Servandoni seront reprises par le maître de ballets qui les continuera, les complétera; et Boucher et Boquet travailleront avec lui.

Sébastien-Antoine et Paul-Ambroise Slodtz subirent beaucoup l'influence de Servandoni; ils voyaient la scène en architectes auxquels il faut de l'espace – ils eurent du reste souvent l'occasion de satisfaire leurs désirs quand on les chargeait non seulement des décors de la scène, mais encore de ceux de l'extérieur dans les spectacles en plein-air, ou du théâtre tout entier comme ce fut le cas pour les fêtes du premier mariage du dauphin en 1746: Slodtz, l'aîné, se chargea des tableaux pour *Zelisca* et construisit pour l'occasion un théâtre démontable dont il fit la décoration.[12] Servandoni, lui aussi, avait construit des décors extérieurs pour des feux d'artifice, des entrées royales où ses talents d'architecture pouvaient se donner libre cours. C'est probablement cet usage des espaces libres, cette habitude de ne pas marquer vraiment de frontières entre les deux côtés de la rampe, de considérer que l'ensemble du théâtre ou les décorations extérieures font partie du spectacle, qui amenèrent les Slodtz, comme Servandoni, à user des procédés permettant d'agrandir la scène et d'y créer l'impression de plus de profondeur. On retrouve également chez les Slodtz l'usage de distribuer l'espace scénique de manière non symétrique – quoique ce ne soit pas toujours le cas – et d'aménager des points de vue multiples; ils emploient la perspective en biais pour rompre la monotonie du tableau et le rendre plus naturel. Ce dernier point est, en effet, une de leurs préoccupations: ils développent l'emploi sur la scène d'objets réels – qui peuvent, à l'occasion, servir aux acteurs pour soutenir leurs gestes; le décor prend avec eux plus de relief, il sort de la seule toile peinte, il se concrétise, participe déjà à la réalité tangible du spectacle. Les Slodtz organisent avec ces objets des désordres qui semblent naturels, pittoresques même, en rapport avec l'atmosphère de la pièce et les caractères des personnages.

12. *Zelisca ou l'art de la nature*, 10 mars 1746.

Un dessin pour *Pygmalion* est conservé aux Archives nationales.[13] Il représente l'atelier du sculpteur pour les entrées cinq et six du spectacle. Certes la symétrie traditionnelle est respectée avec au centre de la scène une demi-coupole aux pilastres ioniques; ce qui est original dans ce tableau c'est tout ce bric-à-brac d'accessoires de sculpteur, comme abandonné à lui-même, qui donne l'impression que le lieu, véritablement, est habité: on voit, sur la gauche, un chevalet supportant une toile où sont représentés des amours; sur la droite, la statue d'un Sphynx repose sur son socle; un grand compas est contre le mur posé négligemment; une vasque sur pied fume au fond de la coupole; et le sol est jonché de débris de sculptures: on distingue des bustes, un bras...

Ce décor avait été réalisé pour les fêtes de Fontainebleau en 1754; les Slodtz, en effet, travaillaient beaucoup pour la cour; la période entre 1748 et 1756 dominée par la personnalité de Mme de Pompadour fut très brillante et les décorateurs eurent souvent l'occasion de montrer leurs talents. Déjà, en 1747, pour le second mariage du Dauphin, ils avaient réalisé toutes les décorations des *Fêtes de l'Hymen et de l'Amour* et, avec Perrot et Baudouin, ils firent celles du *Temple de la Gloire*.[14] Des fêtes de Fontainebleau, outre le dessin de l'Atelier du Sculpteur, nous disposons de celui du Temple de Jupiter pour la *Naissance d'Osiris* avec la description: 'Un grand palmier formant berceau jusque dans les plafonds, les colonnes garnies de bandeaux et d'hiéroglyphes, les chapitaux, bases dans le goût gothique et sous chaque groupe de colonnes des sphinx.'[15]

Ce décor n'est pas très nouveau: le grand palmier devait bien trop jurer avec la taille des acteurs; celui réalisé pour *Anacréon*, en revanche, montre quatre rangées de bouleaux en perspective fuyante vers le fond de la scène; le point de fuite est fixé bien au delà des limites du plateau – ce qui crée la profondeur; de plus, trois aires de jeu sont ainsi ménagées pour plus de variété dans les mouvements des danseurs.

Michel-Ange, le troisième Slodtz et le dernier, est lui tout à fait dans le goût réaliste de la deuxième moitié du siècle. Le décor pour la Prison du quatrième acte de *Dardanus*[16] qu'il fit à Fontainebleau le 8 octobre 1763 fait penser immédiatement à l'atmosphère lugubre des Prisons de Piranèse, avec cette différence que l'espace reste ordonné et logique. On y voit des murs sinistres de pierres de taille, une grille en perspective fuyante sur l'extrême gauche par où entre une lumière blafarde; un grand porche, lui aussi en perspective, ouvre un grand espace vide sur le centre gauche du tableau, où l'on voit, suspendue,

---

13. Archives nationales, o1 29 95.

14. François Souchal, *Les Slodtz, sculpteurs et décorateurs du roi (1685-1764)* (Paris 1967). Tous ces renseignements sont abondamment détaillés dans cet ouvrage, Archives nationales, o1 29 95.

15. Arch. nat., o1 29 95.

16. Arch. nat., o1 29 95.

une lourde chaîne. Pas de symétrie, cette fois; une atmosphère est créée, bien caractérisée et adaptée à l'action qui s'y déroule.[17]

C'est Boquet qui fit les peintures de l'ensemble de ce spectacle, nous en possédons le détail dans un mémoire conservé aux Archives nationales (01 2887). Ce décorateur n'est pas très représentatif de l'esprit nouveau; mais cependant, on observe dans son œuvre deux périodes qui correspondent à une transformation importante de son esthétique. Son style était d'abord bien traditionnel comme devait l'être celui d'un élève de Boucher: il aimait la profusion des décorations et les représentait avec une extrême finesse et un grand souci des détails. Pour ses costumes, il les chargeait de parures, de manches, d'éventails, de figurations symboliques; ses personnages portaient le grand panier ou le tonnelet; il les fardait abondamment, hommes et femmes, de blanc, qui souvent gênait pour l'articulation et les jeux de physionomie, et d'un rond de rouge vermillon sur chaque pommette.

Il fit ensuite un effort de simplicité, sous l'influence de certains acteurs, tâcha de respecter davantage la vérité historique et géographique et voulut que ses personnages portent des costumes plus en accord avec leurs origines, supprimant les tonnelets et les paniers; mais il resta cependant sur la ligne de la tradition, faite de fantaisie, de guirlandes de fleurs exquises, de jupes à falbalas; et de machines, car tout décorateur était aussi machiniste. Moynet nous donne la description d'une de ces constructions de Boquet à la septième représentation du *Thésée* de Lully: 'Minerve descend de l'empyrée dans un nuage qui couvre tout le théâtre; cette vapeur disparait lentement et laisse voir un palais magnifique à la place de celui que Médée vient d'embraser, changement qui ne pouvait être fait à vue sans cet artifice.'[18]

17. Il est tout à fait étrange de trouver sous la plume de Moulin en 1760 la description presque exacte de ce décor de 1763!
> Ouvrons notre génie, en voyant Piranèse.
> [...]
> Parcourons avec choix et meublons nos cerveaux
> Mais, même en imitant, soyons originaux.
> [...]
> Retranchez ces Prisons l'appareil des supplices.
> Prenez pour attributs, volontiers plus soufferts,
> Grilles, chaînes, anneaux, c'est assez de ces fers.
> [...]
> Quant à l'effet local, que la lumière et l'ombre
> Concourent à ce point: qu'une Prison soit sombre
> Si de quelqu'ouverture, on fait tirer du jour,
> Que l'endroit éclairé réfléchisse à l'entour:
> Et que cette lumière adroitement saisie,
> Produise un juste effet sur la masse choisie.

Essais sur l'art de décorer les théâtres, p.25.

18. Jules Moynet, *L'Envers d'un théâtre, machines et décorations* (Paris 1888), p.29.

Le procédé est tout à fait traditionnel: c'était ainsi que l'on pratiquait pour les escamotages, puisqu'il n'y avait pas de rideau et que les changements se faisaient 'à vue'.

Boquet fut formé par Boucher et travailla dans son atelier; cet artiste conseilla longtemps les artistes de la scène; on lui reproche souvent de ne pas se préoccuper assez de la réalisation matérielle de ses projets, en ne respectant pas toujours les lois de l'architecture et en commettant des fautes de perspective. Néanmoins, comme le souligne Favart, son influence est grande:

Il a dû, somme toute, exercer une sorte de direction artistique sur l'atelier scénographique de l'Académie Royale de Musique pendant la plus grande partie de sa vie et, sinon s'employer sans cesse au détail de la mise en scène, du moins avoir constamment sur elle la haute main. C'est dans son atelier, en copiant peut-être et mettant au net, à l'usage des costumiers, quelques-uns des dessins de Boucher, que Boquet se sera exercé à son nouveau métier.[19]

Avec Boquet qui fit les habits, il créa les décors de deux ballets de Noverre, les *Fêtes chinoises* et la *Fontaine de Jouvence* à la foire Saint-Germain en 1754.[20] Ces deux événements artistiques marquèrent beaucoup dans l'évolution du goût: Noverre y mettait en pratique ses idées toutes nouvelles sur la danse – il n'avait pas vingt ans; son livre, il ne l'écrirait qu'en 1760; il représentait véritablement la nouvelle vague des artistes pour la scène. Le fait que Boucher et Boquet aient travaillé pour Noverre est à souligner: il montre l'ouverture d'esprit de ces artistes; les décors de Boucher pour les *Fêtes chinoises* permirent, par exemple, à Noverre de réaliser sur des gradins un ballet très original et très varié, qui n'aurait guère été possible sans le soutien du mobilier de la scène spécialement étudié par le décorateur. On n'imagine pas que ce ballet eût été une telle réussite sans une véritable collaboration entre les artistes:

Le théâtre représente d'abord une avenue terminée par des terrasses et par un escalier qui conduit à un Palais situé sur une éminence. Cette décoration change et laisse voir une place publique ornée pour une fête et dans le fond un amphithéâtre où seize chinois sont assis.[21]

Il n'y a pas, pourtant, à proprement parler, de trouvailles dans ce décor; cependant, sa réalisation fut suffisamment souple pour permettre que, dans cet amphithéâtre, justement, se déroule le ballet le plus original de l'époque ainsi qu'en témoigne la suite de cet article:

Par un rapide changement de place, au lieu de seize chinois, on en voit trente deux qui font un exercice pantomime sur les gradins. A mesure que les premiers descendent,

---

19. *Mémoires*, 24 mai 1760.
20. Monnet, *Mémoires*, 1754, foire Saint-Germain.
21. *L'Année littéraire* (1754), iv.239.

seize autres Chinois, tant mandarins qu'esclaves, sortent de leurs habitations et se rangent sur les gradins. Tout cela forme huit rangs de danseurs qui, en se baissant et se relevant successivement, imitent assez bien les flots d'une mer agitée [...]

Tout le monde est d'accord qu'on n'a encore rien vu dans ce genre de plus singulier, de plus neuf, de plus surprenant, de plus fécond, de plus varié, de mieux exécuté.[22]

Avec les Slodtz, Boucher, Boquet, nous avons affaire à des artistes attentifs aux transformations qui s'opèrent sous leurs yeux dans l'esthétique du théâtre; ils ne se contentent jamais d'appliquer aveuglément les règles véhiculées par la tradition et de les réaliser dans de plates imitations: leur art est vivant, pas très inventif peut-être, mais ouvert sur les nouveautés et prêt à participer à leur construction. Leurs œuvres sont pleines de délicatesse et de nuances, d'intelligence quant au rôle que le décor doit jouer sur la scène; ils firent beaucoup pour lui donner de cette indépendance si nécessaire pour qu'ensuite il s'intègre plus complétement au spectacle dans son ensemble. C'est ainsi que le *Mercure* de février 1764 donne la description du palais aérien de Jupiter pour le dernier acte de *Castor et Pollux*; le tableau est de Boucher; une véritable atmosphère est créée, dont on imagine aisément la puissance tout à fait remarquable:

Une chaleur, un feu vaporeux règne tellement dans cette décoration, que tout est lumière [...] L'ordonnance des parties d'architecture est élégante, noble et céleste. La matière paraît en être de lapis surhaussé d'or. Mais plutôt, par un prestige singulier, la matière s'y distingue à peine: tout y est fondu, et tout y est distinct, en sorte que dans ce brillant ensemble, on ne voit, on ne sent que la divinité dont on peint le séjour.

iii. La recherche du naturel

Noverre, maître de ballets, est amené dans ses réflexions à ne pas s'occuper seulement des danseurs. Il abordera et développera dans ses ouvrages tous les problèmes de la scène; des danseurs, conscient qu'ils doivent former une unité, il passera à l'ensemble des acteurs; parmi ces acteurs, il compte les choristes trop longtemps considérés comme des meubles qu'on reléguait dans les coins et les figurants dont les habits engoncés et monotones avaient fini par lasser. Les mouvements comme les costumes devront s'intégrer aux décors – les mouvements par l'organisation d'espaces commodes avec des astuces souvent liées à des problèmes de perspective – les costumes par l'harmonie de leurs couleurs avec celles du reste de la scène. C'est par la danse, cet art plus que tous les autres à la recherche de son identité véritable, que les problèmes cruciaux de la scène seront abordés; elle est l'axe sensible d'où partent bien des innovations; art du mouvement, elle a besoin de trouver dans les espaces

22. *L'Année littéraire* (1754), iv.240.

qu'elle parcourt une certaine cohérence; elle est le lien nécessaire entre les différentes parties de la scène; bref, elle est créatrice d'harmonie. C'est à Noverre que revient le privilège d'avoir été le premier à chercher aussi complètement l'unité de la scène lyrique; il est parmi les novateurs, le premier maître d'œuvre véritable.

Les lois du costume s'étendent sur toutes les parties de la scène, sur tous les objets qui s'y montrent, sur tous les acteurs chargés des rôles, sur les comparses ou personnages muets que doivent l'embellir.

Les Décorations [...] doivent être préparées à recevoir les personnages que le Poète ou le Maître de Ballets y distribuent. Sans cet accord, rien n'est ensemble, tout est privé d'harmonie, rien ne s'entre-aide, tout se choque, se détruit, et tout, pour ainsi dire, devient antipathique.[23]

L'harmonie ainsi créée n'est pas seulement visuelle, elle prend son sens au fond du poème que le maître d'œuvre aura soin d'étudier. Cet homme aux facultés multiples, ce rassembleur de forces jusque-là dispersées, Noverre continue à l'appeler Maître de Ballets; mais n'est-il pas beaucoup plus que cela? Le Maître de Ballets doit avoir 'l'art de savoir distribuer les objets sur un plan ingénieux [...], les ranger dans la place que chacun d'eux doit occuper [...], [il doit avoir] le talent enfin de saisir l'idée première du Peintre et de subordonner toutes les siennes au fond que celui-ci lui a préparé'.

C'est de lui que dépend l'impression générale du tableau: il crée un bel ensemble. Pour atteindre à cette unité, il étudie avec méthode les moindres détails, attentif à ce que toutes les parties du spectacle convergent dans la même direction. Il faut, par exemple, créer une impression d'éloignement, vieux problème de la scène: pour ce faire, il corrige dans la *Forêt enchantée* ce qu'il appelle une 'faute grossière' de Servandoni qui pourtant était passé maître dans l'art des proportions. Dans ce ballet, on voyait au fond de la scène un pont plus petit, à cette distance, que les cavaliers passant dessus. Noverre imagine une forêt coupée de six routes parallèles aux spectateurs – avec le pont dans le lointain; la danse est divisée en six quadrilles composés chacun de personnages de plus en plus petits; chaque groupe se tient sur une route et apparaît successivement et, pour le dernier, il est composé d'enfants, qui eux seuls passeront sur le pont. Il inaugura cette technique dans le *Ballet des chasseurs*: 'Le public n'attribuait cette dégradation qu'à l'éloignement des objets et [...] s'imaginait que c'était toujours le premier quadrille qui parcourait les différentes routes de la forêt. La musique avait la même dégradation dans ses sons.'[24]

23. Noverre, *Lettres sur la danse et les arts imitateurs*, lettre XXI, 'Des costumes', p.182.
24. Jean Georges Noverre, *Théorie et pratique de la danse en général* (manuscrit de la bibliothèque de l'Opéra de Paris. De la main de Monsieur le chevalier de Berny), chap. 'De l'entente des couleurs' (pas de pagination).

Sans doute, l'illusion n'était pas complète, comme le souligne Grober en 1809. Cet auteur évoque l'opéra *Des Bardes* pour lequel 'des efforts' avaient été faits pour figurer l'éloignement: on avait également fait jouer des enfants; la marche en plus ralentissait progressivement, cependant il aurait fallu affaiblir aussi les couleurs, 'ce qu'on oublia de faire', écrit-il, et vus de loin les contours auraient dû paraître plus diffus au lieu de rester nets comme au premier plan. Grober conclut que l'effet avait été complètement raté.[25]

En effet, la technique est susceptible d'améliorations. Cependant, au dégradé des tailles, au dégradé des sons, Noverre ajoutait également le dégradé des couleurs, par exemple, pour les groupes jadis compacts et monotones des figurants: 'depuis le bleu foncé jusqu'au bleu tendre [...] depuis le rose vif jusqu'au rose pâle'. 'Cette distribution donne du vaste et de la netteté aux Figures; tout se détache et fuit dans de justes proportions; tout est svelte et vaporeux, tout enfin a du relief et se découpe agréablement de dessus les fonds.'[26] Les couleurs demandent un soin attentif, il faut composer avec elles, jouer de leurs caractéristiques, de leur valeur expressive, veiller à ce qu'elles ressortent bien sur la scène, par exemple que les draperies et les habillements tranchent bien sur l'ensemble du décor: 'Si dans une décoration représentant un temple ou un Palais or et azur, les vêtements de la Danse sont bleus et or, ils détruisent l'effet de la décoration et la décoration à son tour privera les habits de l'éclat qu'ils auraient eu sur fond plus tranquille.' Ainsi, si les décorations sont simples, les habits devront être riches, et leurs couleurs vives et brillantes; au contraire si l'imagination du décorateur s'est donné libre cours et a construit des décors pour des fêtes, ou un palais chinois rempli d'étoffes brillantes, il faudra des costumes simples avec des nuances entièrement opposées à celles qui priment le plus dans la décoration. L'harmonie du tableau général est au prix de ce travail, l'artiste devra respecter des règles qui n'ont rien à voir avec la nature. C'est cette esthétique-là, assez éloignée des conceptions sommaires sur la simplicité développées par Rousseau, qui finalement prévaudra. Dans le même chapitre, Noverre nous donne un exemple de ce qu'il demande à l'artiste:

Les habitants des Enfers tels qu'on les caractérise au théâtre empruntent les couleurs de leurs vêtements de toutes celles qui composent les flammes, tantôt le fond de leur habit est ponceau, ou couleur de feu, tantôt il est drappé de bleu-turc, de violet, et de jaune. Enfin le brun et le chair-brûlée est employé ainsi que le noir à former le nu du vêtement.

Dans ces conditions, il faut 'placer sur les parties obscures de la décoration les habits les moins sombres et [...] distribuer sur toutes les masses de clair,

---

25. *De l'exécution dramatique*, p.122.
26. Chap. 'De l'entente des couleurs'.

les vêtements les moins brillants de couleurs. De ce bon arrangement naîtra l'harmonie. La décoration servira de repoussoir au ballet.'

Les règles de composition, toutes en nuances pour créer la variété, première caractéristique sans doute du vrai naturel, n'ont pas grand-chose à voir avec la simple imitation. Il s'agit bien, pour le décor, pour les costumes, d'un véritable langage; le décorateur définit les moyens expressifs propres à son art: on n'imite pas la nature comme on ferait un décalque, ce que voudraient nombre de philosophes; on suggère, par le biais des décorations, et dans leur grammaire, les sentiments, les atmosphères que la nature avec ses moyens propres sait nous faire vivre. Le but est le même mais les routes sont différentes. La musique instrumentale avec Rameau principalement eut le même enrichissement; la danse avec Noverre prend cette direction également, avec cette différence, cependant, que les décors n'ont jamais été relégués à un rôle de plate imitation de la nature comme ces deux autres arts: ils ont toujours été le siège des complexités les plus savantes et le prétexte à tous les débordements et à tous les artifices; seulement, à présent, on désire que tout ce matériau signifie quelque chose, qu'il ait une valeur expressive cohérente, qu'il s'oriente, et que le sens de l'action représentée lui serve de mesure. Le naturel, revendication première de l'esthétique nouvelle, est le fruit d'un travail qui sait très bien utiliser à son profit les ressources sophistiquées mises autrefois au service de l'artifice. Il n'y aura pas véritablement de coupure entre deux époques mais, bien heureusement, une continuité qui permit à l'art du décorateur de conserver toute sa richesse et la grande variété de ses procédés.

Bien sûr, le simple vraisemblable n'était pas absent du souci des observateurs de cette seconde moitié du siècle. Le prince de Ligne dans sa *Lettre à Eugénie sur les spectacles* (1774) réclame des décors réels (p.90, 100):

On croit qu'avec un petit cordon de sonnette et une pendule, tout est dit. Je sais bon gré aux peinturlureurs de me faire de belles corniches, un salon magnifique, une place à belle fontaine, une maison en colonnes et une vue en péristyle; mais c'est ce que je remarque le moins.

Pourquoi, puisqu'on est si amoureux, à présent, du costume, ce mot qu'on répète si souvent, n'imagine-t-on pas de mettre tout uniment la scène dans une bonne chambre bien fermée et les acteurs causants autour de la cheminée. Cela aurait un air de vérité au moins [...] Je parie qu'on en viendra là [...]. Tous ces tapis verts m'ennuient, on veut dit-on, quelquefois leur faire jouer le gazon d'une place, c'est, je crois, que tout uniment on oublie de les ôter après la première pièce.

Algarotti, lui, veut plus de vérité dans les costumes: 'Les habillements devraient se rapprocher, autant qu'il est possible, de l'usage des temps et des nations qui sont mis sur la scène. Je dis, se rapprocher [...] car le théâtre permet une certaine liberté.'[27] Il ne s'agit pas non plus de faire preuve d'une minutie pédantesque qui pourrait être ennuyeuse, mais d'éviter les fautes grossières comme les amalgames ou les anachronismes. Une limite ne doit pas être franchie. La liberté permise au décorateur ne doit pas excuser 'des défauts qui blessent visiblement le costume et qui sont l'effet d'une ignorance profonde, tels que de voir les gens de la suite d'Enée, avoir une pipe à la bouche et porter des culottes à la hollandaise'. Il faudrait, selon cet auteur, que les décorateurs suivent les traces de Sangallo et de Péruzzi: 'On ne verrait pas sur nos théâtres un temple de Jupiter ou de Mars, offrir la ressemblance d'une belle église moderne, une place de Carthage être dans le goût d'une architecture gothique' (p.69, 70).

Noverre, lui aussi, réclame des personnages plus réels qui ressemblent plus à ceux de la réalité historique et géographique: il ne veut ni que le temple du soleil chez les Péruviens ou chez les Incas dans les *Indes galantes*, par exemple, soit représenté en style corinthien, ni que le peintre paysagiste chargé de représenter une forêt antique aille choisir dans son portefeuille parmi 'les études qu'il aura faites' et nous conduise tout droit à une des forêts les moins éloignées de son domicile. Pour figurer un jardin du Sérail,[28] il serait bon, également, de choisir ailleurs que dans nos plantes, nos fleurs et nos fruits et de ne pas y mettre notre symétrie. Quant au maître de ballets, il ne faut plus qu'il fasse danser de la même manière tous les peuples de la terre.[29]

Le naturel, c'est également le corps humain: il faut qu'on en voie mieux les formes et qu'il puisse s'exprimer en toute liberté; aussi Noverre supprime-t-il les tonnelets: 'Je ne voudrais plus de ces tonnelets raides, qui dans certaines positions de la danse placent, pour ainsi dire, la hanche à l'épaule, et qui en éclipsent tous les contours.' Il s'attaque aux paniers des danseuses, trop volumineux à son goût, qu'il diminuerait volontiers des trois quarts; 'ils font obstacle à l'exactitude des mouvements et à leur rapidité quand elle est nécessaire'; de plus: 'ils privent [...] la taille de son élégance, des justes proportions qu'elle doit avoir [...] ils enterrent pour ainsi dire les grâces'; et la danseuse est quelquefois plus sérieusement occupée du mouvement de son panier que de celui de ses bras et de ses jambes. Ces réflexions ne sont pas neuves; on sait, en effet, que Mlle Sallé avait dansé sans panier en 1734 à Londres, dans un *Pygmalion* de sa composition.[30] La liberté des corps, cependant, restera dans certaines limites: jamais la nudité ne doit se montrer, ni même son apparence; les danseurs restent couverts; leurs formes ne font que se deviner; le vêtement

27. *Essai sur l'opéra*, chap. 'Décorations', p.68.
28. Comme dans la Fête des Fleurs dans les *Indes galantes*.
29. Noverre, *Lettres sur la danse*, lettre XXI, p.183.
30. Voir p.162.

est chargé de les mettre en valeur. La vérité toute nue, ici non plus, n'intéresse guère l'artiste; Noverre dispose ses draperies comme on compose un tableau:

J'aimerais mieux des draperies simples et légères, contrastées par les couleurs et distribuées de façon à me laisser voir la taille du danseur. Je les voudrais légères, sans cependant que l'étoffe fût ménagée; de beaux plis, de belles masses [...] tout aurait l'air léger [...] voilà ce qui nous rapprocherait de la peinture et par conséquent de la nature.[31]

L'artiste refabrique la vérité; il n'est pas question de montrer la nature telle qu'elle est, mais d'agir sur les éléments qui la composent pour en faire une œuvre nouvelle; c'est ce que certains partisans du naturel à tout prix ne semblent pas avoir compris et Noverre tempête:

On a franchi aujourd'hui la ligne qui met une barrière entre le vrai et le faux, entre la décence et l'indécence; entre le goût et l'extravagance. Nos danseuses ont adopté le costume des Lacédemoniennes; elles sont presque nues; une gaze légère leur sert de jupes et les pirouettes sans fin soulèvent ces voiles légers et découvrent toutes les formes que la pudeur et l'honnêteté eurent toujours le soin de dérober. Le vêtement des hommes est tout aussi indécent; une espèce de petit jupon ne couvre que la moitié de la cuisse; les jambes et les bras et le corps imitent le nu; s'ils n'étaient pas vêtus élégamment, il me semblerait voir des garçons boulangers et des brasseurs livrés à leur travaux grossiers [...] Le goût et le génie ont éteint leurs flambeaux.[32]

A vouloir faire trop vrai, l'artiste entre dans le faux; le goût n'est sûrement pas la copie simple de la nature. Les artisans de la scène qui en renouvellent les règles à l'époque de Rameau et après sa disparition, ne dédaignent pas les accessoires; Favart, dans ses *Mémoires*, nous apprend comment le célèbre Garrick utilisait le fard, il rapporte un morceau de dialogue entre l'acteur et Lelio Riccoboni qui l'interrogeait:

– Monsieur, lui dit Lelio, est-ce Monsieur votre père qui a joué le vieillard?
– Non, Monsieur, c'est moi.
– Cela n'est pas possible! s'écria Lelio: il était tout ridé!
– Monsieur, répliqua le jeune Garrick en lui montrant plusieurs petits pots qui contenaient différentes couleurs, voici où je prends l'âge que je dois me donner, selon les rôles que j'ai à représenter: une teinture légère de carmin me donne la fraîcheur de la jeunesse; le cinabre me fait paraître plus mâle, et avec un peu d'indigo dont je me frotte le menton, j'ai la barbe vigoureuse d'un homme de trente cinq à quarante ans, je mêle un peu d'ocre au vermillon pour acquérir dix années de plus, et pour paraître décrépit, j'ajoute du safran; je me frotte de blanc d'Espagne les sourcils et le bas du visage, et avec ces petits pinceaux, je me fais des rides; alors, en mesurant ma voix, mon attitude et mon geste aux différents caractères, je tâche, autant qu'il m'est possible, de m'approcher de la vérité pour faire plus d'illusion.[33]

31. *Lettres sur la danse*, lettre XVII, p.136.
32. Lettre XXI, p.186.
33. Tome I, 3 novembre 1760.

12. Vers une meilleure définition du matériau scénique

Vérité, vraisemblance, illusion, fausseté, autant de termes au cœur même du débat: il faut les manier avec soin et nuances et surtout ne pas les opposer car leurs sens se mêlent en bien des points. Les machines et le merveilleux que nous avons évoqués n'ont jamais été renvoyés au vieux magasin: on continuera à les utiliser et le public les applaudira toujours. Cependant, on leur demandera de s'intégrer à la pièce, de participer à la cohérence de l'ensemble; Grimm avec son petit prophète n'est représentatif que des excès simplificateurs de certains philosophes en la matière, lorsqu'il fait dire à son personnage qui, paradoxalement, appartient au monde du merveilleux puisqu'il est transporté par les airs de sa Bohême natale à Paris:

Délivre-moi du genre puéril que tu appelles merveilleux lorsqu'il n'est merveilleux que pour toi et pour les enfants [...] Et je chasserai de ton théâtre et les démons et les ombres, et les Fées et les Génies et tous les monstres dont les Poètes l'ont infecté [...] Et je consacrerai ton opéra, comme celui des Italiens, aux grands tableaux et aux passions et à l'expression de tous les caractères, depuis le pathétique jusqu'au comique.[34]

Le merveilleux n'interdit pas la peinture des passions, c'est ce que savaient les hommes de la scène appartenant à la tradition française; les machines sont, d'autre part, très utiles pour les escamotages et les changements de décors; voudrait-on que l'on fasse comme en Italie selon ce que nous en dit Cochin? 'a-t-on besoin d'un rocher, d'une cabane au milieu du théâtre? Un homme l'apporte, la pose et l'appuie d'un étai; on voit ses pieds en dessous.'[35]

Mais surtout, ces machines sont très admirées; certes, leur usage peut être reconsidéré; certaines d'entre elles peuvent, sans doute, être moins souvent utilisées, ou peut-être carrément supprimées, comme le suggère le même Cochin:

On peut supprimer [...] celles qui sont superflues et qui ne servent qu'à produire des vols ou autres merveilles ridicules, qu'on ne voit plus qu'en haussant les épaules [...], ces petites descentes pitoyables d'un Dieu ou d'une déesse sur un petit monceau de nuages découpés en rond et attachés à quelques cordes, assurément il n'y aurait pas lieu de les regretter.

Voilà, pour lui, des 'miracles' que le goût nouveau n'admet plus guère, et il en donne la raison: une impossibilité technique:

C'est une suite nécessaire de l'impossibilité de nous cacher la corde [...] Je me souviens du vol de Phaéton; rien n'était plus ridicule que de voir quatre chevaux de carton dont les seize jambes brandillaient en l'air. Dans une autre pièce, on voyait les douze dieux pendus chacun à une corde qui continuait de vibrer pendant toute la scène.

Et de reprendre à son compte l'argument force:

34. Grimm, *Le Petit prophète de Boehmischbroda*, ch.19, p.39.
35. *Lettres sur l'opéra*, cinquième lettre, p.79-80.

Il faut convenir que de pareils objets ne sont propres qu'à amuser les enfants. Ce sont cependant ces misères qui occasionnent les machines les plus dispendieuses [...]. Tout cela est bon pour étonner des Paysans qui sortent de leur village; encore ne sera-ce que la première fois.[36]

Dans ces conditions, comment remplacer les vastes tableaux que les machines réalisent? Cochin lui-même, s'il s'insurge contre certaines d'entre elles, ne veut pas les supprimer toutes, car 'Les seules machines véritablement belles, ce sont ces palais ou ces grandes gloires qui remplissent toute la scène. C'est de toutes les choses qu'on a tentées à l'opéra, celles qui font vraiment un grand et bel effet.' Tout est question de mesure dans l'esthétique nouvelle qui s'installe; les positions extrêmes font long feu; il s'agit plutôt d'établir un bon usage du matériau dont on dispose. C'est ce que fait, par exemple, Chamfort: il rappelle les règles établies par les Anciens. D'après Horace, écrit-il, il existe trois sortes de machines, ou plutôt trois sortes d'interventions du surnaturel, et seule la première est admissible sur la scène: un dieu peut être présent devant les acteurs mais il faut que le nœud de l'action soit digne de sa présence, que ce ne soit pas une apparition gratuite et miraculeuse; Horace, explique Chamfort, rejette les machines incroyables, les métamorphoses, il veut qu'on les mette en récit et non en action; quant à l'absurde, évidemment il n'a aucune place sur la scène.[37]

Comme pour le reste du matériau scénique, on veut que l'emploi des machines ait un sens, qu'il soit ordonné et prenne place dans un ensemble. C'est là une première exigence. Cependant, les machines permettent d'aller plus loin que la nature; il s'agit de créer du naturel et non pas de l'imiter et, dans l'opinion qu'on en a alors, la principale caractéristique de la nature est la variété; or, les machines peuvent exprimer cette variété à un degré extrême que la nature elle-même est incapable d'atteindre: ici encore l'art surpasse la nature; les machines nous font pénétrer dans le monde du merveilleux, dans l'extrême variété que représentent les oppositions miraculeuses. Si Horace n'aime pas les métamorphoses, nombre d'observateurs d'art du dix-huitième siècle ne sont pas de son avis: aimer le surnaturel dans le spectacle lyrique, n'est-ce pas, finalement, l'effet d'un amour passionné des moyens de la nature que l'on pousse à l'extrême; on y ressentira la même admiration avec une puissance jamais éprouvée jusque-là; c'est ce que recherchent les véritables amateurs d'opéra, ainsi Du Frény:

L'opéra est un séjour enchanté; c'est le pays des métamorphoses; on y en voit des plus subtiles; là en un clin d'œil les hommes s'érigent en demi-dieux, et les déesses

---

36. *Lettres sur l'opéra*, p.82, 83.
37. *Dictionnaire dramatique*, article 'Machines'.

s'humanisent; là le voyageur n'a point de peine à courir le pays, ce sont les pays qui voyagent à ses yeux, là sans sortir d'une place on passe d'un bout du monde à l'autre, et des Enfers aux Champs Elysées: vous ennuyez-vous dans un désert affreux? Un coup de sifflet vous fait retrouver dans le pays des dieux; un autre coup de sifflet, vous voilà dans le pays des Fées.[38]

Du Frény aime beaucoup la mythologie, mais son point de vue peut être modifié, adapté aux exigences nouvelles, car cette variété et ces oppositions qu'il admire, ces voyages qu'il fait d'un paysage imaginaire à un autre, il est possible de les orienter quelque peu: on peut descendre de temps en temps sur la terre parmi nos semblables:

La variété embellit [...] notre drame lyrique. Le monde naturel et fabuleux s'y découvrent à nos regards. On y voit de simples mortels et des Héros; des guerriers et des Prêtres; des Bergères et des Princesses; des Nations entières et des Rois; des Démons et des Dieux; des Magiciens et des Enchanteresses; d'horribles déserts sont remplacés par des campagnes riantes; des jardins magnifiques sont changés tout à coup en des rochers arides, en des gouffres affreux; une sombre forêt est suivie d'un palais superbe; la nuit la plus obscure succède au jour le plus vif; l'enfer paraît dans des lieux où l'on admirait l'Olympe. A peine le spectateur a-t-il le temps de respirer, ses yeux sont à chaque instant frappés, éblouis par de nouveaux objets; son âme nage dans l'ivresse [...]. Lorsqu'il pourrait languir, lorsqu'il commence à s'accoutumer aux merveilles qu'on lui présente, la scène change, un spectacle différent se découvre, d'autres acteurs paraissent, et une nouvelle harmonie se fait entendre.[39]

Les procédés admirés par Nougaret sont les mêmes qui faisaient l'étonnement de Du Frény; il n'y a pas de différences essentielles entre les deux points de vue; ce qui flatte les yeux de ces deux observateurs c'est la rapidité des transformations, que l'on passe simultanément d'un paysage aux caractéristiques naturelles mais extrêmes, à un autre tout à fait son opposé; le naturel toujours mais exagéré, et puis accéléré. Cependant, il n'est jamais question de tomber dans l'absurde: chaque tableau est étudié pour créer une harmonie; ici aussi on exige la perfection: le but recherché doit être atteint sans faute.

Moulin, dans ses *Essais sur l'art de décorer les théâtres* (1760), exprime les voyages d'un spectateur et les sentiments que chaque décor lui inspire:

Je suis plein de respect que ce Temple m'impose
Ce Palais m'intimide et m'annonce autre chose.
[...]
Je suis glacé de peur dans cet antre effroyable.
Le Palais de Pluton me paraît formidable!
Son style est dur, barbare, et dans tout l'univers,
Il n'est aucun décor, qui convienne aux Enfers.

38. Durey de Noinville, *Histoire du théâtre de l'opéra en France*, 'Origine de l'opéra en France', p.12.
39. Nougaret, *De l'art du théâtre*, ii.207-208.

> Que de belles horreurs savamment composées!
> Avançons. Me voici dans les Champs Elysées.
> Qu'ils sont bien du repos le tranquille séjour!
> Des astres faits pour eux l'éclairent d'un beau jour.
> Je ne vois que Bosquets, que Campagnes fleuries
> Où le juste entretient ses douces rèveries.

Et il faut, pour Moulin aussi, de la rapidité et de la diversité:

> Quelle opposition! C'est un désert affreux,
> Précipices, Rochers, Reptiles dangereux,
> Tout est aride et sec (La scène est en Afrique).
> Changement opposé, le froid du pôle arctique
> A passé dans mes yeux. Ici des arbres verts
> Semblent par le Printemps affronter les Hivers
> L'Aquilon déchaîné dans ces climats sauvages
> Sur les Pins orgueilleux, fait d'horribles ravages.
> Quel effrayant Tableau, des arbres térrassés,
> Des Tonnerres suspendus autour des Monts Glacés
> [...]
> Autre désert: je suis dans une solitude.
> Le silence, l'ennui, la triste inquiétude,
> Le volontaire exil des Amours désolés
> Ont fixé leur séjour dans ces lieux isolés.[40]

On trouve de ces oppositions chez Rameau qui appréciait beaucoup chez ses librettistes les contrastes vigoureux. On a déjà évoqué l'admiration de Fréron pour le poème de *Castor*: 'il présente sans cesse de nouveaux objets [...]. La scène est tour à tour sur la terre, aux enfers et dans les cieux'.[41] Le livret d'*Acanthe et Céphise*, pour prendre un autre exemple, fait voyager le spectateur d'un lieu champêtre à des jardins enchantés (premier acte), dans un bois sacré (deuxième acte) et d'un désert affreux à un palais magnifique (troisième acte).

Plus vrais que la nature, ces tableaux doivent être complets, ne contenir aucune zone inachevée, aucun recoin oublié: toutes les caractéristiques qui peuvent entrer dans leur composition doivent s'y trouver rassemblées; on supprime les longs intermédiaires qui séparent les extrêmes que seuls on a soin de conserver. C'est un peu ce que font les architectes des jardins, ces autres décorateurs de la vie quotidienne ceux-là, mais si proches de ceux du spectacle: ils s'inspirent de la nature tout en faisant un tri. Algarotti prend l'exemple des jardins en Chine pour leur diversité; il voudrait que les décorateurs de théâtre les imitent:

Les jardiniers de la Chine sont comme autant de Peintres qui ne dessinent pas un Jardin

---

40. *Essais sur l'art de décorer les théâtres*, p.16, 17.
41. Fréron, *L'Année littéraire* (1754), ii.46.

avec cette régularité qui constitue l'art des bâtiments, mais qui prennent la nature pour guide et qui s'attâchent à ne l'imiter que dans son désordre et sans sa variété [...]

D'un côté ils vous épouvantent par une vue de précipices que l'art a formé et comme suspendus en l'air, par des cascades d'eau, par des cavernes et des grottes où il font jouer différemment la lumière, et de l'autre ils vous enchantent par des parterres fleuris, des canaux limpides, des îles éparses et des bâtiments élégants qui s'élèvent sur la surface des eaux. De la situation la plus horrible il vous font passer tout à coup à la plus délicieuse.[42]

On passe d'un extrême à l'autre sans trop se déplacer; tout est rassemblé; tout est contrasté. Le goût était aux jardins à l'anglaise, qui sont le désordre ordonné et dompté, aux fausses ruines, au style rocaille et Algarotti ne fait le détour de la Chine que pour nous vanter les paysages anglais (p.78-79):

Il n'est pas douteux que les Anglais n'aient pris des Chinois ce goût qui a rendu leur Kent et leur Chamber bien supérieurs à Le Nôtre, regardé jusqu'à présent comme le premier dans l'art de planter les jardins. La régularité française est bannie des campagnes d'Angleterre. Les plus beaux sites, ainsi que les plus affreux, paraissent toujours naturels. Le gracieux s'y mêle indistinctement avec le sauvage et le désordre qui y règne provient cependant de l'art le mieux entendu.

Il est plusieurs moyens d'utiliser la nature et de faire œuvre nouvelle à partir de ce qu'on y a choisi, de pousser à l'extrême ce qu'on y a observé. Le Nôtre, cartésien, y recherche le chiffre exact, les lois de la géométrie – et comme les artistes de son siècle, celles de la symétrie qui sont bien dans la nature pour l'observateur scientifique; la seconde moitié du dix-huitième siècle préfère à cette régularité trop mathématique un désordre choisi dont les éléments lui sont fournis par la nature également. A partir d'elle, chaque époque construit à sa manière, mais la source reste la même.

Hannetaire, ancien directeur des spectacles de la cour de Bruxelles, s'exclame:

Oh! Mais la nature! S'écrie-t-on sans cesse; n'écoutez, ne suivez que la nature [...] C'est là le refrain ordinaire qu'on semble répéter par écho, la nature... Mais vraiment c'est ne rien dire; on ne doute point qu'il ne faille suivre la nature, puisqu'elle est le principe général de tous les arts. Dites plutôt comment il faut s'y prendre pour la suivre, indiquez-en les vrais moyens, et cela vaudra mieux qu'un précepte vague, plus imposant que lumineux, surtout aux yeux d'un commençant.[43]

La réponse que donne l'esthétique qui se définit alors n'est certainement pas qu'il faut pour suivre cette nature en faire la copie exacte, même si cela semble l'avis de certains penseurs; la réflexion vaut pour la comédie comme pour

---

42. *Essais sur l'opéra*, p.78.
43. Jean Nicolas Servandoni d'Hannetaire, *Observations sur l'art du comédien* (Paris 1776), lettre III, p.59-60.

l'opéra; ce n'est pas la peine de reproduire le quotidien, c'est le cadre de notre vie; au théâtre on veut être ailleurs ou, au moins, voir quelques règles transformées:

La comédie [...] c'est la représentation de ce qui arrive tous les jours (disent les gens d'esprit). Oui, mais si nous le sommes, nous ne valons plus la peine qu'on paie pour nous voir. Il n'y a rien de plus naturel que les tableaux ordinaires de la société. Personne n'y rit cependant [...]. Calculons. Voilà l'éloignement de l'Optique, voici la hauteur des planches. Qu'on étudie les effets et les causes sans les exagérer.[44]

L'artiste calcule, étudie les effets, les proportions; suivre la nature, c'est moins la prendre pour modèle que de lui faire concurrence; l'art va plus loin que la nature, il veut faire mieux qu'elle, il la corrige; Moulin nous l'explique en alexandrins:

> Tel est l'art musical, que guide un beau génie
> En plaçant les accords, fait valoir l'harmonie,
> Tel l'art de décorer dirige ses portraits.
> Rival de la nature, il embellit ses traits;
> Il connaît tous les temps, les lieux et les usages.
> Il sait, en variant leurs fidèles images
> Appliquer la justesse aux incidents divers
> Et poétiquement embrasser l'univers.[45]

L'art doit embellir la nature; le naturel au théâtre est toujours le produit d'un choix, et pas seulement pour respecter les règles de la bienséance, mais pour atteindre plus sûrement son but qui est d'émouvoir; on savait que la nature dans sa banalité est beaucoup moins porteuse d'émotion, que le travail de l'artiste qui aura su en isoler les éléments les plus expressifs et les présenter dans leurs caractéristiques les plus touchantes: 'nous désirons', nous dit d'Hannetaire, 'que les Comédiens n'aient pas les défauts dont ils entreprennent de nous offrir l'image; que souvent la copie nous charme, tandis que l'original nous serait désagréable, et qu'un homme qui se présenterait ivre sur la scène, serait mal reçu même en y jouant un rôle d'ivrogne'.[46]

Le goût est une question de modération; le prince de Ligne juge nécessaire de le rappeler, comme Noverre l'avait déjà fait, devant certains excès auxquels ils assistaient:

Du goût! du goût! C'est le dieu de tous les théâtres. Hors du goût, point de salut. Plutôt du goût que du jugement. Je m'explique. Il est très sûr qu'exagéré sur tout, comme est le temps présent et fou de ce mot costume qui dure depuis si longtemps en Italie, et

---

44. Prince de Ligne, *Lettres à Eugénie*, p.105.
45. *Essais sur l'art de décorer les théâtres*, p.7.
46. *Observations sur l'art du comédien*, p.91; c'est un argument que reprendra Diderot dans son *Paradoxe du comédien*.

que les Français sont si aise de savoir depuis assez peu de temps, pour le fourrer partout, on exige que les villageois ayent l'habit du village. Mais cet habit est de drap les dimanches et de toile les jours ouvriers, hiver ou été. Mais ces maréchaux, ces serruriers sont si noirs qu'ils feraient peur aux enfants. Mais ces braconniers sont dégoûtants de pluie et de sueur; mais ces laitiers sont crottés [...]. Il faut prendre un juste milieu entre cette trop grande vérité et l'air dame ou damoiseau: mais embellir autant qu'on peut ce genre-là.[47]

Encore faut-il que cette transformation de la nature ne se voie pas; paraître naturel est le fruit d'un travail méticuleux et savant, mais tout ce calcul doit rester invisible. L'artiste ne fait rien au hasard; la simplicité qu'il nous montre repose sur la plus grande complexité; l'émotion 'vraie' que l'on éprouve est le résultat d'artifices ingénieux; l'abandon même où l'on croit voir les objets sur la scène est l'effet d'une disposition longuement étudiée: 'L'art est de savoir déguiser l'art,' écrit Noverre (c'était l'avis de Rameau quant à la composition) et il poursuit: 'Je ne prêche point le désordre et la confusion, je veux au contraire que la régularité se trouve dans l'irrégularité même.'[48] C'est la conception même que s'en fait d'Hannetaire: 'le vrai talent est de cacher l'art qui soutient la nature; et [...] enfin, il n'y a jamais plus d'art, que dans les choses où l'art même paraît le moins'.[49]

De toutes ces réflexions que nous venons de faire sur le travail du décorateur aussi bien que sur celui du costumier qui souvent se confondent, il apparaît que ces artistes ont acquis dans la réalisation de l'œuvre lyrique une importance nouvelle qui va devenir, avec Noverre, primordiale. Alors qu'au début du siècle encore on ne demandait au décorateur que des peintures (il lui suffisait d'être peintre et puis c'était tout), il est en train de devenir un véritable metteur en scène et ses compétences vont donc s'élargir considérablement:

> Le vrai décorateur, outre la mécanique
> Doit réunir les Arts de Peinture et d'Optique.
> Industrieux, profond, actif, organisé,
> De l'amour de l'étude il doit être embrasé.[50]

Tous ses talents, il devra les mettre à contribution pour exprimer par les moyens propres de son art l'esprit de la pièce dont il lui faut réaliser la partie tangible;

---

47. *Lettres à Eugénie*, p.162-63.
48. *Lettres sur la danse et les arts imitateurs*, lettre XII, p.92. La recherche du vraisemblable passe par la modération et l'observation intelligente de la nature: 'On a poussé trop loin', écrira encore le prince de Ligne, 'on a chargé des tableaux de vraisemblance qui ont cessé de l'être à force de vouloir en avoir l'air. On a voulu être vrai, on a été minutieux. On a voulu être en action, on a été ridicule.' Il affirmera également avec raison: 'Le simple est presque en tout plus difficile que le composé, l'artificiel et la charge' (*Lettres à Eugénie*, p.159, 172).
49. *Observations*, p.61.
50. Moulin, *Essais sur l'art de décorer les théâtres*, p.2.

il étudiera donc l'inspiration du librettiste et celle du compositeur; il donnera à son œuvre l'orientation qu'il aura observée chez ces deux artistes. Les décorations enrichies tant sur le plan technique qu'esthétique augmentent leur valeur expressive; il est donc légitime qu'elles prennent en même temps une place égale aux côtés des autres arts de la scène. La définition de l'art du décorateur, qui s'affine, se précise, dans cette seconde moitié du siècle, entre pour une bonne part dans celle du spectacle lyrique dans son ensemble: elle contribue à la rendre possible et à donner à ce théâtre l'unité qui lui manque encore. Noverre, maître à danser, fut aussi un grand innovateur en matière de décoration: il y fut amené, logiquement, en voulant aller jusqu'au bout de son art initial, celui du mouvement; il sera de ce fait le rassembleur attendu des arts de la scène, si nécessaire dans la réalisation de l'œuvre.[51]

Laissons le dernier mot à Cahusac, grand collaborateur de Rameau, librettiste, spécialiste de la danse qui, plus que tout autre, avait le regard vaste, attentif aux problèmes de l'opéra. Son article 'Décoration' de l'*Encyclopédie* illustre pour une bonne part tout ce que nous avons pu dire sur le sujet:

La décoration à l'opéra fait une partie de l'invention. Ce n'est pas assez d'imaginer des lieux convenables à la scène, il faut encore varier le coup d'œil que présentent les lieux, par les décorations qu'on y amène. Un poète qui a une heureuse invention, jointe à une connaissance profonde de cette partie, trouvera mille moyens fréquents d'embellir son spectacle, d'occuper les yeux du spectateur, de préparer l'illusion. Ainsi, à la belle architecture d'un palais magnifique ou d'une place superbe, il fera succéder des décors arides, des rochers escarpés, des antres redoutables. Le spectateur effrayé sera alors agréablement surpris de voir une perspective riante coupée par des paysages agréables prendre la place de ces objets terribles. De là en observant les gradations, il lui présentera une mer agitée, un horizon enflammé d'éclairs, un ciel chargé de nuages, des arbres arrachés par la fureur des vents. il le distraira de ce spectacle par celui d'un temple auguste: toutes les parties de la belle architecture des anciens rassemblées dans cet édifice formeront un ensemble majestueux; et des jardins embellis par la nature, l'art et le goût, termineront d'une manière satisfaisante une représentation dans laquelle on n'aura rien négligé pour faire naître et pour entretenir l'illusion.

51. Voir p.168ss.

134

IV

La danse

13. La danse: au cœur de l'œuvre lyrique

LA France a toujours été le pays de la danse. L'opéra du dix-huitième siècle a
son origine lointaine dans le ballet de cour des seizième et dix-septième siècles
que Lully travailla à intégrer au spectacle lyrique, assurant ainsi la continuité
de la tradition. Après la disparition de ce compositeur, l'opéra-ballet, s'affran-
chissant de règles jugées trop strictes, est un retour au ballet de cour avec
comme seule véritable différence que les entrées se rattachent à un sujet
commun. Ainsi, l'*Europe galante* de Campra et La Motte fut en 1697 le premier
opéra-ballet; le spectacle propose de montrer comment les différentes nations
européennes conçoivent l'amour: dans le premier tableau consacré à la France,
on fête la victoire de la contenance dans un hameau entouré de bocages; c'est
la nuit, sur une place publique en Espagne, pour le deuxième tableau; les
masques tombent, en Italie, dans la troisième entrée, et on accède ainsi à la
sincérité; enfin, la quatrième entrée nous transporte en Turquie dans les jardins
d'un sérail, et c'est l'amour passion... Le thème commun ne donne, en fait,
qu'une apparence d'unité: il est surtout prétexte à musique et à danses; le
poème est tout à fait secondaire; l'action est réduite au strict minimum. L'opéra-
ballet puis la pastorale héroïque marqueront le style Régence; on y passe de la
grande stabilité du spectacle lullyste à une spontanéité toute nouvelle; le public,
en effet, s'est lassé des tensions dramatiques trop fortes; la mode est aux pièces
courtes, aux fragments, morceaux d'opéras différents que l'on présente l'un à
la suite de l'autre sans s'occuper de l'action: on ne veut plus que des divertissements dansés, et peu importe que le souci de Lully ait été de les intégrer au
drame. L'opéra-ballet, lui-même, sera raccourci, réduit: de cinq actes on
passera à trois, ensuite on ne fera plus que des actes de ballet.

Campra est le principal représentant de ce style post-lullyste, avec les *Fêtes
vénitiennes*, en 1712, le *Bal interrompu*, en 1715 et, en 1718, le *Ballet des âges*,
qui comporte trois entrées: la jeunesse ou l'amour naissant, l'âge viril ou l'amour
coquet, la vieillesse ou l'amour languissant; il deviendra, en 1730, directeur de
l'opéra. Rameau, quant à lui, s'inscrira dans la ligne de ses prédécesseurs; c'est
à La Motte qu'il fera d'abord appel pour le livret des *Indes galantes*, celui-ci
refusera; peut-être devons-nous nous en féliciter: avec Fuzelier, cet opéra-
ballet devient beaucoup plus qu'un simple divertissement: tout en faisant à la
danse la place qui lui revient dans cette sorte de spectacle, les auteurs retrouvent
le ton de la tragédie lyrique; Lully et Quinault n'ont pas été oubliés, l'intérêt
dramatique est de nouveau au premier plan, surtout dans l'acte des *Incas*, si

admiré par Voltaire avec le dialogue entre Huascar et Phani, l'adoration du
Soleil et le récitatif final d'Huascar. Avec Rameau, la danse ne signifie plus
seulement légèreté et goût pour la fête comme au temps de la Régence; elle
s'intègre à nouveau à l'ensemble de l'œuvre, laissant leur place aux autres modes
d'expression et surtout à la poésie dramatique des récitatifs. Finalement, le fil
n'a pas été rompu, qui lie les œuvres de Rameau à leur ancêtre, le ballet de
cour; la danse est le point commun à toutes les sortes de spectacles qui se sont
succédé; elle fait partie de la définition même de l'opéra français; on n'imagine
pas un spectacle lyrique en France au dix-huitième siècle sans ces danses qui
en sont, sans aucun doute, une des principales caractéristiques; Algarotti le
soulignera encore en 1773:

> il faut laisser au Français le talent de la Danse [...] aucune nation ne peut le leur
> disputer, ni même les égaler: aucune n'a mis autant de soin pour s'y perfectionner [...].
> L'art de la chorégraphie, né parmi eux à la fin du seizième siècle, a fait dans ces derniers
> temps des progrès surprenants. Il a créé les ballets de *La Rose*, d'*Ariane*, de *Pygmalion*.[1]

Remarquons que deux des ballets cités par Algarotti, *La Rose*, entrée des
Indes galantes, et *Pygmalion* sont de Rameau, qui joua un rôle important dans
l'enrichissement de l'art chorégraphique. Le monde de la danse à l'époque de
Rameau connaît, en effet, d'importantes transformations qui vont contribuer à
l'évolution du spectacle lyrique dans son ensemble. Les gens du métier explorent
les possibilités de cet art et en découvrent toujours de nouvelles; comme on
l'avait fait pour le poème lyrique et surtout pour la musique instrumentale, on
définira les moyens expresssifs propres à la danse. A mesure qu'on en créera
de nouveaux, qu'on les nuancera, qu'on les affinera, on se rendra compte à
quel point Lully et Quinault avaient raison: la danse n'est pas un simple
divertissement, il faut qu'elle s'intègre au reste du drame, à sa manière et sans
perdre ses caractéristiques qui font qu'elle représente si bien le goût français.
C'est ainsi que la danse tiendra une place de plus en plus importante dans le
spectacle lyrique et dans la définition même du genre, et cela d'autant plus
profondément qu'on lui découvrira des possibilités expressives nouvelles.

Comme le public réclame de plus en plus de spectacles dansés, le ballet,
progressivement, depuis le début du siècle, tend à supplanter la tragédie lyrique;
et l'œuvre de Rameau suit ce mouvement général. Cependant, l'esprit léger de
la Régence dont tout le dix-huitième siècle restera imprégné, le goût pour la
fête, ne sont pas incompatibles avec les recherches purement esthétiques de
certains créateurs, et la danse dans le goût français restera toujours l'occasion
d'une détente. 'Le public', écrit Jean Starobinski, 'souhaitait que chaque acte

---

1. *Essai sur l'opéra*, p.67.

[...] amenât sa fête, c'est-à-dire ses troupes dansantes, son spectacle dans le spectacle. Dans l'univers allégé de l'opéra, le ballet introduit une légèreté au second degré.'[2] La danse s'adresse plus aux sens qu'à la raison; elle permet toutes les magies, et ouvre les portes du monde du merveilleux indispensable au spectacle lyrique français.[3] L'esprit raisonnable et tristement sérieux de certains philosophes condamna cette liberté prise sur la vraisemblance; les excès acrobatiques que l'on doit à l'influence de l'Italie agacèrent beaucoup de critiques; Rameau se contenta d'observer; il ne prit aucune position partisane et travailla avec le matériau mis à sa disposition par son siècle. On lui reprochera de s'être trop donné à la musique de danse sans comprendre qu'il avait vu que cet art, comme la musique instrumentale pure, était un des domaines sensibles, s'il en fut, par où le spectacle lyrique se transformait le plus, où résidait l'avenir de l'opéra à la française. Rameau ne va jamais contre le goût général qui a toujours une raison d'être, il l'approfondit et cherche de quoi il est fait pour l'amener aux limites de ses visées inconscientes. Collé, qui ne manque pas une occasion de dénoncer 'la fureur que l'on a aujourd'hui pour les ballets et le dégoût que l'on a pour la tragédie' et qui tâche de l'expliquer par la médiocrité des interprètes et notamment des récitants (*Journal*, i.52, 53), est cependant sensible à la nouveauté où elle se trouve; il se méfie des modes qu'il juge suspectes et qu'il condamne systématiquement mais, comme son siècle, finale-ment, il sent où le cœur du spectacle lyrique est en train de battre. Devant un événement tel que la représentation du *Ballet chinois* de Noverre en 1754, il est bien obligé d'admettre que quelque chose d'important s'est passé (i.428):

Je n'aime point les ballets, et mon aversion pour la danse est même infiniment augmentée depuis que tous les théâtres sont infectés de ballets; mais j'avoue que ce ballet chinois est singulier, et qu'au moins par sa nouveauté et le pittoresque dont il est fait, il a mérité une partie des applaudissements outrés qu'on lui a donnés.

C'est un nommé Noverre qui a dessiné ce ballet; c'est un jeune homme de 27 à 28 ans. Il me paraît avoir une imagination étendue et agréable pour son métier; il est neuf et abondant, varié et peintre; ce n'est point par les pas ni par les entrées qu'il a plu, c'est par les tableaux diversifiés et nouveaux qu'il a eu cette prodigieuse réussite.

S'il y a un homme qui puisse nous faire sortir de l'enfance où nous sommes encore pour les ballets, ce doit être un homme comme ce Noverre.

i. Les deux sortes de danses au temps de Rameau

Si le public contemporain de Rameau dans son ensemble est si passionné pour la danse c'est, certes, parce qu'il sent que ce domaine de l'art est en pleine

2. Jean Starobinski, *L'Invention de la liberté* (Genève 1964), p.95.
3. Cahusac écrit dans l'article 'Ballet' de l'*Encyclopédie*: 'Quinault avait senti que le merveilleux était le fond dominant de l'opéra [...]. Pourquoi ne serait-il pas aussi le fond du ballet?'

transformation, mais c'est aussi parce que depuis quelques années la danse à la mode italienne a envahi la scène lyrique française. Lully, autrefois, avait acclimaté la danse vive italienne à la tradition française; il y avait, entre autres, ajouté l'expression pour que cette danse qui ne signifiait rien par elle-même devînt pantomime. Mais au temps de la Régence Lully n'est plus là pour endiguer les influences étrangères. La danse vive ou la danse haute, comme on l'appellera aussi, fait partie de l'esthétique italienne: comme on y aime les acrobaties vocales, les coups de gosier, on recherche également, pour les divertissements dansés, des effets de jambe frappants. Les danses en Italie sont de purs délassements; elles viennent couper l'action sans chercher à jamais s'y intégrer; elles sont des morceaux de spectacles à part souvent tirés d'une autre œuvre: les Italiens prennent parfois, de cette manière, des airs de danse de Rameau pour les placer entre deux actes; toute expression de pantomime en est exclue: il ne s'agit pour les danseurs que de montrer leur adresse et de se faire applaudir. Les critiques, souvent sévères, ne nous permettent guère de nous représenter avec beaucoup de précision à quoi ressemblait cette danse haute mais, plus que les éloges peut-être, à cause de l'énergie que les auteurs y mettent, elles peuvent donner des indications intéressantes.

Le 15 juillet 1739, dans ses *Mémoires*, le marquis d'Argenson relate l'arrivée à l'opéra de la Barbarina, toute jeune alors, et fraîchement débarquée d'Italie: 'Elle saute très haut, a de grosses jambes, mais danse avec précision. Elle ne laisse pas d'avoir des grâces dans son dégingandage.'[4] Danser très haut exige de l'adresse; danser avec précision demande du travail; s'il lui reconnaît quelques grâces, tous ces exercices savants flattent peu un esprit attaché à la tradition lullyste; et il enchaîne en ces termes:

Notre danse légère, gracieuse, noble et digne des nymphes, va donc céder la place à un exercice de bateleurs et bateleuses, pris des Italiens et des Anglais. Ainsi a dégénéré et dégénère tous les jours notre musique céleste de Lully. L'artiste l'emporte sur l'homme de goût, le mérite de la difficulté surmontée donne vogue aux productions étrangères, et nous cédons sottement le pas dans les arts, dont nous sommes si hautement en possession.

Le travail, la performance, entrent en lice avec la noblesse et la dignité; l'esprit aristocratique de la danse française se sent agressé par ces nouvelles valeurs et les foules applaudissent les fruits d'un travail méthodique, tandis que se désolent les vieux lullystes. Il s'agit bien là de deux conceptions bien différentes de l'art, l'une plus attachée aux efforts de l'artisan, l'autre – tout étant donné par nature – où règne la facilité, où il faut savoir tout sans avoir

---

4. Marquis d'Argenson, *Journal et mémoires* (Paris 1859-1867), 15 juillet 1739.

jamais rien appris. C'est surtout le parterre qui réclame la danse haute; ce n'est pas pour rien qu'on appelle danse noble la danse de tradition française.

Cependant, il pourrait sembler vain de condamner un mouvement de goût si largement répandu; le travail d'un créateur est plutôt de tâcher de concilier ce qui peut paraître des positions extrêmes. Telle fut l'attitude de Rameau qui sut se plier aux événements; il n'était pas maître de ballets comme Lully mais on observe dans ses œuvres le souci qu'il avait de composer avec la nouveauté. C'est dans les *Fêtes d'Hébé* que la jeune Barbarina fit son entrée tant à la cour qu'à la ville. Le *Mercure* nous en fait la relation (août 1739, p.1849):

Melle Barbarina, jeune danseuse de Parme qui n'a pas 16 ans accomplis, attira un très grand concours par une entrée qu'elle dansa avec beaucoup de grâce et plus encore de jeunesse et de légèreté. Elle passe à l'entrechat à huit [...] et son caractère de danse est dans celui de Melle Camargo.

Dans ce même spectacle, elle dansa un pas de deux avec un autre Italien, le danseur Rinaldi Possano, de Naples, qui fit, nous dit Parfaict, pendant deux ans le plaisir de Paris et de Versailles. Il s'agit là d'un événement avec lequel dorénavant il va falloir compter:

Les personnes de goût eurent beau s'élever contre ces divertissements qu'ils trouvaient peu convenables à un spectacle aussi grave que celui de l'A.R.M., leur sentiment ne put prévaloir. Ces danses dont l'usage était presque inconnu en France ne cessèrent d'attirer par leur nouveauté une foule de spectateurs et l'emportèrent sur les pièces les plus intéressantes, sur le plus grand cothurne et sur ce que l'opéra a de plus noble et de plus grave.[5]

La danse haute est plus spectaculaire que la danse de tradition française, appelée 'plate' pour marquer nettement la différence; elle offre un plaisir facile dont les sauts font la part principale. Les esprits délicats, attentifs aux nuances, à la finesse du geste que prolonge le pli du vêtement n'apprécient guère la vivacité qu'ils jugent excessive de tous ces exercices gymnastiques; ils n'y voient que froides exhibitions vides de toutes émotions, incapables de suggestions, vains étalages d'adresse et de sueur dépourvus de toutes significations. La gratuité des performances de la danse haute ne peut satisfaire le goût classique pour qui l'art est toujours imitation et langage; que l'on travaille à enrichir ce langage est tout à fait légitime, mais qu'on s'adonne à l'agitation pure ne peut être admis que par les foules du parterre; l'opéra n'est pas la foire. La danse haute est méprisée par l'esthétique traditionnelle parce qu'elle n'est signe de rien; pour cette même raison, la musique instrumentale avant Rameau semblait vide. Un autre motif de condamnation est son manque de modération si peu en rapport avec la danse noble: on ne pardonne pas de voir des femmes danser

---

5. *Histoire de l'Académie royale de musique*, 21 mars 1739.

comme des hommes; on juge indécents tous ces sauts qui soulèvent les étoffes; l'effort, lui-même, parce qu'il ressemble trop aux grimaces de la réalité toute nue, déplaît profondément aux spectateurs raffinés venus à l'opéra pour oublier quelque peu les lois de la pesanteur; et aller jusqu'au bout de ses possibilités physiques est contraire à la mesure qui règne sur l'art classique français. Dans ces conditions, cette danse haute est-elle encore de la danse? 'Cette danse à laquelle on trouve tant de charmes, est-elle autre chose, dans le fond, que des cabrioles à perdre haleine, des sauts indécents qui ne devraient jamais recevoir l'applaudissement des personnes honnêtes?'[6]

Le comte Algarotti écrit ces lignes en 1773; la danse haute continue sa carrière à travers le siècle, malgré le mécontentement des gens lettrés et des critiques; le public l'apprécie toujours et Cochin, par exemple, en 1781, proteste encore mais n'espère plus:

D'ailleurs, il se pourrait que dans la suite les danseuses voulussent se persuader que ce n'est pas dans la difficulté surmontée que consiste le vrai talent de plaire. Mais pendant longtemps encore, la pirouette sur un pied, ainsi que les éclats de voix qui ressemblent à des cris, resteront en possession d'arracher les applaudissements tumultueux du parterre, et nous avons peu d'espérance de voir le goût s'épurer à cet égard.[7]

Rameau composa avec les deux sortes de danses; son souci premier était évidemment d'intégrer les parties dansées de ses œuvres au reste du spectacle et de favoriser par sa musique de danse les exigences nouvelles de variété et d'expression; mais on trouve chez lui des ballets moins ambitieux comme, par exemple, *Zaïs*, ou *Naïs* ou encore *Acanthe et Céphise*, trois pastorales héroïques de valeur dramatique assez faible où les danseurs pouvaient plus librement qu'ailleurs se consacrer au pur plaisir de la danse. D'autre part, s'il ne choisissait pas les interprètes de ses œuvres, s'il ne participait guère directement à leur réalisation scénique, au moins s'accommoda-t-il de tous les titulaires qui se trouvaient à l'Académie royale de musique; il composa même tout spécialement pour la Barbarina un air nouveau lors de la reprise de *Dardanus* en 1744.[8] Dans les années trente se trouvaient alors sur la scène lyrique deux danseuses qui représentaient assez bien les deux styles de danses: pour la danse haute, Mlle Camargo, sur laquelle le marquis d'Argenson écrit dans ses *Mémoires*: 'Nous voyons déjà que Camargo a appris chez les étrangers les sauts périlleux qu'elle a reproduits chez nous',[9] et Mlle Sallé qui fera beaucoup pour donner à la danse noble une énergie nouvelle, une liberté plus grande ainsi que le réclamait le siècle. Ces deux danseuses ne sont pas véritablement des rivales; elles

6. Algarotti, *Essai sur l'opéra*, p.64.
7. *Lettres sur l'opéra*, deuxième lettre, p.33.
8. Malherbe, *Commentaires*, sur *Dardanus*.
9. *Journal*, 15 juillet 1739.

procurent chacune des plaisirs différents et complémentaires; on les trouve toutes deux dans les œuvres de Rameau. Un passage de la *Nécrologie des hommes célèbres* de 1771 résume assez bien la situation:

Notre siècle qui devait être celui de la danse, trop ignorée jusque-là, avait donné à Mlle Camargo une rivale bien plus redoutable que la Dlle Prevost; la Dlle Sallé, si célébrée par les plus illustres et les plus aimables de nos poètes; il fallut lui céder l'empire des grâces simples, tendres, douces et modestes; mais il restait dans l'art de la danse une assez vaste carrière pour que Mlle Camargo soutînt sa haute réputation à côté de Mlle Sallé.[10]

C'est la Camargo qui réussit en 1730 pour la première fois l'entrechat quatre, exploit jusque-là réservé aux hommes',[11] ce qui fit écrire à Voltaire dans le *Temple du goût* qu'elle est la première qui ait dansé comme un homme.[12] Elle se rendit, d'ailleurs, célèbre en remplaçant un soir le sieur Dumoulin, premier rôle en solo, qui était en retard. Elle n'était alors que figurante sous l'autorité jalouse de Mlle Prévost; il lui fallut s'échapper et, sans prévenir, improviser le pas du danseur, exercice d'où elle se sortit fort bien et qui mérita l'enthousiasme des spectateurs. Boissy fait son éloge dans une comédie, les *Etrennes* ou la *Bagatelle*:

> Pour les entrechats
> Et les caprioles
> Pour les entrechats
> Tout lui cède le pas
> Jamais si juste et si haut
> Personne n'a fait un saut.

Il l'oppose à Mlle Sallé sur laquelle il écrit dans la même comédie:

> Pour l'air noble et décent
> Pour la danse légère
> Pour l'air noble et décent
> L'autre est un modèle charmant.
> Prodige de notre âge
> Elle est jolie et sage.
> Le vertu lou-la,
> Danse à l'opéra.[13]

Chacune avait sa place, et l'avenir probablement tiendra compte des deux styles avec lesquels il serait judicieux de composer; les deux sont admirables, menés avec talent; c'est ce que pense Voltaire lorsqu'il écrit:

10. Arthur Pougin, *Pierre Jélyotte et les chanteurs de son temps* (Paris 1905), p.149.
11. Mlle Lany les battra à six et on a vu que la Barbarina les battra à huit.
12. Dans Philippe Beaussant, *Rameau de A à Z* (Paris 1983), p.77.
13. Pougin, *Pierre Jélyotte*, p.136.

Ah Camargo que vous êtes brillante!
Mais que Sallé, grands Dieux est ravissante!
Que vos pas sont légers et que les siens sont doux!
Elle est inimitable et vous êtes nouvelle!
Les Nymphes sautent comme vous,
Et les grâces dansent comme elle![14]

Noverre lui-même, qui continuera le travail commencé par Mlle Sallé pour enrichir la danse noble, reconnaît en la Camargo la légèreté qui la fit si célèbre. Dans leur *Histoire du théâtre de l'opéra*, les auteurs Noinville et Travenol réunissent eux aussi les noms des deux danseuses:

Françoise Prévost, admirable danseuse, qui a brillé sur le théâtre pendant plus de 25 ans mourut à Paris au mois d'octobre 1741, et a été remplacée par les Demoiselles Sallé et la charmante Camargo, qui, depuis plusieurs années, a fait les délices de ce théâtre pour la danse haute.[15]

On trouve la Camargo dans l'interprétation des œuvres de Rameau jusqu'en 1749 et Mlle Sallé jusqu'en 1740; elles sont les têtes de file de deux courants que les réalisations des œuvres de ce compositeur durent satisfaire. Le goût spécifiquement français se voit dangereusement menacé par une mode étrangère qui contrairement aux autres modes n'est pas qu'un simple feu de paille: cette vogue pour l'exubérance et l'immodération persiste, et cela probablement parce qu'elle est servie par des talents véritables. La danse française saura-t-elle apprivoiser cette force qui tâche de la réduire au vieux magasin? Il faudra composer avec ces exigences nouvelles de plus de liberté dans les gestes, de plus de variété, de plus de naturel surtout. La danse noble peut-elle intégrer tout cela? Mlle Sallé fut la première à travailler dans ce sens; Rameau contribuera pour sa part, comme compositeur, à enrichir les parties dansées; mais avant de nous pencher sur ces deux novateurs et sur ceux qui leur succédèrent, tâchons de donner quelques caractéristiques de cette danse noble.

ii. La beauté du corps

Si le brillant, le nouveau, caractérisent assez bien le style de la Camargo et avec elle celui de la danse haute, celui de Mlle Sallé est fait de grâces et de douceurs. La danse basse ou la danse terre-à-terre est considérée par la tradition lullyste comme la seule danse digne de ce nom:

On dansait autrefois, et l'on saute à présent.
[...]

14. Rapporté par Beaussant, p.77.
15. Durey de Noinville, *Histoire du théâtre de l'opéra*, noms des acteurs et actrices depuis 1660, article 'Françoise Prévost'.

Des femmes sans garder la moindre bienséance
Avec des hommes font assaut
D'entrechat et de bond, de gambade et de saut.[16]

Mlle Sallé ne se fourvoya jamais dans de tels exercices; les adjectifs qui reviennent le plus souvent pour la caractériser appartiennent tous au vocabulaire de la plus haute distinction et de l'élegance. Pour Castil Blaze qui l'oppose à la Camargo, elle a une 'figure noble', 'une belle taille', une 'grâce parfaite' et sa danse 'expressive et voluptueuse' est également 'naïve et gracieuse sans gambades ni sauts'.[17] Noverre qui lui doit beaucoup la mentionne encore dans ses *Lettres sur la danse* de 1760:

On n'a point oublié l'expression naïve de Mlle Sallé, ses grâces sont toujours présentes et la minauderie des danseuses de ce genre n'a pas éclipsé cette noblesse et cette simplicité harmonique des mouvements tendres, voluptueux mais toujours décents, de cette aimable danseuse.[18]

Grâce, noblesse, simplicité, harmonie, volupté, auxquels on peut ajouter la décence et la dignité, sont les mots qui montrent le mieux ce que pouvait être la danse française autour de 1730. Par la suite, le vocabulaire pour la caractériser ne changea pas totalement. On insiste beaucoup sur la beauté des interprètes; on détaille leur physique; ils ont une présence sur la scène dont on attend beaucoup; la jouissance artistique qu'éprouve le spectateur est faite d'abord de l'admiration des corps, base indispensable à toute émotion, par laquelle un contact est établi entre les deux côtés de la rampe. La danse, alors, exalte les qualités naturelles, elle les dramatise, mieux: elle les purifie; elle sert de vêtement à la beauté trop brutale que propose la nature, la voilant de décence, l'habillant d'ornements faits d'étoffes et de gestes arrondis; elle tâche de nous faire oublier la matière et de nous montrer la beauté nue qui est ici tout le contraire de la nudité d'un corps. Par le moyen de l'artifice, l'artiste touche à l'essence même de la nature; il s'agit, par la danse également, de faire mieux que le modèle. L'art surpasse la nature: on retrouve ici aussi ce principe fondamental de l'esthétique française. Les exhibitions acrobatiques de la danse italienne sont bien loin.

Clément en 1752 décrit Vestris en ces termes: 'assez grand, bien fendu, taillé noblement et d'une jolie figure au théâtre'. Il est plus sensible au charme de la sœur, Mlle Vestris ou La Térésina:

Plaisir de ma vie, quelle jambe!… Une taille svelte, admirable; des bras un peu longs, mais nous savons nous replier; la tête haute, bien placée et d'une inflexion charmante;

16. Boissy, *Les Talents à la mode*, I, 3 (1739).
17. *La Danse et les ballets*, ch.10, 'Danseurs fameux', p.182.
18. Pougin, *Pierre Jélyotte*, p.149.

et des yeux, des lèvres, des dents, un sourire, un accompagnement de physionomie si gracieux, quelque chose de si tendre, de si voluptueux dans tous ses mouvements, une gentillesse si suave qui vous entre si avant dans la fantaisie; toujours j'y pense; par quoi je n'ai eu garde de laisser manquer cet article à vos Mémoires: au surplus, vous êtes savant comme un abbé sur notre histoire des coulisses, Adieu.[19]

Le sous-entendu de la fin du texte n'enlève pas de sa sincérité à l'admiration qui précède, et des distinctions de cet ordre ne sont peut-être pas à faire. Après tout, voilà un argument de poids contre les détracteurs de la danse française qui l'accusent de froideur. Grimm, lui aussi, est sensible au charme des danseurs: il admire Dupré: 'car il montrait son corps et ses bras et ses jambes de tous côtés, et il était beau, et quand il se tournait, il était encore beau'.[20] Bachaumont en 1762 reconnaît qu'en France la chorégraphie est la 'partie la mieux garnie et la plus parfaite de l'opéra'. Mlle Allard inspire 'la joie dès qu'elle paraît'; la danse de Mlle Vestris est 'voluptueuse et même lascive'; et d'une manière générale: 'De très jolis minois décorent délicieusement les ballets.'[21]

La beauté physique est une nécessité, et l'on pourrait multiplier les témoignages de cette sorte;[22] l'adresse ne suffit absolument pas et, à tout prendre, on sait trouver dans la maladresse d'un jeune interprète plus de charme, si le visage est agréable et la taille bien prise, que dans la virtuosité toute technique d'un danseur achevé. Noverre insistera beaucoup sur ce point-là en 1760:[23] la beauté fait partie des qualités exigées chez un danseur. Rémond de Saint-Albine reprendra ce thème au nom de l'art lui-même qui doit réparer les imperfections de la nature.[24]

C'est par la beauté, liée à la grâce, que le spectateur va être touché, non pas seulement et banalement dans le désir qu'il peut éprouver pour les charmes physiques de l'interprète; mais ces attributs serviront de messagers pour faire mieux sentir la passion que l'acteur est censé vivre; car tout est là, il s'agit de représenter des passions et de parler directement au 'cœur' du spectateur. Et cela demande un travail considérable qui n'implique pas nécessairement qu'on se laisse ensuite aller à profiter de la situation. Voltaire n'écrit-il pas de Mlle Sallé:

19. *Les Cinq années littéraires* (1752), lettre 109, 15 octobre, p.109.
20. *Le petit prophète de Boehmischbroda*, ch.7, p.16.
21. *Mémoires secrets*, tome 1, janvier 1762.
22. Par exemple, Rémond de Saint-Mard à qui il 'faut absolument de jolies personnes, des acteurs grands et bien faits'; il veut 'aux uns et aux autres des grâces, de la noblesse, une sorte de dignité dans les manières', dans Fréron, *Lettres sur quelque écrits de ce temps* (1749), tome ii, lettre IX, 2 décembre.
23. *Lettres sur la danse et les arts imitateurs*.
24. 'Nous exigeons que le théâtre répare [...] les fautes de la nature', rapporté par Servandoni d'Hannetaire dans son *Abrégé du comédien* in *Observations sur l'art du comédien*.

De tous les cœurs et du sien la maîtresse,
Elle alluma des feux qui lui sont inconnus
De Diane c'est la prêtesse
Dansant sous les traits de Vénus.[25]

iii. Moments de détente mais non coupures

La danse à la mode d'Italie satisfaisait un excès dans le goût du parterre; au désir de la fête, légitimement attendue dans le spectacle lyrique français où elle doit revenir souvent avec tout son attirail d'ors, de couleurs, et de machines, avec toute sa féerie qui l'attache au monde du merveilleux, succède une exigence tout à fait étrangère de la fête pour la fête; et l'on dédaigne les autres parties du drame et l'harmonie qui doit régner d'un bout à l'autre de l'œuvre. En dehors des œuvres de Rameau et des reprises de celles de Lully, tout devait se passer comme nous le décrit Algarotti pour les spectacles en Italie:

Elle [la danse] ne fait jamais partie du drame; elle est toujours étrangère à l'action, et le plus souvent elle y répugne. Après la fin d'un acte paraissent tout à coup des danseurs auxquels on serait fondé de demander quel motif les conduit sur la scène. Si l'action se passe à Rome, le ballet est à Pékin, ou à Cuzco, et pour comble d'extravagance, si l'opéra est sérieux, le ballet est bouffon; est-il rien de plus choquant, qui soit plus contraire à la loi de la continuité, loi inviolable prescrite par la nature et que l'art ne peut jamais se permettre de violer?[26]

Cet abandon de toutes les règles, ce dérèglement s'accommode mal au goût vraiment français. L'art de plaire est dominé par la mesure; on évite l'ennui, c'est-à-dire le mauvais goût, en respectant des règles très strictes qui définissent l'unité d'une œuvre, sa cohérence en dehors de laquelle il n'y a pas de jouissance artistique. Les genres sont donc soigneusement cernés pour qu'on puisse y trouver un maximum de plaisir. A la tragédie est nécessaire la tension dramatique puisque la sorte de plaisir qu'on veut éprouver est de l'ordre de la terreur et de la pitié; pour que ces deux sentiments puissent atteindre la plus forte intensité, il faut éviter les coupures dans l'action.

L'esthétique de l'opéra avait été définie différemment et les théoriciens du milieu du dix-huitième siècle l'expriment nettement. Tout en respectant l'unité d'action, il ne s'agit pas dans ce spectacle de construire cette ascension de plus en plus accélérée vers un cinquième acte au sommet du malheur, comme dans la tragédie. Pour Rémond de Saint-Mard, en 1749, dans ses *Réflexions sur l'opéra*, l'opéra est 'une espèce de concert composé de plusieurs parties, qui pour donner tout le plaisir qu'on en peut espérer, doivent s'accorder dans la

25. Blaze, *La Danse et les ballets*, ch.10, 'Danseurs fameux', p.183.
26. *Essai sur l'opéra*, 'La danse', p.63.

dernière perfection'.[27] Ces parties différentes doivent ménager une alternance entre les moments de tension et de détente. On passe du plaisir sérieux que procurent les dialogues au repos permis par les fêtes; cependant ces fêtes ou ces divertissements ne doivent jamais faire oublier le sujet principal du spectacle.

Dans l'*Encyclopédie*, à l'article 'Opéra', Marmontel apporte cette définition: 'il est de l'essence de l'opéra que l'action n'en soit affligeante ou terrible que par intervalles et que les passions qui l'animent aient des moments de calme et de bonheur [...] Il faut seulement prendre soin que tout se passe comme dans la nature, que l'espoir succède à la crainte, la peine au plaisir, le plaisir à la peine, avec la même facilité que dans le cours des choses de la vie.'

L'exigence de la variété passe en première place et le rôle du divertissement est de détendre l'atmosphère; après le sérieux de la partie chantée, la fête prenait place sur la scène. Du reste, l'opéra n'est pas le seul spectacle à connaître cette exigence: la comédie-ballet de Molière use également du divertissement, avec la même volonté, tout en coupant le déroulement de l'action, de ne pas trop sortir du décor où les spectateurs étaient plongés. C'est ainsi que l'on voit danser une troupe de médecins, de chirurgiens et d'apothicaires dans le *Malade imaginaire*; d'autre part, tous les divertissements de cette pièce se déroulent en présence des protagonistes: Argan et Béralde prennent place dans leurs fauteuils pour jouir du spectacle; celui-ci déride les visages des deux frères après la discussion un peu trop sérieuse dans une comédie sur l'avenir de la médecine.

Ainsi l'opéra français ne remplaça pas le ballet de cour, il l'intégra. Au lieu d'une révolution dans le goût, on assiste à une lente progression qui ne se fit pas sans heurts: il fallait satisfaire le goût inné des Français pour la danse qui, comme on l'a vu, se laissait souvent combler un peu facilement par la danse haute, et à la fin lui faire sa place à l'intérieur d'un spectacle qui lentement cherchait sa définition et où elle participerait d'une unité qui tînt compte de tous les autres arts expressifs. Lully déjà était convaincu de l'utilité de considérer un ouvrage dramatique comme un tout; il travailla donc à ce que la danse servît cet ensemble et ne coupât pas l'action. Lorsque Cahusac dans son *Traité sur la danse* en 1754 nous rappelle ces exigences, la question ne semble pas, et de loin, avoir été résolue à la satisfaction de tous, et l'exemple de Quinault est encore mis en avant pour convaincre les compositeurs et les librettistes. En 1769, Nougaret éprouve lui aussi le besoin de souligner qu'il faut que les danses dans un spectacle 'se lient, se confondent au tableau principal, en se rapportant à la circonstance qui les amène'.[28] Neuf ans auparavant pourtant Noverre avait écrit ses *Lettres sur la danse*, dans lesquelles le souci d'harmoniser les différentes

---

27. *Lettres sur quelques écrits de ce temps* (1749), tome ii, lettre ix, p.217ss.
28. *De l'art du théâtre*, ii.205.

parties du spectacle d'opéra prenait la première place. Il s'insurgeait contre les coupures qui rompent les fils du drame et voulait des ballets qui en réunissent les parties. Lui-même donna maintes fois l'exemple, mais les habitudes ne se changent pas si vite et il en fut encore longtemps comme le décrivait Grimm en 1753:

Et je vis des danseurs et des sauteuses. Et leurs danses troublaient les acteurs à chaque moment et quand ils étaient au meilleur de leur dire, les sauteuses arrivaient et l'on renvoyait les acteurs dans un coin, pour faire place aux sauteuses.[29]

29. *Le Petit prophète de Boehmischbroda*, ch.7, p.17.

14. La danse d'action: la danse intégrée au spectacle

i. Rôle actif de la danse

Un équilibre est donc à trouver entre deux exigences en apparence contradictoires: les parties dansées, moments de détente, assurent la respiration de l'œuvre, soulagent l'attention, apportent la variété nécessaire; mais cette alternance entre les scènes fortes où le tragique se noue et les divertissements ne doit pas être marquée au point de couper l'action. Le public, cependant, à l'époque classique, est très avide de divertissements; dans sa grande majorité il considère le spectacle lyrique comme un concert accompagné de danses; pour les émotions tragiques il y a le théâtre parlé; l'opéra doit être réservé aux joies un peu futiles d'une danse jugée longtemps incapable d'exprimer autre chose que des actions très simples. Dans ces conditions, la cohérence de l'ensemble du spectacle importe peu; pourvu qu'il y ait des ballets, tout est parfait. Ce goût excessif du public français pour la danse pure put se satisfaire en toute liberté après la mort de Lully avec l'opéra-ballet; le livret, réduit au minimum, laissait à la danse la toute première place; dans cet isolement, malheureusement, elle perdait toutes ses possibilités de développer ses moyens expressifs propres. L'autorité de Lully et de Quinault avait pu empêcher ces débordements et canaliser cette passion pour les arts chorégraphiques de manière à la faire servir à l'ensemble du spectacle lyrique. Pour Cahusac, Quinault reste la référence; lorsqu'il expose ses idées sur le ballet d'action dans son *Traité historique de la danse*, il rappelle que le dessein de Quinault était de 's'aider de la danse pour faire marcher son action, pour l'animer, pour l'embellir, pour la conduire par des progrès successifs jusqu'à son parfait développement'.[1] Il dénonce vivement les vices du 'grand ballet', celui qui, justement, faisait fureur dans la première moitié du dix-huitième siècle: on y trouve 'beaucoup de mouvement et point d'action'; or, la danse théâtrale, insiste-t-il, 'doit toujours peindre, retracer, être elle-même une action. Tout ce qui se passe au théâtre est sujet à cette loi immuable. Tout ce qui s'en écarte, est froid, monotone et languissant' (iii.46). Il faut donc, avant tout, garantir l'unité de l'ensemble. Castil Blaze insiste sur le fait que Lully exerçait une autorité suprême dans la réalisation de ses œuvres: 'Lully commandait en dictateur à sa république chantante et dansante. Ses charges, ses

1. Cahusac, *Traité historique de la danse*, iii.75.

richesses, sa faveur, son crédit, son talent, lui donnèrent cette première autorité.'[2] (Il se réfère à Le Cerf de Fréneuse de La Viéville pour appuyer ses affirmations.)

Il fallait cette poigne pour donner au spectacle sa cohérence; compositeur, il n'en restait pas à la seule musique: 'il s'occupait de toutes les parties d'un opéra, la chant, la danse, l'orchestre, les machines, les décorations, la mise en scène; c'est lui qui réglait et dirigeait tout'. Il composait lui-même ses ballets et veillait à les intégrer au reste du spectacle; il imaginait, nous dit Castil Blaze, 'des pas de caractère et d'expression',[3] c'est-à-dire qu'il veillait à ce que la danse jouât son rôle dans le déroulement de la trame. Avec Lully et Quinault, l'opéra français trouvait sa définition; la danse y avait tout naturellement sa place à côté des autres arts; elle ne l'occupait pas aux dépens de la poésie, elle participait à l'unité de l'œuvre. Cette tradition ne fut pas suivie; l'influence de l'Italie y est sûrement pour beaucoup, autant que l'absence d'un génie suffisamment vaste pour orienter le goût du public et lui rappeler des règles de modération qu'il sait très bien apprécier quand on les utilise avec art.

Il faut donc attendre les œuvres de Rameau pour que les divertissements dansés, progressivement, reviennent à la place que leur avaient indiquée Lully et Quinault. Rameau ne détruisit, cependant, rien de ce qu'avait apporté l'époque intermédiaire: il ne renonça pas à l'opéra-ballet, bien au contraire; il utilisa cette forme nouvelle qu'avait pris le spectacle lyrique, largement, mais il lui donna l'unité qui lui faisait défaut à ses débuts. Parallèlement il renoua avec la tragédie lyrique qui certes n'avait pas été entièrement abandonnée avec Campra et Destouches[4] mais qui n'avait plus guère la faveur du public. La danse, avec Rameau, reprit un rôle actif dans le déroulement de l'œuvre. Si certains de ses ballets restaient de purs mouvements de détente où les danseurs, comme la Camargo, savaient chercher les applaudissements du parterre, d'autres eurent des places privilégiées: ils entraient, à part entière, dans l'action principale, participaient à leur manière à l'atmosphère qui régnait sur la scène. Les danses, alors, ne pouvaient plus être de simples figures, froides, purement techniques: il leur fallait, avec leurs moyens, commencer à exprimer. Seule, évidemment, la danse noble, de tradition française, pouvait remplir ce rôle; l'importance que l'on accordait, pour cette danse, à la présence physique des danseurs, à la nécessité de toucher le spectateur par une expression particulière dont la beauté était un des moyens, lui permit d'occuper cette place qui s'offrait dans le spectacle d'opéra.

2. *La Danse et les ballets*, ch.8, 'Lulli', p.158.
3. *La Danse et les ballets*, ch.8, 'Lulli', p.154.
4. Citons pour mémoire de Campra, *Hésione* (1700), *Tancrède* (1702); et de Destouches, *Amadis de Grèce* (1699), *Omphale* (1701), *Le Carnaval de la Folie* (1704).

Dès sa première œuvre lyrique, Rameau prit cette direction nouvelle, et d'une manière générale il accorda une grande importance à la composition des divertissements.

Celui de l'acte III d'*Hippolyte et Aricie* reste fidèle à la tradition de l'alternance entre le sérieux et la fête. Les chœurs, d'une puissance jusque-là jamais égalée, et les danses expriment la joie des habitants de Trézène au retour de Thésée. Cependant, ce roi songe à la prédiction néfaste des Parques. Le contraste est frappant et peut choquer aux premiers abords. Pourtant, il ne s'agit pas pour Rameau de marquer une simple opposition: il la charge, en plus, de sens. L'action n'est pas brutalement coupée car Thésée reste en scène et assiste au débordement de joie de ses sujets; cette situation est parfaitement vraisemblable: la joie des uns et les sombres pressentiments de l'autre se rencontrent par hasard, comme cela aurait pu se faire dans la réalité. Il n'y a là aucun artifice. Au contraire, il en résulte une atmosphère plus nuancée et profonde, plus tragique. Girdlestone parle ici, à juste titre, d'ironie sinistre.

Dès son premier ouvrage pour le théâtre, Rameau utilisa le divertissement comme élément à part entière de l'action principale; il en fit naître un décor interne qui prolonge considérablement la complexité du personnage de Thésée.

D'autres exemples peuvent être cités, comme la scène quatre de l'acte III de *Castor*. Pollux assiste au divertissement qui lui est d'ailleurs consacré. Il s'agit, en effet, pour Hébé de tâcher de le séduire pas les plaisirs célestes pour le retenir au séjour des dieux immortels. Ici le divertissement fait partie intégrante de l'action. Pollux lui-même intervient, pose une question… L'unité d'action est parfaitement respectée.

Citons, également, la chaconne de 236 mesures de *Dardanus* remaniée par Rameau en 1744. Cette chaconne accompagnant la descente de Vénus marque véritablement, comme le veut la tradition, la fin de l'opéra. C'est une page purement instrumentale fortement expressive. La Barbarina (Barbara Campanini), elle-même, avait échoué dans son interprétation en 1739, ce qui avait provoqué une dispute avec Rameau; et le compositeur fut obligé de couper 74 mesures sur les 233 qu'elle comportait alors. Dupré seul y réussit en 1744, avec des temps morts où il n'intervenait pas, laissant l'immobilité s'exprimer à sa place. Le détail a son importance car il montre à quel point l'œuvre était en avance sur son temps: Noverre n'indiquera qu'en 1760 cette nécessité pour le danseur de s'interrompre, de cesser quelquefois de danser dans les instants de désespoir et d'accablement, de laisser la musique continuer seule pendant quelques mesures, là où seuls les sons peuvent être admis. Il existe ainsi certains domaines réservés pour chacun des arts expressifs de la scène où tout amalgame serait un désordre inutile; c'est par la reconnaissance de ces privilèges, de ces spécialités, qu'on définit la singularité de ces divers langages que la scène réunit, et qu'on en marque les limites. La danse, dira Noverre, ne peut tout exprimer: 'Il est quantité de choses qui ne peuvent se rendre intelligemment par le secours des gestes. Tout ce qui s'appelle dialogue tranquille ne peut trouver place dans la pantomime.'[5] Dans ces moments précis, 'c'est au visage seul à peindre; c'est aux yeux à parler; les bras mêmes doivent rester immobiles, et le danseur, dans ces sortes de scènes, ne sera jamais si excellent que lorsqu'il ne dansera pas' (lettre XXII, p.193). C'est bien ce que fit Dupré dans cette chaconne de *Dardanus*, fortement influencé, bien entendu, par la musique sur laquelle une danseuse de style italien avait échoué, alors que seule la danse de tradition française qu'on travaillait alors à rendre plus expressive pouvait s'entendre véritablement avec cette musique instrumentale qui venait de conquérir son indépendance.

Par ces quelques exemples, nous constatons qu'une fois de plus, les œuvres de Rameau furent au centre des innovations les plus originales. Elles contribuent fortement à faire évoluer le goût avec d'autant plus d'efficacité qu'elles continuent la tradition en remontant à ses racines mêmes. La justesse de la ligne tracée par Rameau et par les artistes et les interprètes qui participèrent à son œuvre vient de sa référence constante au travail de Lully. Les règles dont ce grand maître avait senti la nécessité, Rameau les reprend, les enrichit des observations qu'il fait sur l'évolution des arts. Dans le domaine de la danse d'action, en même temps qu'il satisfait largement aux règles établies par Lully, il devance les idées de ce milieu du siècle et prépare l'arrivée de Noverre. Ce dernier, du reste, lui rend un bel hommage (p.170):

C'est à la composition variée et harmonieuse de M. Rameau, c'est aux traits et aux conversations spirituelles qui règnent dans ses airs que la danse doit tous ses progrès. Elle a été réveillée, elle est sortie de la léthargie où elle était plongée, dès l'instant que ce créateur d'une musique savante mais toujours agréable et toujours voluptueuse a paru sur la scène.

ii. La position des philosophes

En ce qui concerne ces ballets, la position des philosophes est assez délicate. Ils s'entendent tous pour déclarer qu'il n'est désormais plus possible de supporter que les danses viennent à tous moments couper l'action; on a fait référence précédemment à l'indignation de Grimm; Rousseau développe la même idée dans l'article 'Opéra' de son *Dictionnaire de musique*; il la reprend en citant cet article dans ses *Fragments d'observations sur l'Alceste italien de M. le chevalier Glück* où il condamne les airs de danse 'coupant les pièces et suspendant la marche de l'intérêt'.[6] Il faut travailler à l'unité du spectacle lyrique. Doit-on alors

---

5. *Lettres sur la danse et sur les arts imitateurs*, règles, lettre XIV, p.95.
6. *Ecrits sur la musique*, p.411.

chercher, comme le fait Cahusac, à intégrer le plus profondément possible le ballet à l'ensemble de l'œuvre? Doit-on lui donner un rôle actif, le faire participer à la progression du drame, tout en lui laissant cependant sa fonction traditionnelle de détente? Non – répondent Rousseau et Diderot; par des réflexions différentes ces deux auteurs arrivent à peu près à la même conclusion: la danse n'a pas vraiment sa place dans le spectacle lyrique! La seule qui lui conviendrait, à la rigueur, serait pour Rousseau à la fin de l'opéra, pour que les spectateurs puissent quitter la salle sur une impression agréable et légère après la tension de la tragédie; dans cette perspective, il serait même souhaitable que le ballet traite un sujet tout à fait différent de celui de l'œuvre principale:

> Je pense qu'il convient d'effacer par un Ballet agréable les impressions tristes laissées par la représentation d'un grand opéra, et j'approuve fort que ce ballet fasse un sujet particulier qui n'appartienne point à la pièce; mais ce que je n'approuve pas, c'est qu'on coupe les actes par de semblables ballets qui, divisant ainsi l'action et détruisant l'intérêt, font pour ainsi dire de chaque acte une pièce nouvelle.[7]

Ce refus d'intégrer la danse au spectacle lyrique s'appuie sur un principe que nous avons déjà évoqué et qui, chez les philosophes, a force de loi: il faut éviter à tout prix la superposition; l'imitation de la nature interdit que deux discours se mêlent et produisent, de ce fait, un désordre incompréhensible. Pour cette raison, on condamnait les savantes harmonies de Rameau sans s'apercevoir que ce compositeur inventait par ses combinaisons contrapunctiques un troisième mode d'expression et non pas la cacophonie dont on l'accusait.

Rousseau se demande si la danse a une signification; il est prêt à lui en reconnaître la possibilité mais il constate qu'il s'agirait alors de donner à ce nouveau langage une grammaire. Si la danse devenait un moyen d'expression elle resterait tout aussi indésirable dans le spectacle lyrique que lorsqu'elle n'était considérée que comme un simple ornement. En effet, elle viendrait alors s'ajouter au langage poétique ou bien en exprimant à sa façon ce que les mots avaient déjà dit, ou bien en répondant à ces derniers dans une sorte de dialogue, ce qui, d'après Rousseau, serait absurde car 'On ne répond point à des mots par des gambades, ni au geste par des discours.'[8] Il faudrait donc réserver à la danse un spectacle à part où elle combinerait ses moyens expressifs avec ceux de la musique comme le font les mots dans le chant. C'est la conclusion de Diderot, également. Sa réflexion se fonde sur une comparaison entre la danse et le chant qu'il expose dans le *Troisième entretien sur le Fils naturel*: 'La danse est à la pantomime, comme la poésie est à la prose, ou plutôt comme la déclamation naturelle est au chant. C'est une pantomime mesurée.'[9]

7. *Dictionnaire de musique*, article 'Intermède'.
8. *Dictionnaire de musique*, article 'Opéra'.
9. Diderot, *Œuvres esthétiques* (Paris 1959), *Troisième entretien sur le Fils naturel*, p.162.

14. *La danse d'action*

Le chant et la danse sont deux langages parallèles qui s'organisent selon la même progression par paliers successifs. Le discours poétique dans l'œuvre lyrique commence par la déclamation parlée, le récitatif mesuré lui succède pour atteindre à l'air qui chez les philosophes doit être considéré comme un sommet; les duos et les chœurs sont, comme nous l'avons expliqué dans le chapitre sur la musique instrumentale, des moments également privilégiés où la tension dramatique est à son extrême. De la même manière, la danse a son origine dans la pantomime; Diderot, par la voix de Dorval, imagine un spectacle dansé où les moments dramatiques correspondraient à ceux du chant: il y aurait en une sorte d'introduction à la scène, des gestes d'approche qui seraient comme les récitatifs de la danse: 'Les pas marchés et la pantomime non mesurée sont le récitatif de la danse.' L'action proprement dite où les deux protagonistes s'opposent formerait comme un duo; l'arrivée de deux autres personnages créerait un quatuor; une foule sur la scène, et ce serait un chœur.[10]

Un tel spectacle n'a que faire du discours poétique, le discours dansé lui suffit (p.162):

> Une danse est un poème. Ce poème devrait donc avoir sa représentation séparée. C'est une imitation par les mouvements, qui suppose le concours du poète, du peintre, du musicien et du pantomime. Elle a son sujet; ce sujet peut être distribué par actes et par scènes. Mais ce n'est plus un spectacle d'opéra.

Cependant, la position de Diderot, et celle de Rousseau, également, dans une certaine mesure, rejoint les conceptions de Rameau et de ses collaborateurs quand ils reconnaissent à la danse sa valeur expressive et réclament qu'on travaille à le développer. Les divergences viennent à propos de l'emploi que l'on peut faire de ce nouveau mode d'expression. Alors que les deux philosophes veulent l'écarter du spectacle lyrique et inventer autre chose, Rameau, Cahusac et plus tard Noverre, cherchent au contraire à lui faire une place de plus en plus considérable; l'unité de l'opéra français doit se faire avec elle, grâce à elle; le langage des gestes associé à celui de la poésie, à celui des notes de musique et à celui des décors créera un cinquième langage qui sera la fusion de tous les autres.

10. *Troisième entretien*, p.164-66.

15. Les premiers pas de la danse d'expression

i. Ce que l'on ne veut plus

LE monde de la danse au dix-huitième siècle, et spécialement dans la seconde moitié, est au centre des interrogations des artistes et des observateurs avertis; il est en pleine transformation. En effet, plus peut-être que dans les autres composants du spectacle lyrique à la française, où elle reste très longtemps une référence, la tradition lullyste en ce qui concerne les ballets a considérablement vieilli; on ne voit plus qu'artifice et monotonie dans ce qui était autrefois conventions librement acceptées; les règles strictes d'un art arrivé à un des sommets de son évolution sont subies comme un carcan inutile, cause évidente de l'ennui qu'on avoue, de plus en plus, éprouver aux scènes dansées. Le public alors se tourne vers les innovations venues d'Italie, distractions de qualité mais trop souvent superficielles, et les amateurs plus raffinés applaudissent aux tentatives de rajeunissement de la danse noble; tous remettent en question le vieux fonds français que l'on continuera cependant à utiliser pendant tout le siècle. Dans le *Troisième entretien* Dorval émet ces reproches:

Je voudrais bien qu'on me dît ce que signifient toutes ces danses, telles que le menuet, le passe-pied, le rigaudon, l'allemande, la sarabande, où l'on suit un chemin tracé. Cet homme se déploie avec une grâce infinie; il ne fait aucun mouvement où je n'aperçoive de la facilité, de la douceur et de la noblesse: mais qu'est-ce qu'il imite? Ce n'est pas là savoir chanter, c'est savoir solfier.[1]

Que ces danses soient parfaites, qu'elles soient interprétées avec talent ne suffit plus: maintenant que l'on reconnaît de plus en plus à cet art une valeur expressive comparable à celle de la poésie lyrique, on ne peut plus se contenter du langage très sommaire dont disposait la danse au temps de Lully. Le petit prophète de Grimm est pris de bâillements: 'Et je m'ennuyais comme cela pendant deux heures et demie à écouter un recueil de menuets et d'airs qu'ils appellent gavottes, et d'autres qu'ils appellent rigaudons et tambourins et contre danses.'[2]

Nous allons évoquer beaucoup de transformations dans le domaine de la danse; elles sont nombreuses et irréversibles, cependant elles se construisent toutes avec les éléments du passé que l'on fait lentement évoluer. Le fil de la tradition ne sera jamais coupé, ce qui permet à certains auteurs comme Baron

---

1. Diderot, *Œuvres esthétiques*, p.162.
2. *Le Petit prophète de Boehmischbroda*, ch.8, p.18-19.

ou Castil Blaze qui écrivent au début du dix-neuvième siècle et voient, par conséquent, la situation de loin, de généraliser un peu sur le siècle précédent. Leur témoignage est tout de même intéressant car il fait ressortir les fondations anciennes sur lesquelles s'appuie le nouvel édifice. Ainsi Baron, en 1825, souligne-t-il dans ses *Entretiens sur la danse*, la routine où étaient enfermés les divertissements dansés:

on avait des passe-pieds au prologue; des musettes au premier acte; des tambourins au second; des chaconnes et des passacailles au troisième et au quatrième; et pour varier, des passacailles et des chaconnes, et des tambourins, et des musettes et des passe-pieds.[3]

A cette monotonie venaient s'ajouter des habitudes désastreuses qui donnaient la priorité aux exigences des danseurs; chacun ayant sa spécialité, on organisait en conséquence le spectacle afin de satisfaire tout le monde; il était également convenu que le meilleur devait danser le premier: 'C'était d'après cette loi, et non d'après l'action du poème que les pas étaient réglés.'

Quant à la danse italienne qui emportait tous les suffrages du grand public et qui, dans la première moitié du siècle, semblait être le sang neuf dont avait justement besoin la vieille tradition française, il n'est pas certain qu'une fois passés les premiers étonnements, elle n'ait pas engendré le même ennui pour peu qu'on la regarde avec un œil quelque peu critique. C'est ce qui apparaît à la lecture d'Algarotti:

Cette danse à laquelle on trouve tant de charmes, est-elle autre chose dans le fond que des cabrioles à perdre haleine, des sauts indécents qui ne devraient jamais recevoir l'applaudissement des personnes honnêtes, une monotonie perpétuelle de très peu de pas et de très peu de figures? Voyez la composition de tous ces ballets. A la suite de quelques pas confus, embrouillés et exécutés d'assez mauvaise grâce par tous les danseurs ensemble, il se détache de la troupe un danseur et une danseuse. L'un ne manque jamais de faire à l'autre quelque niche, de lui jouer quelque tour assez usé; ils se mettent en colère, ils se raccommodent, ils s'invitent mutuellement à danser, et les voilà, tous les deux, à faire sans aucune apparence de dessein dirigé vers quelque but, des entrechats, des écarts, des tours de force qui feraient honneur à des sauteurs de profession. A ceux-ci en [*sic*] succèdent deux autres plus agiles encore. Enfin, viennent le premier danseur et la première danseuse qui ravissent d'extase tout le monde et qui excitent des battements de mains infinis, et tout se termine par une danse générale aussi maussade que celle par laquelle on a débuté. Connaissez-vous un ballet, vous les connaîtrez tous à peu près.[4]

A ce reproche de monotonie auquel aucune danse ne semble échapper, et cela pendant longtemps puisque le témoignage d'Algarotti date de 1773, s'ajoute celui de raideur, de maladresse, de manque de coordination et d'entente. Nous

3. *Lettres et entretiens*, entretien v, p.229-30.
4. *Essai sur l'opéra*, p.64-65.

touchons là au cœur même du problème: le jeu des acteurs; et les danseurs ne sont plus les seuls concernés. Le théâtre lyrique au dix-huitième siècle souffre d'un manque de direction; il n'existe véritablement personne pour régler le pas des danseurs lors de la réalisation de l'œuvre et surtout pour veiller à l'harmonie générale de l'ensemble. Castil Blaze raconte que Lully, lui, jouait ce rôle, qu'il dansait au besoin devant ses danseurs, qu'il surveillait de très près la physionomie de ses chanteurs 'et comme il avait la vue basse, il mettait sa main sur son front horizontalement, et les regardait sous le nez pour découvrir s'ils ne faisaient pas la grimace en chantant'.[5]

Au cours du dix-huitième siècle, les jeux de la scène sont laissés au libre caprice des interprètes et trop souvent à leur manque d'imagination; le métier de metteur en scène n'existant pas, tout ce qui est mouvement sur la scène est laissé au hasard et à la maladresse. Cependant, les critiques plus en avance dans le siècle, plus avertis, s'impatientent: que ce soit pour les danseurs ou pour les chanteurs, on veut de l'expression et du naturel. Favart demande aux chanteurs plus d'action; il se plaint de Mlle Rozetti: 'Elle ne fait que lever les bras et les poser ensuite sur son honneur en honnête fille étonnée de se trouver dans un lieu où il court tant de risques.' Monsieur Joli a sans doute une 'jolie figure' et une voix de 'haute contre fort nette' mais

il manque encore d'action; ce que l'on ne passe point dans nos spectacles. Il n'appartient qu'aux chanteurs italiens de s'en passer [...] Nous voulons que le silence même soit expressif et nous ne permettons pas d'aller et venir froidement de long en large pendant la ritournelle.[6]

Il appartenait à un maître de ballets, évidemment, de s'intéresser à tout ce qui est mouvement sur la scène; c'est par la danse, en effet, que les arts de la scène auront plus de réalité et de vie. Noverre, dont nous étudierons quelques innovations, souligne l'importance du travail à faire. Les défauts du ballet sont grossis dans les ensembles: 'on n'y voit ni régularité, ni harmonie de mouvements; les alignements et les figures transversales ne sont point observés; point d'exactitude dans la formation des pas, nul dessein prononcé dans les attitudes'.[7]

On ne supporte plus dans cette deuxième moitié du siècle que des interprètes restent immobiles sur la scène, face au public pour leur tour de chant; cette raideur était jugée intolérable quand il s'agissait des chœurs. Girdlestone rappelle que 'jusqu'à une date avancée du dix-huitième siècle les chœurs ne prenaient aucune part à l'action mais se tenaient massivement en deux rangs,

5. *La Danse et les ballets*, ch.8, p.156.
6. *Mémoires et correspondance littéraire*, 18 août 1760.
7. *Lettres sur la danse et les arts imitateurs*, ch.19, p.165.

hommes d'un côté, femmes de l'autre'.[8] Un poème de Panard dont nous avons déjà donné une grande partie évoque cette situation:

> J'ai vu des guerriers en alarme
> Les bras croisés et le corps droit,
> Crier plus de cent fois: Aux armes!
> Et ne point sortir de l'endroit.[9]

Dans son article 'Chœur' de l'*Encyclopédie*, Cahusac fait le même reproche:

Les chœurs remplissent le théâtre et forment ainsi un fort agréable coup d'œil; mais on les laisse immobiles à leur place; on les entend dire quelquefois que la terre s'écroule sous leurs pas, qu'ils périssent, etc. et pendant ce temps ils demeurent tranquilles au même lieu, sans faire le moindre mouvement.

Pour sortir les chœurs de leur raideur traditionnelle, Noverre apporte une solution de maître de ballets; à Glück qui, dans sa colère, jetait sa perruque par terre aux pieds de chanteurs immobiles comme des statues, il conseille de reléguer le chœur dans les coulisses et de le remplacer sur la scène par des danseurs. Il souligne l'importance que, dorénavant, le chœur doit prendre dans le spectacle lyrique comme élément actif du ballet: il doit appuyer l'action des autres interprètes, former autour d'eux une sorte de décor vivant. Noverre donne l'exemple d'Oreste qui vient de tuer sa mère et qui recule horrifié; autour de lui 'le chœur agissant s'ébranlait'... 'frémissait d'horreur'... 'Cette action fortifiée par l'orchestre, soutenue par une pantomime et vivifiée par les chœurs produisit le plus grand effet, c'est-à-dire le plus terrible.'[10]

Mais les habitudes sont lentes à se transformer, la raideur, la convention sont loin de disparaître entièrement au dix-huitième siècle. En 1781, encore, Cochin s'interroge:

Qu'est-ce que ces combats où l'on voit quinze ou vingt hommes d'un côté et autant de l'autre, se poursuivre en frappant sur des boucliers qu'on a soin de tendre visiblement pour recevoir les coups, ce qui présente une attitude toute différente de celle qu'on prendrait pour sa défense? Tout ce tapage est désagréable, et n'est rien moins qu'harmonieux avec la musique.[11]

La situation est pire encore en Italie, si on en croit le marquis d'Argens qui en 1774 dans ses *Mémoires* donne la France en exemple:

Leurs ballets ne sont point amenés. On danse dans les intervalles des actes, comme on joue du violon à la Comédie française, aussi peu à propos et aussi mal. Au lieu de nos filles de chœur, qui passent et embellissent notre théâtre, les suivantes ou les gardes des

---

8. *Jean-Philippe Rameau*, p.176.
9. *Le Départ de l'Opéra Comique* (1733).
10. *Lettres sur la danse et les arts*, lettre XX, 'Des coryphées', p.173-75.
11. *Lettres sur la musique*, sixième lettre, p.95.

princes et princesses sont des portefaix qu'on loue à un demi teston par représentation. Il y en a ordinairement une vingtaine de chaque côté du théâtre. Ils y font le rôle de la statue au *Festin de Pierre*.[12]

ii. Ce que l'on désire: les Pygmalions

'Il n'est peut-être pas hors de propos d'observer que souvent on commet une faute qui nuit beaucoup à l'apparence de vérité. C'est lorsqu'on a produit une sorte de tableau agréable, de faire rester les acteurs en attitude, afin que le spectateur ait le temps de les voir.'[13] Cochin souligne ici la conception statique des jeux pour la scène qui était encore largement celle des maîtres de ballets en cette deuxième partie du siècle. Tous les efforts tendaient à une sorte de sommet de la scène, considéré comme un instant parfait, comme un tableau à côté duquel les autres moments passaient pour autant de retouches. On prenait donc le temps de l'admirer avant qu'il ne se défasse. L'imitation de la réalité, c'est-à-dire en l'occurrence l'imitation de la vie puisque nous parlons de l'art du mouvement, n'était pas le souci du plus grand nombre des créateurs.

Pourtant le goût se transforme lentement; dès les années trente, les amateurs s'extasient devant les audaces de Mlle Sallé; on suit avec intérêt ses tentatives pour donner à la danse plus d'expression; on s'étonne, on ne l'approuve peut-être pas encore tout à fait, on garde quelques distances puisqu'on laisse cette danseuse s'exiler d'abord en Angleterre pour ses premières tentatives, mais bientôt les exigences nouvelles deviennent des règles incontournables pour les plus éclairés d'entre les artistes.

La danse doit sortir des conventions dans lesquelles elle reste enfermée depuis le dix-septième siècle; son répertoire de figures ne passionne plus personne: elles sont trop attendues, trop usées. On désire pour la danse une deuxième naissance: qu'elle ressemble plus à la vie, avec ses surprises, des situations imprévisibles, plus naturelles. C'est justement autour de la légende de Pygmalion que les créateurs et les interprètes vont trouver l'inspiration pour mettre en œuvre le goût nouveau: la statue de la fable vient lentement à la vie; la danseuse qui joue ce rôle découvre les premiers gestes, les premières physionomies qui composent à présent l'univers de la danse nouvelle.

Mlle Sallé interpréta un *Pygmalion* de sa composition à Londres en 1734;[14] en 1748, Rameau composa à son tour un ballet du même nom. Clément rapporte qu'à la représentation du 20 septembre 1748, cet acte de ballet faisait partie

12. D'Argens, *Mémoires et lettres* (Londres 1774), 20 août 1774.
13. *Lettres sur l'opéra*, sixième lettre, p.98.
14. Voir un peu plus bas. Notons que Rousseau participa à la composition d'un *Pygmalion* en 1770 dont il fit deux morceaux. Cette scène fut représentée à Lyon en 1770 et à Paris en 1775.

d'un ensemble de fragments comme il était d'usage à l'époque, et qu'il contrastait par sa nouveauté et l'intérêt qu'on y éprouvait avec les autres actes; il évoque en ces termes le spectacle:

On vous y bercera pendant trois actes des plus soporifiques sons du plain-chant français, pour vous réveiller en doux sursaut au commencement du quatrième qui est celui de *Pygmalion*, musique nouvelle de Rameau; mais quelle musique! Quel agrément! Quelle variété! Quelle harmonie et quelle richesse d'harmonie! Vous pouvez m'en croire car si j'étais capable de préjugé, ce serait plutôt en faveur de la musique tout à fait italienne [...]. La statue de Pygmalion est parfaitement représentée par la petite Puvigné, dont la jolie figure s'anime par degrés avec toute la grâce imaginable.[15]

Pour la reprise de 1760, Favart fait un éloge de ce ballet dans des termes presque semblables; Mlle Lamielle interprète le rôle de la statue:

Je remarquerai seulement que la demoiselle Lamielle (fille de Carlo Veroneze, pantalon de la comédie italienne) qui y fait le personnage de la statue, le rend avec une vérité singulière: rien n'égale la finesse de son jeu pantomime surtout dans le temps que la statue s'anime par degrés; elle feint sa surprise, sa curiosité, son amour naissant, tous les mouvements subits ou gradués de son âme, avec une expression que l'on n'avait point encore trouvée; on peut dire de Lamielle qu'elle danse jusqu'à la pensée.[16]

Ainsi, la danse prend vie lentement; pendant trente ans, on assiste à son éveil, timide, hésitant, contesté; Rameau y contribua par sa musique variée, expressive, capable d'inspirer les artistes les plus décidés à transformer les habitudes. Parmi eux la première, Mlle Sallé, non sans mal toutefois, arriva à s'imposer.

iii. Mademoiselle Sallé

Pourquoi dut-elle s'exiler à Londres malgré plusieurs tentatives pour rester en France?[17] Le séjour de Paris ne convenait probablement guère à ses ambitions artistiques et les Anglais, moins touchés par la mode d'Italie, acceptaient, semble-t-il, plus aisément ses initiatives. C'est en Angleterre, donc, que se forgea pour une grande part l'avenir de la danse française. Mlle Sallé dansait mais elle composait également des ballets; comme tous les interprètes qui, au dix-huitième siècle, avaient une forte personnalité, dans la danse, mais aussi dans le chant, elle représentait un style qu'elle tâchait d'imposer à l'ensemble de la profession où ne régnait pas vraiment de maître d'œuvre; le maître de

15. *Les Cinq années littéraires* (1748), lettre 19, 20 septembre.
16. *Mémoires et correspondance littéraire*, 25 décembre 1760.
17. Depuis 1724, elle a fait de l'Angleterre sa patrie d'élection. Après un passage à l'Académie royale de musique de 1727 à 1730, elle y était retournée avec une recommandation de Voltaire auprès de son ami Thieriot. Elle ne reviendra à l'Académie royale de musique qu'en 1735 et dansera dans les *Indes galantes*, mais elle repartira pour l'Angleterre, et cette fois définitivement, en 1740.

ballets ressemblait plus à un répétiteur qu'à un véritable créateur et la direction des opérations était laissée à celui ou à celle qui savait s'en emparer.

Mlle Sallé ne devait pas être docile; en revanche, elle savait se faire écouter. Elle avait un sens très aigu du théâtre et de ce qu'il convenait de faire pour atteindre à plus de vérité sur la scène, probablement parce qu'elle avait fait ses études au théâtre de la Foire où il n'était pas rare que l'opéra se trouvât des artistes. On avait pu, à Paris, se rendre compte du genre de réformes qu'elle désirait pour la danse. Cahusac rapporte un épisode qu'elle composa et qui fut intercalé au quatrième acte de l'*Europe galante* de Campra:

Cette danseuse paraissait au milieu de ses rivales avec les grâces et les désirs d'une jeune odalisque qui a des desseins sur le cœur de son maître. Sa danse était formée de toutes les jolies attitudes qui peuvent peindre une pareille passion. Elle s'animait par degrés; on lisait dans ses expressions une suite de sentiments: on la voyait flottante tour à tour entre la crainte et l'espérance [...]

Ce tableau plein d'art, de passion, était d'autant plus estimable qu'il était entièrement de l'invention de la danseuse. Elle avait embelli le dessein du poète et, dès lors, elle avait franchi le rang où sont placés les simples artistes pour s'élever jusqu'à la classe rare des talents créateurs.[18]

Cette description admiratrice contient tous les mots clefs que l'on rencontrera tout au long du siècle quand on voudra décrire la danse moderne; mais la France, comme on sait, n'est pas toujours prête à reconnaître le génie de ses enfants; Mlle Sallé s'entendait mal avec Thuret, le directeur de l'opéra, et elle s'embarqua pour Londres. L'abbé Prévost dans *Le Pour et contre* signale ce voyage en 1733 (i.114): 'Les grâces qui se trouvent si bien du séjour de Paris, doivent le quitter, dit-on, cet hiver pour passer en Angleterre avec Mlle Sallé qui ne saurait faire un pas sans les grâces.' Et il ajoute que les Anglais en profiteront 'pour établir peu à peu dans leur île le bon goût de la danse dont ils sont encore fort éloignés'.

A Londres, Mlle Sallé monta deux ballets de sa composition, *Pygmalion* et *Ariane et Bacchus*, qui remportèrent un grand succès. Tout y était mimé et rendu avec vérité. Il s'agissait de deux véritables ballets d'action. Le *Mercure de France* du 15 mars 1734 mentionne *Pygmalion*:

Elle [Mlle Sallé] a osé paraître dans cette entrée sans panier, sans jupe, sans corps, échevelée et sans aucun ornement sur la tête. Elle n'était vêtue, avec son corset et un jupon, que d'une simple jupe de mousseline tournée en draperie, ajustée sur le modèle d'une statue grecque.

Un tel costume révolutionnait les habitudes par sa grande simplicité; il annonce une sorte de danse qui n'étonna pas moins. Le *Mercure* décrit son jeu dans *Ariane* (15 mars 1734):

18. Article 'Chant', *Encyclopédie*, iii.154-55.

15. *Les premiers pas de la danse d'expression*

Ce sont les expressions et les sentiments de la douleur la plus profonde, du désespoir, de la fureur et de l'abattement, en un mot tous les grands mouvements de la déclamation la plus parfaite par le moyen des pas, des attitudes et des gestes pour représenter une femme abandonnée par celui qu'elle aime.

Cette danse dit quelque chose, elle est un langage; on lit les pas, les attitudes, les gestes, comme une phrase. Elle est devenue un moyen d'expression. Mlle Sallé essaya probablement de placer ces deux ballets à l'opéra de Paris, mais en vain! Seule la comédie italienne accepta de représenter son *Pygmalion*, le 28 juin 1734. Lorsqu'elle revint en 1735 à l'Académie royale de musique, avec beaucoup de difficultés, ce fut pour danser dans *Les Fleurs*, troisième entrée des *Indes galantes*. Et ce n'est pas là un hasard: la musique de Rameau est faite pour donner à cette danse nouvelle le champ d'action dont elle a besoin. La réunion des deux modes d'expression les plus bouleversés, à cette période, par les réformes et les enrichissements qu'on leur apportait, fut une réussite digne des deux artistes qui y présidaient:

Le ballet fut très galant. Après une absence de près de deux années, Mlle Sallé, sous le nom de La Rose, y paraissait plus brillante que jamais sur un gazon couronné par les Amours. Dix jeunes asiatiques représentant d'autres fleurs l'accompagnaient et formaient avec elle et la décoration qui les environnait le plus charmant spectacle qui eût paru sur la scène lyrique. Le Ballet représentait pittoresquement le sort des fleurs dans un jardin. On les avait personnifiées ainsi que Borée et Zephyr représentés par Javilliers et Dumoulin. Pour donner de l'âme à cette peinture galante, d'abord les fleurs choisies dansaient ensemble et formaient un parterre qui variait à chaque instant. La Rose, leur reine, dansait seule. La Danse était interrompue par un orage qu'amenait Borée. Les fleurs en éprouvaient la colère, la Rose résistait plus longtemps à l'ennemi qui la persécutait. Les pas de Borée exprimaient son impétuosité et sa fureur; les attitudes de la Rose peignaient sa douceur et ses craintes. Zephyr arrivait avec la clarté renaissante. Il ranimait et relevait les fleurs abattues par la tempête. Il terminait leur triomphe et le sien par les hommages que sa tendresse rendait à la Rose.[19]

Dans cette description de Parfaict, nous observons toutes les caractéristiques de la danse d'action. Mlle Sallé est bien la première danseuse à avoir su imposer à la danse cette direction nouvelle. Petit à petit, cet art agrandit son domaine; pendant trente ans, jusqu'à Noverre, il va tâcher d'imposer au public ses exigences. La musique de Rameau l'y aidera considérablement; elle sera, pour une bonne part, le véhicule nécessaire à toutes les réformes.

19. Parfaict, *Histoire de l'Académie royale de musique*, 23 août 1735.

16. Rameau et la danse

LE rôle expressif de la danse n'est, de loin, pas reconnu par tous les critiques contemporains de Rameau. On accuse cet art en pleine transformation de s'imposer au détriment de l'intérêt dramatique. Rousseau porte un jugement très sévère dans la *Nouvelle Héloïse*;[1] mais la position de ce philosophe a déjà été étudiée: elle tient dans son refus de voir représenter sur la scène autre chose que la simple imitation de la nature; il trouve insupportable que 'tout danse à propos de tout'; de plus, il n'est pas persuadé que la danse soit véritablement un art expressif. Mais, bien avant Rousseau, d'autres auteurs se plaignent de cette tendance de l'art lyrique à faire trop de place à la danse; ainsi Rémond de Saint-Mard en 1741: 'On donne trop d'étendue à la danse, tout est mis en ballets [...] Le trop d'extension qu'on donne à la danse, le frivole qu'on y joint, fait languir l'action, au lieu de la soutenir.'[2]

Ce goût pour les ballets en France date du début du siècle avec la création de l'opéra-ballet. Si le frivole, le léger y étaient la règle, dans bien des spectacles, on aurait pu se rendre compte qu'un travail considérable était en train de se faire et qu'il commençait à porter ses fruits. En 1741, Rameau composait pour l'opéra depuis huit ans! Le jugement déjà cité que porte le petit prophète de Grimm en 1753 est d'autant moins pardonnable:[3] il s'agit d'une position partisane, d'un refus de voir la danse s'intégrer au spectacle. Et Rameau, chez Grimm comme chez Rousseau, est visé peut-être encore plus que les autres compositeurs. Collé est de cet avis; il fait de Rameau un des principaux coupables:

Dans ses ouvrages, il n'a jamais regardé que lui directement, et non le but où l'opéra doit tendre. Il voulait faire de la musique, et pour cet effet il a tout mis en ballets, en danses et en airs de violon. Tous ceux qui ont travaillé avec lui étaient obligés d'étrangler leurs sujets, de manquer leurs poèmes, de les défigurer afin de lui amener des divertissements. Il ne voulait que cela.[4]

En fait, Rameau se contente de s'inscrire dans le goût du siècle pour la danse; fidèle à sa conception de la création artistique, il prend la situation telle qu'elle se présente sans chercher à la bouleverser par des positions extrêmes; il adapte

---

1. Livre II, lettre XXIII, *Œuvres complètes*, ii.287.
2. Toussaint de Rémond de Saint-Mard, *Réflexion sur l'opéra* (La Haye 1741), p.56.
3. *Le Petit prophète de Boehmischbroda*, ch.16, p.320.
4. *Journal et mémoires*, ii.374. En 1754, il fulminait déjà et prétendait que tous les théâtres étaient 'infectés de ballet' (i.428).

le sens de ses recherches au matériau qui s'offre à lui: on veut des danses? Qu'à cela ne tienne, il y aura des danses, beaucoup de danses! Mais ces danses seront autre chose que de simples divertissements; on fera de cet art le quatrième langage qui participera à l'unité de l'œuvre lyrique. C'est ainsi que Rameau composera sept opéras-ballets du genre de ceux que réclamait le public. L'opéra-ballet se transformant, se simplifiant, se réduisant à de simples actes de ballets, il créera donc des actes de ballets. Non content de satisfaire ainsi à la mode, Rameau voulut encore s'inscrire dans la tradition: ses pastorales héroïques respectent les règles du genre élaborées au dix-septième siècle; il en composa cinq[5] où des bergers rencontrent des êtres légendaires; dans *Zaïs*, ce sont les amours d'une bergère et d'un génie; Neptune, dans *Naïs*, a pour rival un berger; dans *Acanthe et Céphise*, un génie est jaloux des amours d'un berger et d'une bergère, etc. Sur ces bases conciliant les exigences de la tradition et de la mode du temps, Rameau se mettra au travail; il dépassera ces genres, les portera au-dessus des habitudes, se servira d'eux comme d'un cadre à sa musique expressive et spécialement à sa musique de danse. Ses spectacles étaient toujours ouverts à toutes les évolutions, à tous les progrès. Les interprètes dont il disposait et pour qui souvent il composait, faisaient partie du groupe moteur par lequel les deux traditions, l'italienne et la française, se développaient et évoluaient lentement. Il n'avait pas à choisir; les artistes étaient engagés par l'Académie royale de musique, il fallait les employer; il aurait pu le faire de mauvaise grâce; au contraire, il semble qu'il ait su voir dans les deux partis les qualités dont il avait besoin pour composer l'originalité de ses ouvrages.

En 1733, année de la création d'*Hippolyte et Aricie*, la Camargo était depuis sept ans à l'Académie royale de musique. Elle avait déjà eu le temps de faire parler d'elle. Son premier entrechat à quatre avait été battu en 1730; on connaissait ses sauts, scandaleux selon certains, pour lesquels il lui avait fallu raccourcir sa jupe et inventer le caleçon de précaution; la mode s'était emparée d'elle: on voulait être chaussé à la Camargo; elle avait dansé des rôles de bergère et d'Egyptienne dans des ouvrages de Lully, de matelotes et de bacchantes dans ceux de Mouret, de Campra et de Destouches. Le 1er octobre, Blondy étant encore son maître à danser, elle interprète dans *Hippolyte et Aricie* les rôles d'une matelote et d'une bergère. A ses côtés, il y a Dupré, le grand Dupré, entré à l'Académie royale de musique dès 1715. Il fait partie de ces hommes rares dont Noverre voudra que l'on prît exemple. Avec Mlle Sallé, il représente la tradition française, le style noble et digne, la tendance opposée à celle de la Camargo. En 1739, il remplace Blondy comme premier danseur et maître de ballet: la première place change donc de camp; et pour lui succéder il forme Gaëtan

---

5. Voir appendice I.

Vestris qui perpétuera son enseignement jusqu'en 1800. Or, Dupré sera de toutes les premières des ouvrages de Rameau depuis *Hippolyte et Aricie* en 1733, jusqu'à *Acanthe et Céphise* en 1751.[6]

Le poète Dorat nous apporte son témoignage et son admiration:

> Lorsque le grand Dupré, d'une marche hautaine,
> Orné de son panache, avançait sur la scène
> On croyait voir un Dieu demander des autels,
> Et venir se mêler aux danses des mortels.
> Dans tous ses déploiements, sa danse simple et pure
> N'était qu'un doux accord des dons de la Nature.
> Vestris, par le brillant, le fini de ses pas,
> Nous rappelle son maître et ne l'éclipse pas.[7]

Avec Mlle Sallé, La Camargo, Dupré, nous avons les trois têtes d'affiches pour la danse au début des années trente. Le compositeur, quant à lui, s'il ne prenait aucune part dans la manière de danser, pouvait, par la place qu'il accordait à la musique de danse, orienter la signification que les divertissements devaient prendre dans l'œuvre et, de ce fait, influencer considérablement le travail du danseur.

Les professionnels de la deuxième moitié du siècle, au contraire des philosophes, reconnurent en Rameau le grand précurseur; ils admirèrent à quel point, pendant trente ans, il avait transformé les habitudes, la routine qui régnaient dans la musique de danse. Autour des années 60 de jeunes danseurs, impatients de voir se réaliser les réformes auxquelles ils rêvent, saluent leur aîné; parmi eux, les Gardel, deux frères Max et Pierre et surtout Noverre. Ce sont eux, avec Dauberval qui, selon Castil Blaze, révolutionnèrent le monde de la danse.[8] On se rappelle comment à une représentation de *Castor et Pollux* le 21 janvier 1772, Max Gardel interpréta le rôle de Phébus sans perruque et sans masque, attributs dont Vestris qu'il remplaçait n'avait pas su se débarrasser; il ne faisait en cela, d'ailleurs, qu'imiter quarante ans après les originalités de Mlle Sallé. Gardel était le type même de l'artiste complet capable de travailler à l'unité du spectacle lyrique: maître de ballets, il était aussi compositeur et s'entendait donc aux problèmes de la musique de danse; il avait des connaissances générales sur la peinture et la mécanique et pouvait donc entretenir des relations efficaces avec les décorateurs professionnels; il correspondait à l'idéal de l'artiste pour la scène. Dans une brochure publiée à l'occasion d'une représentation de *L'Avènement de Titus à l'Empire*, ballet héroïque, Gardel fait

6. 1735: *Les Indes*, 1737: *Castor*, 1739: *Dardanus*, 1745: *Les Fêtes de Polymnie* et le *Temple de la Gloire*, 1748: *Zaïs*, 1749: *Naïs*.
7. *Poème de la déclamation*, rapporté par Castil Blaze, *La Danse et les ballets*, ch.10, p.181.
8. *La Danse et les ballets*, ch.12, p.202.

un bel éloge à Rameau, affirmant 'que l'on est redevable à Rameau de la perfection où la danse est portée [...] Il [Rameau] l'a vraiment créée, par l'expression pittoresque et la prodigieuse variété de ses airs de ballets.'[9]

Noverre a le même respect pour le grand maître dont il reconnaît la perspicacité et la précision du travail. Si le corps de ballet de l'opéra manque d'harmonie, c'est bien la faute de la musique de danse qu'on y joue, c'est parce qu'on n'écoute pas assez l'exemple proposé par Rameau. Ce compositeur, pour Noverre, tient une place à part dans le siècle, son seul tort étant de n'avoir pas su se faire entendre de ses contemporains; en effet, il

avait posé les limites sages qui convenaient au genre de musique propre à la danse – ses chants étaient simples et nobles – en évitant la monotonie des airs et des mouvements auxquels ses prédécesseurs s'étaient livrés, ils les avait variés: et ayant senti que les jambes ne pouvaient se mouvoir avec autant de vitesse que les doigts, et que le danseur était dans l'impossibilité de faire autant de pas que les airs présentent de notes, il les phrasait avec goût.[10]

Le jugement de Noverre est, pour nous, un des plus précieux: nous sommes, avec ce chorégraphe, au centre même de toutes les réformes en matière de danses au dix-huitième siècle; et comme la danse fait partie intégrante de l'œuvre lyrique, Noverre va être amené à considérer l'ensemble des problèmes qui se posent sur la scène.

9. Rapporté par Decroix dans l'*Ami des arts*, p.101 (sans date malheureusement).
10. *Lettres sur la danse et les arts imitateurs*, lettre XIX, p.167.

17. Noverre: premier metteur en scène

La très petite place faite à la danse dans le royaume des arts restera longtemps dans les préjugés des contemporains de Rameau – qu'on en juge simplement par les propos ironiques et sévères de l'abbé de La Porte, ordinairement des plus éclairés, auteur de l'*Observateur littéraire* de réputation européenne. Noverre avait publié l'année précédente ses *Lettres sur la danse et sur les ballets* où il se fait le défenseur absolu de cet art:

> On est d'abord tenté de rire, en lisant ces *Lettres* de l'enthousiasme avec lequel l'auteur parle de cet exercice, de l'importance qu'il lui attribue, du rang qu'il lui donne parmi les arts les plus nobles. A l'entendre, la danse peut aller de pair avec la poésie et la peinture.

Et de citer l'auteur, qui parle d'émouvoir le spectateur et d'intéresser son âme: 'En un mot, un maître de ballets peut occuper une place entre Raphaël et Racine dans le Temple de l'Immortalité. A ce ridicule près, car c'en est un, vous trouverez, Monsieur, des détails agréables, des principes sensés, des idées nouvelles dans ce volume.'[1] 'Des détails agréables', c'est toujours à cet adjectif que l'on revient quand il est question de la danse. Et pourtant l'abbé de La Porte a très bien compris de quoi il retournait: il s'agit de peindre comme l'aurait fait un peintre véritable ou un poète; telle est l'ambition de Noverre pour sortir la danse de l'idée un peu sommaire qu'on en a ordinairement et qui la fait, ici, traiter d'"exercice".

i. La danse: un art de peindre

Ce n'est pas un hasard si la métaphore du peintre et de son ouvrage revient si souvent dans les textes quand il est question de réformer la danse. Les auteurs visent haut puisque la peinture est au sommet de la hiérarchie des arts. Peindre, c'est imiter la nature, et dans l'imitation réside l'essence même de tous les arts. La danse, depuis la disparition de Lully, n'était pas considérée véritablement comme un art à part entière puisqu'on n'y voyait pas vraiment un moyen d'expression; pour que cette conception change, il faut qu'on lui donne les possibilités d'imiter, elle aussi, la nature.

En attendant d'avoir trouvé pour la danse un vocabulaire approprié qui rende

---

1. *L'Observateur littéraire* (1761), iii.121.

avec justesse le sens des réformes auxquelles on veut la soumettre, les auteurs empruntent à la peinture les mots dont ils ont besoin.

Cahusac en 1754 dénonce les vices du grand ballet de cour dans lequel il trouve beaucoup de mouvement et point d'action. Or la danse théâtrale, écrit-il, 'doit toujours *peindre*, retracer, être elle-même une *action*. Tout ce qui se passe au théâtre est sujet à cette loi immuable. Tout ce qui s'en échappe est froid, monotone, languissant'.[2]

Peindre, c'est exprimer une action; le ballet représente, montre quelque chose, au même titre que toutes les autres formes de théâtre: 'le théâtre, par sa nature, est fait pour représenter une *fuite de moments*, de l'ensemble desquels il résulte un *tableau* vivant et successif qui *ressemble* à la vie humaine' ('Chant', iii.48).

Peindre, c'est imiter la vie elle-même dans sa variété et ses changements.

En 1760, Noverre définit le ballet nouveau comme 'une copie fidèle de la belle nature'. C'est, sans nuances encore, le ranger parmi les arts imitateurs. Et pour illustrer son idée, il fait aussitôt appel au langage du peintre: le ballet est 'un tableau': 'la scène est la *toile*, les mouvements mécaniques des figurants sont les *couleurs*, leur physionomie est [...] le *pinceau*, l'ensemble et la vivacité des scènes, le choix de la musique, la décoration et le costume en font le *coloris*; enfin le compositeur est le *peintre*'.[3]

Nous avons, dans ces quelques lignes, presque tous les thèmes que cet auteur abordera ensuite: l'unité du spectacle, le rôle des figurants, la variété des scènes, la place des costumes... autant de problèmes qu'il va étudier en détails pour que son spectacle de danse ressemble effectivement à ses modèles, les œuvres de grands maîtres où la nature est rendue avec le plus de justesse. Ainsi, par exemple, pour illustrer la nécessité pour les figurants d'avoir des attitudes variées quoique participant de l'ensemble, il donne à observer deux tableaux: *Les Batailles d'Alexandre* par Le Brun et *Louis XIV* par Van der Meulen:

ils [les maîtres de ballets] verront que ces deux héros qui sont les sujets principaux de chaque tableau ne fixent point seuls l'œil admirateur; cette quantité prodigieuse de combattants, de vaincus et de vainqueurs, partagent agréablement les regards et concourent unanimement à la beauté et à la perfection de ces chefs d'œuvre; chaque tête a son expression et son caractère particulier.[4]

Pour donner une idée de ce à quoi doit ressembler un ballet d'action, il demande qu'on aille admirer la galerie du Luxembourg peinte par Rubens: 'chaque tableau présente une scène, cette scène conduit naturellement à une autre, de scène en scène on arrive au dénouement'.

2. Article 'Chant', *Encyclopédie*, iii.46 (c'est moi qui souligne).
3. *Lettres sur la danse et les arts imitateurs*, lettre XII: 'La composition', p.88 (c'est moi qui souligne).
4. *Théorie et pratique de la danse*, ch.4 (pas de pagination).

La peinture sert de modèle, de référence, et les grands maîtres sont les initiateurs de l'art de la danse réformée. Et l'éloge le plus considérable que l'on puisse faire à un artiste, et pas seulement à un chorégraphe, c'est de le comparer à un peintre. Ainsi, Decroix écrit sur Rameau après une représentation de *Castor et Pollux*: 'on conviendra que ce grand peintre a réuni, dans un degré éminent, la force et la majesté de Raphaël et de Michel Ange au coloris du Titien et la féconde imagination de Rubens à la délicatesse de l'Albane'.[5] On en conviendra, mais l'éloge est de taille.

Expression – imitation – action – peinture – tels sont les termes clef qui permettent de comprendre ce à quoi tend l'art de la danse. Tandis que la danse à la mode italienne, la danse haute, poursuit sa carrière sans déroger à ses habitudes et à la tradition installée essentiellement par la Camargo, la danse noble, celle du grand ballet de cour de l'époque de Louis XIV, petit à petit, se transforme; Mlle Sallé marque une étape importante dans son évolution vers la danse d'action; Noverre, pour la deuxième moitié du siècle, constate, et systématise ensuite, des principes jusqu'ici exprimés de manière partielle ou diffuse: son grand mérite fut d'avoir su les pousser jusqu'à leurs plus extrêmes conséquences.

Comme le spectacle d'opéra doit former une unité, que les divertissements dansés font partie de cet ensemble qu'ils ne doivent pas couper de manière intempestive, Noverre, quoique simplement chorégraphe à ses débuts, sera amené progressivement à s'intéresser à presque toutes les composantes de l'œuvre représentée. Avant la lettre, il occupe les responsabilités d'un véritable metteur en scène. C'est ainsi qu'il s'intéressera non seulement à la danse proprement dite, mais également aux costumes des danseurs, au décor, aux mouvements d'ensemble des choristes; en théoricien complet il se prononcera sur la formation des artistes tant des maîtres de ballet que des danseurs; enfin,

---

5. *L'Ami des arts*, p.123. Et Decroix poursuit en donnant un poème d'un académicien de Dijon, François de Neufchâteau:

> Que vois-je? C'est Rameau, le fils de Polymnie
> Sur sa lyre, ses doigts, source de l'harmonie
> Se promènent rapidement:
> Soit que faisant gronder la foudre et les orages
> De la mer soulevée, il chante les ravages
> Et le sombre mugissement,
> Soit que ses sons légers, enfants badins des grâces,
> De l'amour et des jeux qui volent sur ses traces,
> Nous fassent partager le doux enchantement.
> Le hardi Prométhée au séjour des nuages
> A dérobé le feu qui règne en ses accords.
> Il peint tout à nos sens par la foule d'images
> Qu'enfantent à la fois ses lyriques transports.

il établira une véritable éthique de la danse quant au rôle qui lui revient et aux moyens de le remplir.

ii. Montrer son âme

Le mot âme revient beaucoup dans les textes théoriques de cette deuxième moitié du siècle; il appartient au vocabulaire pré-romantique dans ce qu'il comporte de diffus, de mal défini; on le trouve bien souvent chez Rousseau mais aussi dans le langage plus pratique de gens de métier comme les machinistes ou les maîtres à danser. Avec le mot nature, il porte en lui tous les mystères de la pensée des philosophes qui, malgré leur prétention à un rationalisme sans faille, ont souvent tendance à se complaire dans des mots aux connotations plus ou moins religieuses. Si bien qu'il est difficile aujourd'hui de deviner ce qu'inconsciemment ils y pouvaient mettre.

Ce mot âme il nous est presque impossible, dans le langage de Noverre et de ses contemporains, de nous représenter à quoi pouvaient ressembler les réalisations sur scène des intentions qu'il exprime. Contentons-nous simplement de présenter ce mot dans les contextes où il apparaît; tout d'abord, écrit Noverre: 'La danse est une belle statue, agréablement dessinée; elle brille également par les contours, les positions gracieuses, la noblesse de ses attitudes'. Voilà bien la définition de la danse noble de bonne tradition française: on ne renie rien, on ne prétend rien détruire, on propose simplement une suite pour le bon développement de cet art; et Noverre d'enchaîner:

mais il lui manque une âme. Les connaisseurs la regardent avec les mêmes yeux que Pygmalion lorsqu'il contemplait son ouvrage; ils font les mêmes vœux que lui, et ils désirent ardemment que le sentiment l'anime, que le génie l'éclaire et que l'esprit lui enseigne à s'exprimer.[6]

Pour que la danse ne soit plus simplement qu'une succession de gestes et de figures, pour qu'elle compte dorénavant au nombre des arts, il lui faut la vie. Le danseur, de simple interprète de la grâce à l'état pur, devient un personnage, un acteur comme les autres qui joue un rôle précis, avec ses caractéristiques singulières. Et il ne peut en être autrement si l'on veut que le ballet représente véritablement quelque chose ou qu'il s'intègre à part entière dans l'action principale du drame quand il apparaît sous forme de divertissement. Ce projet n'est pas nouveau, cependant, il semble qu'on n'ait jamais véritablement posé les conditions de sa bonne réalisation. 'L'art du geste et de la pantomime', écrit Noverre, 'est resté dans l'enfance.'[7]

6. *Lettres sur la danse et sur les ballets*, cité par Fréron, *L'Année littéraire* (1760), i.85.
7. *Lettres sur la danse et les arts imitateurs*, lettre XII, 'La composition', p.89.

Ce théoricien va tâcher de faire le tour de la question. Il s'agit pour le danseur d'exprimer les passions de l'âme. Dans ses *Lettres sur la danse et les arts imitateurs* un chapitre est consacré au problème de l'accord du geste avec la pensée et les mouvements de l'âme. L'action, donc la danse d'action, sont définies comme 'l'art de faire passer par l'expression vraie de nos mouvements, de nos gestes et de la physionomie, nos sentiments et nos passions dans l'âme du spectateur'.[8]

On n'avait pas, jusque-là, soupçonné la danse de pouvoir 'parler à l'âme'.[9] Il s'agit maintenant, non seulement de pénétrer l'âme du spectateur mais pour le danseur d'exprimer ce qu'il a lui-même au fond de la sienne. C'est le contact d'une âme avec une autre. La pantomime noble non seulement s'oppose aux gestes jugés triviaux des Bouffons d'Italie 'que le mauvais goût semble avoir adopté', mais également à l'action machinale: 'Celle que l'on exige part du cœur. Elle est l'expression fidèle du sentiment'; 'Le geste puise son principe dans la passion qu'il doit rendre, c'est un trait qui part de l'âme.'[10]

En quelque sorte, l'émotion du danseur se confond avec celle de son personnage. On ne lui demande pas simplement de faire que le spectateur soit ému, mais de l'être lui-même, et l'on affirme qu'il n'est pas possible de pratiquer son métier autrement.

L'enthousiasme de Noverre est grand; il ne soupçonne pas le côté irréaliste de ses exigences. Les théoriciens qui lui succéderont seront plus modérés et reviendront à la simple imitation de la nature telle qu'on la demandait aux autres catégories d'acteurs. Algarotti, par exemple, écrira que 'la danse doit être une imitation de la nature et des affections de l'âme, qui s'exprime par les mouvements souples et harmonieux du corps; elle doit parler continuellement aux yeux et peindre avec le geste ou ce que les anciens appelaient la pantomime'.[11] Pour que le danseur exprime son âme, deux questions d'importance ce posent: les masques, les bras.

iii. Les masques

Laissons parler Noverre: 'Le visage est l'organe de la scène muette, il est l'interprète fidèle de tous les mouvements de la pantomime: en voilà assez pour bannir les masques de la danse, cet art de pure imitation.'[12]

Les masques cachent le visage des danseurs, lieu privilégié où l'âme peut s'exprimer, où la vie peut être peinte dans toute sa variété; les supprimer

8. Lettre XXII, p.187.
9. Lettre XII, p.89.
10. *Théorie et pratique de la danse*, ch.6.
11. *Essai sur l'opéra*, p.66.
12. *Lettres sur la danse et les arts imitateurs*, lettre XVIII, p.140-41.

totalement, c'est, brutalement, renverser une esthétique complexe à laquelle la tradition était profondément attachée. Les masques, comme les cothurnes ou certaines attitudes, créaient la distance nécessaire pour que l'individualité de l'interprète ne pût jamais 'toucher' le spectateur. L'acteur en scène, plus qu'un être de chair, symbolisait le personnage, il en était l'idée plus que la représentation; de la même manière, une foule sur la scène devait former un ensemble et non pas l'addition de personnes différentes; les masques, tous semblables pour les membres d'un même groupe, permettaient de créer l'uniformité désirée. Dans la mesure où l'on veut montrer la nature telle qu'elle est, découvrir son visage paraît essentiel. Et tant pis si quelquefois l'effort fourni par le danseur s'y imprime trop. Et Noverre répond aux arguments des défenseurs des masques: 'La nature est-elle uniforme dans ses productions?' 'le danseur doit pouvoir se maîtriser et montrer son âme [...] sinon il n'est bon qu'à aller faire le saut périlleux'.

Toutefois, on conservera ces masques pour les êtres imaginaires comme les Furies, les Tritons, les Vents, les Faunes... 'ne pouvant consulter la nature à l'égard de ces êtres chimériques'.[13] Et cela, presque jusqu'à la fin du siècle: 'En 1785', nous dit Castil Blaze, 'les Vents figuraient encore dans le prologue de *Tarare* avec leurs masques bouffis, mais ils n'avaient pas le soufflet à la main.'[14]

Quant aux autres interprètes, il fallut du temps, également, pour faire accepter qu'ils parussent dorénavant toujours sans masques. Nougaret en 1769, neuf ans donc après le premier ouvrage de Noverre, aborde encore le problème comme une nouveauté; il cite le poète Dorat qui 's'est *depuis peu* élevé contre les masques des danseurs':[15]

Il est certain qu'en se couvrant de la sorte le visage, ils [les danseurs] oublient que tout leur corps doit exprimer des passions, et que le visage surtout doit être le fidèle miroir de ce qui agite l'âme. Lorsqu'on peint par des gestes, par des pas lents ou précipités, le trouble, l'amour, l'abattement, la fureur, pourquoi la physionomie serait-elle toujours la même? [...] Est-ce là saisir la nature, dans un art où l'on se flatte le plus d'en approcher?[16]

En 1772, Gaëtan Vestris devait encore paraître avec un masque dans le rôle d'Apollon du prologue de *Castor et Pollux*; ensuite, nous dit Castil Blaze, les premiers sujets l'abandonnèrent et 'on le conserva pendant quelques années encore pour les choristes dansants, pour les ombres, pour les vents et les furies'.[17]

13. Lettre XVIII, p.143.
14. *La Danse et les ballets*, ch.12, p.209.
15. C'est moi qui souligne.
16. *De l'art du théâtre*, ii.205-206.
17. *La Danse et les ballets*, ch.12, p.209.

Le goût change, l'esthétique se transforme. La présence des masques sur une scène de théâtre répondait à des exigences particulières: les Grecs les employaient ainsi que les cothurnes pour des raisons très précises qu'il n'y a pas lieu, dans notre étude, d'analyser; qu'il nous suffise de dire qu'il n'est pas question d'interpréter les mouvements qu'on observe dans la conception que les hommes de l'art se font du spectacle dans le sens d'un progrès quelconque: il n'y a pas de progrès, mais seulement une lente transformation de l'idée qu'on se fait de l'illusion théâtrale; chaque époque oublie les raisons de l'époque précédente; on remplace progressivement un artifice par un autre artifice.

Il n'est pas sûr que vouloir 'montrer son âme' avec tout le vague qui se cache derrière les mots ne soit pas un leurre d'autant plus éloigné de la réalité qu'on est persuadé d'y adhérer étroitement, alors que les conventions tout arbitraires du ballet de cour, une fois admises, pouvaient produire cette réalité à leur manière et toucher le spectateur, par leurs détours, de façon peut-être plus efficace et authentique.

Noverre supprime les masques dans ses ballets; il a fallu plus de trente ans pour qu'ils tombent tous, le temps peut-être d'en fabriquer d'autres en dessous des premiers: on ne passe pas de l'artifice avoué et accepté à la nature toute nue, si tant est qu'elle puisse exister dans les œuvres de création; à quoi ressemblait l'expression du visage qui les remplaça? C'est ce qu'on a du mal à supposer.

iv. Les bras

Il s'agit de se donner les moyens de ce qu'on se propose d'exprimer. Si Noverre ne fut pas le seul à faire tomber les masques – et, après tout, la Comédie l'avait fait depuis Molière et il suffisait d'admettre que les esthétiques des deux sortes de spectacles se rapprochent quelque peu – il fut vraiment novateur lorsqu'il chercha à donner aux mouvements des bras une place tout à fait privilégiée:

Pour hâter les progrès de notre art et le rapprocher de la vérité, il faut faire un sacrifice de tous les pas trop compliqués et de tous ces tours de force que je regarde comme des convulsions de la danse, ce que l'on perdra du côté des jambes se retrouvera du côté des bras, plus les pas seront simples et plus il leur sera facile de leur associer de l'expression et des grâces.[18]

Aux 'grâces' de la danse noble de tradition française s'allie 'l'expression' qui résume les idées des réformateurs. Les 'convulsions' et 'les pas trop compliqués' concernent la danse à la mode d'Italie, tout occupée de l'exercice des jambes

---

18. *Théorie et pratique de la danse*, ch.6, 'De l'action, des grâces naturelles et de l'expression' (pas de pagination).

qui permettent les 'tours de force' et les sauts périlleux; pour les nuances, pour la peinture de la vérité des sentiments et des passions, les bras sont à présent nécessaires. A la performance s'opposent la discrétion et la délicatesse.

Le corps entier doit exprimer; après le visage, le mouvement des bras sera étudié avec soin: 'L'art du geste est resserré dans des bornes trop étroites pour produire de grands effets [...] tant qu'on ne variera pas davantage les mouvements des bras, ils n'auront jamais la force d'émouvoir et d'affecter.'[19]

Et Noverre demande beaucoup (p.189):

Je demande plus de variété et d'expression dans les bras; je voudrais les voir parler avec énergie; ils peignent le sentiment et la volupté, mais ce n'est pas assez, il faut encore qu'ils peignent la fureur, le dépit, la jalousie, la douleur, la vengeance, l'ironie, toutes les passions enfin innées pour ainsi dire dans l'homme.

Il faut que 'd'accord avec les yeux, la physionomie et les pas, ils me fassent entendre le cri de la nature'.[20] 'Les sentiments et la volupté', voilà ce à quoi se réduisait la danse noble. On voit à quel point le jugement de Noverre est sévère: elle n'exprimait rien; elle inspirait simplement une tendresse vague, un désir du beau lié aux agréments physiques des interprètes. La danse d'action veut beaucoup plus: il s'agit de montrer les différentes passions dans leurs caractéristiques propres.

Il apparaît donc que les bras, que le visage, vont être les deux pôles d'intérêt des promoteurs de la danse d'action. Incapables de performances spectaculaires, ils sont les supports de la délicatesse et d'un travail minutieux. Les différences avec la danse haute se définissent de plus en plus précisément:

Enfants de Terpsichore, renoncez aux cabrioles, aux entrechats et aux pas trop compliqués, abandonnez la minauderie, pour vous livrer au sentiment, aux grâces naïves et à l'expression, appliquez-vous à la pantomime noble [...] quittez ces masques froids, copies imparfaites de la nature, ils dérobent vos traits.[21]

v. Les passions

La danse d'action doit donc exprimer des passions. Nougaret l'écrira à son tour en insistant sur le rôle important que joue le maître de ballets:

Une observation qu'il est essentiel de faire ici, au sujet de la danse, et qui regarde particulièrement les maîtres de Ballets, c'est que la danse ne saurait plaire si elle n'a un dessein, si elle n'exprime quelque chose. Le spectateur est peu touché des sauts, des entrechats; il n'est nullement charmé des mouvements variés d'une foule de danseurs,

19. *Lettres sur la danse et les arts imitateurs*, p.188.
20. p.189. Voir également le ch.6 de *Théorie et pratique de la danse*.
21. *Théorie et pratique de la danse*, ch.7.

si tout cela n'a un but et ne satisfait notre âme en peignant des passions. Il faut ensuite que ces diverses peintures se lient, se confondent au tableau principal, en se rapportant à la circonstance qui les amène.[22]

Le maître de ballets ordonne le tableau général, c'est de lui que dépend la cohérence de l'ensemble; on le dit responsable de la bonne expression des danseurs: il devient véritablement le maître d'œuvre. Mais comment s'y prendra-t-il?

Noverre demande qu'il aille consulter de grands peintres: cela lui donnera une idée de la variété indispensable aux tableaux, qu'ils soient sur une toile ou sur une scène, il évitera alors 'cette symétrie dans les figures qui, faisant répétition d'objet, offre sur la même toile, deux tableaux semblables'. Il apprendra 'à peindre sur la scène les différentes passions, avec les nuances et le coloris que chacune d'elles exige en particulier'.[23] On s'appliquera, également, à ne représenter que les grandes passions dont l'imitation est plus facile.

Ces conseils restent bien vagues; aucune technique n'est enseignée ni aucune règle pratique. On souhaite un résultat; on ne dit pas comment il faut faire pour y parvenir: 'Je souhaiterais enfin que l'on eût l'art d'approprier les pas aux passions, que l'on sût en composer de nouveaux.' Cependant, la question n'est pas esquivée, elle reçoit même une réponse en quelque manière: 'On trouvera les principes de tous ces pas dans les sensations que l'on éprouve; je ne puis en enseigner les règles. Elles se divisent à l'infini; elles varient à proportion de nos sensations.'[24]

Il ne va pas plus loin, et pourtant, ce n'est pas une dérobade. Le danseur doit trouver en lui-même le feu dont il a besoin. Il doit montrer son âme à l'âme du spectateur. Il n'y a pas de technique pour cela; il y a simplement une sorte de grâce. Le mystère reste entier et les mots que l'on trouve pour tâcher de l'éclairer ne font qu'augmenter la confusion:

Je ferai d'un homme ordinaire un danseur comme il y en a mille [...], je lui enseignerai à remuer les bras et les jambes et à tourner la tête; je lui donnerai de la fermeté, du brillant et de la vitesse, mais je ne pourrai le douer de ce feu, de ce génie, de cet esprit, de ces grâces et de cette expression de sentiment qui est l'âme de la vraie pantomime: la nature fut toujours au dessus de l'art, il n'appartient qu'à elle de faire des miracles.[25]

Feu, génie, esprit, miracles, s'ajoutent à âme et nature – cette dernière pourvoira à tout; il suffit de la laisser s'exprimer et de ne pas entraver ses mouvements.

Cette manière de penser n'est pas rare dans la deuxième moitié du dix-

---

22. *De l'art du théâtre*, ii.205.
23. *Lettres sur la danse et les arts imitateurs*, lettre XII, p.90.
24. *Théorie et pratique de la danse*, ch.6.
25. *Lettres sur la danse et les arts imitateurs*, lettre XXII, p.194.

huitième siècle chez les théoriciens du spectacle. Le prince de Ligne, par exemple, esprit raffiné, auteur de plusieurs livres sur l'art de décorer les jardins, grand voyageur et amateur de spectacles, ira plus loin encore à propos des acteurs en général:

> Le talent de l'état vaut bien mieux que de l'esprit. Avec de l'esprit, tous les jours, on voit une quantité de gens qui ne réussissent en rien. Avec la conformité de vocation, de disposition et de profession, on voit des gens médiocres venir à bout de tout ce qu'ils entreprennent.[26]

Le mot esprit simplement a changé de sens: il signifie ici intelligence. La vocation se passe de cet esprit; il n'est pas nécessaire d'être pénétré de finesse, la nature est d'un autre ordre et l'art aussi, semble-t-il!

Quant à l'enseignement, il est inutile – même nuisible:

> Tous les talents du spectacle dépendent d'un certain tact qui ne se donne pas. Les comparaisons, les retours sur soi-même, l'instruction, les conseils corrigent, adoucissent, échauffent, marquent, développent les dispositions [...]. Mais très souvent la réflexion y [aux succès] nuira. Que l'on se méfie du travail, il fait trop entrevoir d'obstacles. Ceux qui n'ont que l'instinct dont j'ai parlé, sautent à pieds joints des barrières qui arrêteraient des gens d'esprit.[27]

Et de donner un exemple parmi les chanteuses: 'C'est pour cela qu'il se peut très bien que Mlle Lemaure ait été aussi bête qu'on le dit.'

Aux qualités intellectuelles de l'interprète, s'oppose l'instinct; les esprits distingués n'hésitent pas à glorifier l'ingénuité de la nature humaine au nom de la richesse des passions; l'art composerait presque avec la médiocrité. N'allons pas plus loin: ce sont encaillements de grand seigneur.

Pourtant certains auteurs semblent ne pas s'être contentés de cette stricte adéquation de l'art et de la nature. Les passions viennent de l'âme sans doute, alors il faut travailler sur son âme. Rémond de Saint-Albine parle de 'plier son âme à des impressions contraires'. Le sens des mots glisse; on ne sait plus très bien si l'on parle encore véritablement de l'âme ou si ce n'est pas simplement la physionomie qu'on voudrait exalter de cette façon. Mais il s'agit de savoir changer d'expression et cela par un effort de volonté; ici le travail de l'acteur reprend ses droits, car 'les sentiments se succèdent dans une scène avec une rapidité qui n'est point dans la nature'. L'interprète doit avoir du sentiment, ce mot 'désigne dans les comédiens la facilité de faire succéder dans leur âme les diverses passions dont l'homme est susceptible. Comme une cire molle [...]'; 'Si vous ne pouvez vous prêter à ces métamorphoses ne vous hasardez point sur la scène.' Mais l'auteur ajoute, ce qui brouille de nouveau les pistes: 'l'art

---

26. *Lettres à Eugénie*, p.102.
27. *Lettres à Eugénie*, p.103, 104.

ne tient jamais lieu de sentiment. Dès qu'un acteur manque de cette qualité, tous les autres présents de la nature et de l'étude sont perdus pour lui.'[28]

Il s'agit donc d'un état de grâce au delà du naturel – ce que les romantiques appelleront l'inspiration.

Mais ce serait trop simple encore: savoir plier son âme à des impressions que l'on veut représenter ne suffit pas, Rémond de Saint-Albine demande en plus qu'on ne ressente pas ces passions, et présente cette exigence comme une idée généralement admise: 'Il paraît démontré [...] que si l'on a le malheur de ressentir véritablement ce que l'on doit exprimer on est hors d'état de jouer.'[29] Les passions et les sentiments se succèdent plus rapidement sur scène que dans la nature – il est, en effet, impossible de les vivre tous – l'acteur serait constamment en retard sur le déroulement de l'action; il est donc essentiel qu'il ne se laisse prendre par aucun des états qu'il incarne.

Cette réflexion n'est pas neuve, en effet. Monsieur Riccoboni, acteur et auteur de la Comédie italienne, l'avait exprimé dans son *Art du théâtre* en 1750. Clément en fait la relation dans les *Cinq années littéraires*; et de résumer les idées de l'auteur: 'Si, ajoute-t-il, on a le malheur de ressentir véritablement ce qu'on doit exprimer, on est hors d'état de jouer.'

Comme on peut le constater, Rémond de Saint-Albine connaît ses auteurs et n'hésite pas à leur faire quelques emprunts. Cependant Riccoboni continue: 'Si dans un endroit d'attendrissement vous vous laissez emporter au sentiment de votre rôle, votre cœur se trouvera serré, votre gosier s'embarrassera de sanglots, il vous sera impossible de proférer un seul mot sans des hoquets ridicules.'[30] Riccoboni conseille ici les acteurs de théâtre, mais son propos est tout à fait applicable aux danseurs à une époque où la danse se définit comme un véritable langage.

Cette réflexion sera le thème même du *Paradoxe sur le comédien* de Diderot écrit en 1773 et paru en France seulement en 1830. Ceci pour souligner qu'il ne s'agit pas d'une idée originale d'un auteur mais bien de toute une manière de penser dont Riccoboni fut probablement le premier interprète.

Ainsi les contradictions, qui ne sont peut-être qu'apparentes, ne manquent pas lorsque les auteurs s'interrogent sur l'art du comédien. Il n'est pas légitime d'en faire ici la somme et de les réduire à des formules qui seront toutes fautives par leur orientation systématique. Constatons simplement que les mots qui reviennent sous la plume des théoriciens échappent aux définitions, chacun y mettant une part de subjectivité dont les spectacles sont à présent porteurs. Aux

28. Hannetaire, *Abrégé du comédien*, p.85.
29. Rapporté par Hannetaire dans *Abrégé du comédien*, p.84.
30. *Les Cinq années littéraires*, lettre 52, 20 mars.

contours soigneusement dessinés, aux règles strictes, à la fantaisie toute de convention des spectacles du siècle passé et jusqu'aux années trente environ se substitue lentement un curieux mélange de rigueur et de mystère.

vi. Un exemple: Garrick en tyran vu par Noverre

Le comédien anglais, Garrick, fut souvent loué par Noverre, et cette estime est réciproque. David Garrick appelle Noverre 'the Shakespeare of the Dance', et il écrit de lui ces vers:

> Du feu de son génie il anima la danse
> Aux beaux jours de la Grèce il sut la rappeler
> Et recouvrant par lui leur antique éloquence
> Les gestes et les pas apprirent à parler.[31]

Le compliment est de taille puisqu'il fait référence à l'antiquité – modèle par excellence pour ce temps, où toute nouveauté est bannie et pour laquelle la seule évolution souhaitée est un retour en arrière vers des époques que l'on juge avoir détenu la perfection.

Noverre fait son portrait dans le rôle d'un tyran sans préciser dans quelle pièce il le vit; il admire d'abord la mobilité de son expression: 'Ses traits sont autant de rideaux qui se tirent adroitement et qui laissent voir à chaque instant de nouveaux tableaux peints par le sentiment et la vérité.' Puis il le met en scène dans un style où apparaissent ensemble un don pour l'observation minutieuse et une imagination débordante pour laquelle le spectacle ne semble avoir été qu'un prétexte:

L'humanité triomphait des meurtres et de la barbarie; le tyran sensible à sa voix détestait ses crimes; ils devenaient par gradation ses juges et ses bourreaux; la mort à chaque instant s'imprimait sur son visage; ses yeux s'obscurcissaient; sa voix se prêtait à peine aux efforts qu'il faisait pour articuler sa pensée; ses gestes, sans perdre de leur expression, caractérisaient les approches du dernier instant; ses jambes se dérobaient sous lui; ses traits s'allongeaient; son teint pâle et livide n'empruntait sa couleur que de la douleur et du repentir; il tombait enfin; dans cet instant, ses crimes se retraçaient à son imagination sous les formes horribles. Effrayé des tableaux hideux que ses forfaits lui présentaient, il luttait contre la mort; la nature semblait faire un dernier effort: cette situation faisait frémir. Il grattait la terre, il creusait en quelque façon son tombeau; mais le moment approchait, on voyait réellement la mort; tout peignait l'instant qui ramène à l'égalité; il expirait enfin: le hoquet de la mort et les mouvements convulsifs de la physionomie, des bras et de la poitrine donnaient le dernier coup à ce tableau terrible.[32]

Noverre partage bien l'opinion des philosophes: les spectacles doivent être

31. En page de garde du manuscrit de *Théorie et pratique de la danse* de Noverre.
32. *Lettres sur la danse et les arts imitateurs*, lettre XVIII, p.147.

faits de passions fortes: les bonnes comme les mauvaises sont source du sublime. Diderot surtout développera cette idée que la scène ne saurait intéresser sans l'enthousiasme et l'énergie des passions. Mais comment les représenter, ces passions? A quoi ressemblaient-elles mises en gestes et en expression? Un texte comme ce portrait de Garrick peut nous aider à comprendre. Peu importe qu'il s'agisse d'un comédien pour le théâtre: il partage avec les autres interprètes soucieux de réformes la volonté d'exprimer; l'admiration de Noverre après qu'on a pris connaissance de ses théories peut nous aider à les mieux comprendre; au delà des mots, le regard qu'il porte sur la scène peut nous éclairer. Et que voit-il?

Etant donné que l'acteur ne dispose que de moyens extérieurs pour exprimer jusqu'au plus profond de ce que son personnage est supposé ressentir, on se rend bien compte qu'il est impossible que Noverre ait vu tout ce qu'il décrit: il laisse aller son enthousiasme, il croit voir ce qu'il imagine car le spectacle lui suggère les expressions qu'il complète ensuite dans son esprit. Cependant, derrière le regard de Noverre, spectateur ébloui, veille l'œil du professionnel auquel on peut supposer une certaine lucidité. Ce qu'il dit avoir vu, il en aurait donc effectivement vu une part; tous ces détails infimes et imperceptibles, car appartenant à la vie intérieure, il aurait donc assisté à la tentative de les exprimer par des gestes et des attitudes: l'acteur doit tout projeter à l'extérieur de lui-même, cela demande déjà qu'il traduise ce qu'il est supposé ressentir dans ce qui est visible; c'est un premier grossissement. Un deuxième grossissement sera nécessaire du fait de la distance entre le spectateur et d'acteur, de toutes façons supérieure à celle qui existe dans les rapports normaux entre individus. Et qui dit grossissement dit insistance sur les nuances et les détails de la physionomie et du geste, et en priorité sur ceux qui émergent à peine du psychologique et sont plus imaginés que discernés réellement. Comment donc représenter à toute une salle des yeux qui s'obscurcissent? On atteint alors exactement à l'inverse du but qu'on s'est fixé: au lieu de l'infinie délicatesse du détail désiré avec art, on aura une grossière pantomime où l'exagération et l'excès régneront en maîtres.

A quoi devaient ressembler ces spectacles, nous ne pouvons pas vraiment le savoir, du fait de l'absence de documents précis, mais, à la lecture d'un tel texte, on peut cependant se rendre compte que la simplicité et le naturel dont les théoriciens comme Noverre font leur fer de lance sont des notions bien difficiles à définir.

Exprimer l'âme et ses passions, c'est ce que se propose Diderot dans ses drames; les tableaux de Greuze peuvent nous aider à comprendre à quoi ressemblaient ces expressions; la danse avec Noverre vise au même but; il est à supposer que sa réalisation dans cet art appartenait à la même sensibilité.

vii. Des limites

Que la danse ait pu aboutir à certains excès dans son ambition de vouloir tout représenter, Noverre en était probablement conscient: on a vu qu'il demandait aux danseurs de savoir s'arrêter de danser dans les instants, par exemple, de désespoir et d'accablement; le visage et les yeux seuls devaient exprimer; le reste du corps, même les mouvements des bras, étaient jugés incapables de montrer des sentiments qui, dans la réalité, provoquent l'immobilité. Il insistait pour que le pas s'adapte à l'expression qu'il traduit: 'j'exige que dans une expression vive on ne forme point de pas lents; que dans une scène grave on n'en fasse point de légers; que dans les mouvements de dépit on sache éviter tous ceux qui, ayant de la légèreté, trouveraient place dans un moment d'inconstance'.[33]

Noverre avait le souci de faire coller le plus exactement possible le geste à la réalité puisqu'il s'agit d'imiter la nature, de l'observer le plus attentivement possible et ensuite de la reproduire en s'inspirant des œuvres des peintres, par exemple. De ce point de vue, la danse se confondrait avec le théâtre; cependant, ses moyens ne sont évidemment pas les mêmes que ceux dont la tragédie dispose; même si celle-ci doit user forcément de charge selon l'expression de l'époque, son langage s'apparente à celui que nous utilisons dans la vie courante.

La danse, quant à elle, ainsi que la musique, est faite d'une somme de signes qui lui sont propres. Noverre le souligne fortement: pour lui la danse est un 'beau langage', dont il faut connaître 'l'alphabet', c'est-à-dire, toutes les figures qui la composent et dont il faut étudier la 'grammaire'.[34] Ainsi, le ballet est un beau discours, les pas sont les lettres et les mots, et l'action forme les phrases et les périodes. Le danseur doit faire la traduction de la réalité dans cette langue; il suffira au spectateur, ensuite, de lire ce texte nouveau.

La réflexion de Noverre semble s'arrêter là: la danse imite, traduit, décalque la nature; c'est l'idée également qu'on se faisait de la musique réduite à son aspect vocal et à l'accompagnement auxquels seuls, jusqu'à Rameau, on reconnaissait le pouvoir d'exprimer; ce dernier, grâce à ses découvertes sur l'harmonie, sortit la musique de son rôle borné de traduction: il décrivit des voies originales dont cet art dispose pour exprimer les passions qui, loin de se superposer simplement à celles du langage parlé, en diffèrent totalement par leur nature même; il s'établit ainsi entre l'art du théâtre parlé, la musique, et la réalité un réseau de correspondances dans l'expression des passions, chacun provoquant la même émotion mais par des moyens qui lui sont propres.

---

33. *Lettres sur la danse et les arts imitateurs*, lettre XXII, p.193.
34. Lettre XIII, p.98.

Le progrès considérable que Rameau fait accomplir à la sensibilité musicale, la danse ne le connaît pas encore. Si on la borne à un simple rôle de traduction, ses moyens sont considérablement pauvres en comparaison de ceux du langage parlé. Comment exprimer les mouvements de l'âme dans leurs nuances et leurs méandres à l'aide simplement des gestes de son corps? Le grossissement inévitable des effets ne peut que toucher à la caricature ou alors il faut se réduire volontairement à n'exprimer que les passions simples aisément reconnaissables et, d'ailleurs, extrêmement appauvries par rapport à leurs modèles.

C'est ce qui apparaît à la lecture de cette description de Psyché écrite par Noverre:

Psyché est poursuivie par la haine que lui porte Vénus, Tisiphone enlève cette princesse à l'Amour; elle est entraînée dans les Enfers; un instant après, les Furies avec des Spectres et des Démons s'empressent à la persécuter et à lui faire éprouver tous les tourments que peuvent imaginer les habitants de l'infernal séjour; tantôt elle est terrassée sur des Rochers ardents; un instant après elle est chargée de chaînes brûlantes. Mille poignards s'élèvent pour la frapper, tandis que les Furies armées de serpents et de couleuvres les approchent de son sein pour lui ronger le cœur; un instant après, les Parques paraissent, les Démons s'arment de torches ardentes, ils poursuivent Psyché qui, ne pouvant plus soutenir l'horreur de tant de tourments, tombe à demi mourante sur des Roches embrasées; les Parques s'apprêtent à trancher le fil de ses jours, l'Enfer applaudit, l'Amour paraît.

La troupe infernale est épouvantée, elle recule, elle frémit à son tour, elle veut lutter contre l'amour, mais ce dieu triomphe, il enchaîne et désarme les Parques, il terrasse les Furies et étonne les Démons et la troupe infernale se précipite dans les abîmes du Tartare en exprimant sa honte, sa rage et son désespoir.[35]

Ce tableau ne fait pas une place bien grande à la vérité psychologique; on en imagine les gestes outrés et les expressions chargées et probablement usées: mais comment faire autrement; on veut sortir le spectacle de ballet de son simple rôle d'amusement de qualité; on veut le hausser au niveau de la tragédie – on en prend donc les sujets, mais les moyens dont on dispose n'ont guère changé et imiter ne suffit pas. Ce qui fit écrire à des critiques comme Baron, après avoir cependant fait largement l'éloge de Noverre comme novateur, qu'il s'était quelquefois trompé en prenant des sujets trop tragiques. La danse pour cet auteur en 1825 ne peut pas prendre n'importe quel sujet; il s'agit de bien choisir, et si l'on veut faire dans le tragique, ni le tragique sombre ni le tragique admiratif ne lui conviennent. Noverre 'a péché dans l'excès inverse de son siècle: avant lui les noms des ballets étaient: les Savoyards, le Casseur de vitres, le Sabotier, les Charbonniers, les Pierrots, le Suisse dupé, etc. Noverre fut

---

35. *Théorie et pratique de la danse*, 'De la nécessité de saisir les caractères pour les peindre avec vérité'.

dégoûté de ces plates bouffonneries,' mais il est allé trop loin, il a voulu 'tout faire danser et tout faire entrer dans le cercle des pirouettes'.[36]

Le terme 'pirouettes' employé par Baron montre bien de quelle manière un peu méprisante la danse est encore jugée; elle n'a pas rejoint comme le désirait Noverre les premières places dans les arts d'expression. La bataille n'est pas encore gagnée.

> Noverre sur un art qu'il crut universel,
> Du ton le plus auguste endoctrinant l'Europe,
> Eût fait danser Joad, Phèdre et le Misanthrope

écrit Chénier dans son poème sur les arts; renvoyant la danse à la bergerie dont elle est issue, il nie qu'elle puisse atteindre à la vérité tant dans le domaine des passions que dans celui des ridicules: qu'elle n'emprunte donc ses sujets ni à la tragédie ni à la comédie! Et il continue:

> Jusque dans les ballets il faut de la raison;
> Je n'aime point à voir les enfants de Jason,
> Egorgés en dansant par leur père qui danse,
> Sous des coups mesurés expirer en cadence. [...]
> Si le sort a choisi les trois frères romains
> Pour combattre en champ clos les trois frères albains
> Sied-il qu'en terminant cette lutte homicide
> Du sort d'Albe et de Rome un entrechat décide?[37]

Pirouette, entrechat, deux chutes qui en disent long: les novateurs n'ont pas su vraiment convaincre du nouveau rôle qu'ils désiraient faire jouer à la danse.

Dans l'évolution des arts du spectacle au dix-huitième siècle la danse et la musique n'ont pas atteint le même degré. Il a fallu pour celle-ci sortir des frontières imposées de la musique vocale et prouver que si la musique instrumentale est très limitée pour exprimer la nature par la simple voie de l'imitation, elle peut, avec une richesse jusque-là insoupçonnée, recréer une atmosphère, éveiller l'émotion par les moyens qui lui sont propres, non plus en collant ponctuellement au texte chanté mais en construisant, à sa manière, le lieu psychologique désiré. Avec Rameau, la musique agrandit son domaine: elle a toujours fait partie des arts d'imitation; il lui a donc fallu se dégager de ce carcan trop étroit qui la rendait dépendante des mots et se donner les moyens de créer par elle-même. La danse, quant à elle, n'était d'abord qu'un simple délassement, et l'ambition des novateurs depuis Mlle Sallé jusqu'à Noverre fut d'en faire un art à part entière, c'est-à-dire de lui faire imiter la nature comme les autres arts: ainsi naquit la danse d'expression. A ce stade le rôle que

---

36. *Lettres et entretiens*, entretien v, p.237.
37. Entretien v, p.238-39.

peut jouer la danse dans un spectacle est comparable à celui de la musique instrumentale avant Rameau: elle sert d'accompagnement non pas aux voix mais au déroulement de l'action auquel elle tend à s'intégrer; on niait autrefois qu'elle pût exprimer quoi que ce fût; à présent qu'elle cherche à se mettre en action, les moyens dont elle dispose sont très limités: réduits à la simple imitation de la nature, les gestes des bras et la physionomie ne peuvent reproduire rien d'autre que les émotions qui s'expriment physiquement; quant aux actions proprement dites, elles sont évidemment, ou bien dénaturées quand elles correspondent à des gestes anodins dans la réalité, ou bien grossies, quelquefois jusqu'au ridicule, quand on pénètre dans le tragique ou le dramatique. De la même manière, la musique instrumentale se bornait-elle à n'imiter que les phénomènes naturels aisément reconnaissables: chants d'oiseaux, cris d'animaux, explosions volcaniques, tempêtes et, à de rares exceptions près, son rôle s'arrêtait là, avec celui qu'elle remplissait depuis toujours d'accompagnement de la voix.

La danse a donc franchi avec Noverre une étape importante dans son évolution; pour que son ambition soit satisfaite et que se taisent les critiques, il lui manque d'avoir précisément défini de nouveaux moyens. Le vague qui ressort des conseils que donne Noverre, dans ses écrits, aux danseurs qu'il veut former, nous autorise à dire que les idées dans ce domaine n'étaient pas véritablement claires.

Le monde de la danse se transforme; cet art se cherche des lois; les gens du métier en explorent les possibilités nouvelles – et le public réclame de ces spectacles qu'il sent en pleine transformation: le ballet, progressivement, depuis le début du siècle, tend à supplanter la tragédie lyrique.

La danse haute, et ses cabrioles, doit avoir été pour beaucoup dans ce succès auprès du public; mais sans doute n'est-ce pas la seule raison. Au delà des excès, du frivole, on se rendait compte qu'il y avait là un monde à conquérir; un moyen d'expression nouveau se définissait, sorti de la tradition même de la danse française; lentement il s'imposait au goût, sans véritable révolution, pendant que d'autres arts, comme la peinture, la littérature, la musique instrumentale, suivaient une ligne semblable. Cette aspiration nouvelle se définit globalement par le goût affirmé pour la simplicité, le naturel, la vraisemblance, même si, comme il nous est apparu, les résultats restent probablement bien loin de ce que les déclarations théoriques annonçaient. A l'aide de ces trois exigences, le spectacle de ballet tend à se mettre au niveau de la comédie. Pour cela, il faut que les hommes du métier se mettent à l'écoute du monde extérieur; avant d'imiter la nature, il s'agit de l'observer avec soin et cela dans toutes ses expressions. Le maître de ballet, en vrai moraliste, va descendre dans la rue et explorer les campagnes pour découvrir le monde tel qu'il est. En véritable homme des Lumières, adepte de l'esprit des encyclopédistes, il sait qu'aucun métier, qu'aucune occupation n'est méprisable, que toute réalité humaine est digne d'étude.

viii. Le maître de ballets: chasseur d'images

Beauchamp disait à des personnes, qui lui faisaient compliment sur la variété de ses entrées, qu'il avait appris à composer les figures de ses Ballets par des pigeons qu'il avait dans son grenier. Il allait lui-même leur porter du grain et le leur jetait, ces pigeons couraient à ce grain et les différentes formes que composaient ces pigeons lui donnaient l'idée de ses danses.[38]

A moins de vouloir composer une danse des pigeons et de mettre sur la scène des artistes emplumés, ce grand collaborateur de Lully ne pouvait pas, de cette manière, prétendre imiter la nature; et ce n'était pas son souci: la danse alors ne cherchait pas à se ranger au nombre des arts imitateurs. Il lui fallait de la grâce, de l'originalité; le maître de ballets invente des figures nouvelles. Dans cette anecdote il confie volontiers au hasard le soin de lui donner des ideés.

Noverre, presque un siècle plus tard, en demande, bien entendu, beaucoup plus. Pour le danseur, nous l'avons vu, la tâche n'est pas facile: montrer son âme, c'est extérioriser ce qui par nature ne se voit guère, et les conseils de Noverre ne semblent pas vraiment avoir dû être d'une aide considérable. Le maître de ballets, quant à lui, compose des tableaux; les éléments qu'il utilise appartiennent au monde bien visible et bien tangible et Noverre se fait beaucoup plus précis quand il entreprend de le conseiller.

Une règle d'abord: il faut tout observer! Toute la Nature:

Si les arts s'entraident, s'ils offrent des secours à la danse, la Nature semble s'empresser à lui représenter à chaque instant de nouveaux; la cour et le village, les éléments et les saisons, tout concourt à lui fournir les moyens de se varier et de plaire.

Un Maître de Ballet doit donc tout voir, tout examiner, puisque tout ce qui existe dans l'univers peut lui servir de modèle.

L'appétit de Noverre est universel: tout peut servir de champ d'exploration et ensuite être utilisé sur scène: 'les artisans', 'les oisifs agréables', 'les petits maîtres subalternes', 'les embarras des rues', 'les disputes et les combats', 'les amusements et les travaux de la campagne'.

La liste semble ne pas pouvoir avoir de fin, tant son souci est de saisir dans chaque regard qu'il porte sur le monde les détails significatifs qui, joints l'un à l'autre, reconstitueront le tableau général qui ne peut être vivant qu'à ce prix. Il s'agit pour le maître de ballet d'explorer la réalité jusque dans ce qu'elle a

---

38. Parfaict, *Histoire de l'Académie royale de musique*, Beauchamp.

de plus secondaire; rien ne doit être laissé dans l'ombre si l'on veut que la reproduction soit conforme à l'original:

un Maître de Ballets ne pourra s'élever au dessus du commun, et franchir les limites de la médiocrité, s'il n'a le soin et l'activité de l'abeille; il doit, à son exemple, extraire les sucs des différents objets qui frappent ses regards; tout est tableau, tout est leçon pour lui dans la nature; de la cabane du berger, il doit pénétrer dans le palais des rois.[39]

Quant au choix du tableau général que l'on composera avec tout ce miel butiné sur la réalité, il est également guidé par la volonté de ne faire d'exception pour rien:

Un Camp, des exercices, des évolutions militaires, les attaques et les défenses des places, un port de mer, une rade, un combat naval, un embarquement et un débarquement; voilà des images qui doivent attirer nos regards, fixer notre attention et porter notre art à un degré de sublimité, si la copie est fidèle et si l'exécution en est simple et naturelle.

Ce maître de ballets, peintre copiste de la nature, ne connaît pas de limites pour son art:

car un Maître de ballets n'est point un peintre d'un seul genre, c'est un peintre universel qui doit les réunir tous, et il cesse de mériter ce titre glorieux s'il ne joint aux grâces du Corrège le coloris de Rubens, [...] il doit être enfin le singe de la nature, la guetter sans cesse, et la prendre (si j'ose m'exprimer ainsi) sur le fait pour la peindre avec force et avec énergie.[40]

De cette manière, composer un ballet devient véritablement œuvre de moraliste: la danse au même titre que la comédie peut représenter sur la scène des caractères. Et Noverre de caresser la possibilité de mettre des pièces de théâtre en ballets, l'*Avare* de Molière, par exemple! Car, en effet, dorénavant, le maître de ballet 'pourra par la magie et par les charmes de son œuvre, ainsi que le poète et le peintre, faire détester et punir les vices et récompenser la vertu'.

Les interprètes, dans ces conditions, ne peuvent se comporter comme de simples machines dansantes, aussi gracieuses soient-elles. Si le talent ne s'apprend pas, si le feu intérieur qui fait le génie est donné par la nature, il est nécessaire, cependant, que le danseur ait des connaissances approfondies dans tous les domaines qui concernent de près ou de loin le spectacle dansé. Ainsi, le danseur doit savoir la musique; il lui faut des connaissances générales dans la peinture – nous avons vu à quel point cet art inspire notre auteur – la mécanique n'aura pas de secrets pour lui, car il lui faut savoir comment utiliser les machines et certaines décorations au fonctionnement complexe; pour bien comprendre et maîtriser les mouvements de son corps, il étudiera l'anatomie;

39. *Théorie et pratique de la danse*, ch. 1 et 2 (pas de pagination).
40. *Théorie et pratique de la danse*, ch. 3.

enfin, il acquerra une 'espèce de connaissance universelle [...] car il n'est rien qui ne soit du domaine de la pantomime'.[41]

L'abbé de La Porte, dans son commentaire des *Lettres* de Noverre sur la danse, trouve bien longue cette liste des connaissances exigées pour un simple danseur:

Enfin, Monsieur, si je vous détaillais toutes les qualités que M. Noverre exige des personnes qui doivent composer un ballet (Maître de ballet et danseurs) vous croiriez qu'il s'agit d'un choix d'académiciens propres à relever ou à soutenir la Gloire des Sciences et des Arts.

Le rédacteur de l'*Observateur littéraire* et probablement ses lecteurs dont il est, à la fois, l'informateur et le porte-parole, en 1761 n'emboîte pas véritablement le pas aux ambitions de Noverre et à ses collaborateurs; cependant, il ne leur ferme pas la porte: 'Au travers des excès où le conduit l'admiration pour son art, on découvre des vues neuves et utiles, des principes sages et raisonnés, et des discussions très graves sur un sujet très léger.'[42]

'Des discussions très graves sur un sujet très léger': voilà bien l'obstacle le plus considérable que rencontrera toujours le réformateur de la danse accusé de prendre trop au sérieux un spectacle qui n'est encore dans beaucoup d'esprits qu'un simple délassement.

Conclusion: l'unité par la danse

Qu'il soit un simple divertissement à l'intérieur d'un opéra ou, à lui tout seul, tout le spectacle, le ballet doit former une unité. Noverre déplore que les sujets que l'on traite d'ordinaire soient 'pour la plupart vides de sens et n'offrent qu'un amas confus de scènes aussi mal cousues que désagréablement conduites'.[43] Au même titre que n'importe quelle représentation sur un théâtre, le ballet aura son exposition, son nœud et son dénouement.

D'autre part, le ballet ne sera pas le prétexte à tous les disparates; contrairement à ce qui semble se faire assez couramment dans ce spectacle, il faudra prendre garde à ne pas tomber dans 'un défaut bien capital': 'celui de vouloir associer les genres contraires'. En effet, la 'médiocrité de l'esprit', le 'mauvais goût', l'ignorance' faisaient se mêler le sérieux et le comique, le noble et le trivial, le galant et le burlesque.[44]

En 1825, Baron trouve encore le même défaut aux ballets et y voit une cause

---

41. Rapporté par Baron, *Lettres et entretiens*, p.237.
42. *L'Observateur littéraire* (1761), iii.125.
43. *Lettres sur la danse et les arts imitateurs*, lettre XIII, p.94-95.
44. Lettre XIII, p.96.

de la proche décadence de cet art. Cependant, il reconnaît qu'au temps de Gaëtan Vestris, contemporain de Noverre, les limites étaient scrupuleusement observées entre les trois genres de la danse, le sérieux, le demi-caractère et le comique. L'attitude de Noverre dans ce domaine et de tout le mouvement de réforme dont il est le porte-parole a donc, dans une certaine mesure, porté ses fruits.

Pour donner au spectacle de ballet une unité véritable, Noverre va être amené à étudier toutes les parties qui le composent. Alors que, dans un opéra, pour régler les mouvements de scène en harmonie avec les décors, la musique et l'intention du librettiste, il n'existe à proprement parler aucun spécialiste, aucun metteur en scène attitré, un maître de ballets qui, comme Noverre, explore toutes les ressources et les exigences de son art, au lieu de se contenter, comme au dix-septième siècle et dans la première moitié du dix-huitième siècle de régler quelques figures et quelques pas gracieux sans souci de cohérence avec le sujet évoqué, cherchera dans tous les composants du spectacle de quoi enrichir sa vision; il les fera converger dans le sens qu'il a choisi pour servir son intention. Ainsi Noverre s'intéressa-t-il à toutes les parties de la scène: il étudia les décors et les costumes – et tout particulièrement dans ce domaine les questions qui lui tiennent à cœur: couleurs et variété – il se prononça sur le rôle des chœurs, rejoignant les préoccupations de Rameau et plus tard de Glück; enfin, comme Servandoni, il s'intéressa à la perspective et trouva des solutions originales.[45]

Il fut, avec ce dernier, mais à notre avis plus profondément que lui, et plus totalement, le premier metteur en scène digne de ce nom; le premier il eut le souci d'exiger qu'on recherchât pour chaque spectacle sa singularité et sa cohérence; n'épargnant aucun détail, comme un véritable peintre imitateur, il tira d'un bout à l'autre de ses tableaux des fils qui en garantissaient l'unité. Avec lui, non seulement le spectacle de ballets prit conscience qu'il lui était possible de se hausser au niveau de la comédie, mais tout le spectacle d'opéra profita de cet esprit nouveau qu'il exprima mieux et plus complètement que tous les autres réformateurs.

Noverre tira le ballet de la frivolité brillante du ballet de cour pour en faire un spectacle, non plus seulement divertissant, mais comme la comédie, instructif, capable de peindre, de dénoncer les ridicules et d'encenser la vertu. Le maître de ballets, compositeur de ballets, metteur en scène, est-il un moraliste?

45. Voir le chapitre sur les décors et les costumes, p.117ss.

Conclusion générale

RAMEAU, au cœur des innovations, n'eut pas la partie facile: il lui fallut, prudemment, trier dans ce que lui apportaient les modes capricieuses pour ne pas trahir les règles de la tradition, lentement élaborées, auxquelles il resta toujours fidèle parce qu'il savait qu'elles exprimaient le goût français, et qu'aucune transformation esthétique n'est légitime si elle ne s'appuie d'abord sur l'héritage du passé. Cependant, ouvert à tous les courants, il saluait la qualité quand elle se présentait, même lorsqu'elle venait de l'étranger. N'est-ce pas parce qu'il fut jugé trop italianisant qu'on le combattit dès son entrée sur la scène lyrique en 1733? Il travaillait alors, à l'exemple de Lully, à incorporer les richesses nouvellement découvertes à l'enseignement qu'il avait reçu de ses prédécesseurs, contribuant, pour sa part, à rajeunir les vieilles habitudes.

La période la plus pénible, sans nul doute, fut ensuite pour lui l'année 1752, quand éclata la fameuse querelle des Bouffons; les polémistes le rangèrent bien vite et malgré lui dans le camp des 'vieilles barbes' lullystes sans considérer d'abord que rester fidèle à Lully ne signifie pas obligatoirement qu'on entretient avec le passé un sentiment de nostalgie sénile, ensuite, que Rameau n'avait rien du disciple asservi condamné à la répétition. Le seul fait qu'il ait été au centre de cette querelle excessive montre à quel point il participait de la transformation des idées. L'avenir lui rendra justice, ainsi que le montrent certains documents.

Dès 1753, un poète anonyme résume la situation:

> Quel obstacle d'abord n'eut pas à surmonter
> Rameau, sûr de nous plaire et de nous enchanter,
> Lorsque pour embellir ses trésors harmoniques,
> Il eut, comme l'abeille, aux jardins italiques
> Voltigeant sur la fleur de la rose et du thym
> Composé pour la France un précieux butin?
> Le goût italien ne régnait pas encore;
> Rameau nous révolta, maintenant on l'adore.
> Mais il n'a pû fixer l'inconstante faveur
> Et la manne céleste a perdu sa faveur.
> Vainement des deux goûts formant un goût plus sage
> Rameau qui les possède en établit l'usage:
> Son art ne peut suffire au désir effréné,
> Et pour l'Italien Paris s'est déchaîné.[1]

En effet, le public parisien est souvent bien difficile à convaincre, et la raison

---

1. *Réflexions lyriques*, 16 février 1753 (Fonds Rondel, Bibliothèque de l'Arsenal), pages 1 et 2.

ne l'emporte pas toujours sur le caprice. Sa frivolité est capable de tous les excès; à l'enthousiasme soudain pour une mode étrangère qui semble révéler une joyeuse disposition pour la nouveauté, il faut opposer aussitôt un mépris tout aussi immodéré pour toute œuvre qui n'a pas d'abord fait ses preuves. La mode s'enflamme tout à coup et accepte presque sans discernement les transformations les plus extravagantes, mais, en temps ordinaire, la méfiance est de bon ton chez les petits-maîtres et les coquettes des salons qui se piquent, souvent à tort, d'avoir le goût juste, et qui, au nom de leur science supposée, se chargent de faire tomber tout ce qui peut se présenter de neuf sur la scène. On refuse de se remettre en question; on caresse ses préjugés comme des mots d'esprit soigneusement mis au point. Entre ces deux passions contradictoires, les œuvres d'art ont bien du mal à faire carrière. Tel est bien l'avis de Montdorge:

il faut que l'opéra ait bien des ressources pour percer à travers la Cabale; et pour changer les dispositions qu'on y apporte; on y court toujours prévenu.

Entrez au parterre, écoutez ce qui s'y dit avant que la toile soit levée. Ah! bonjour, vous voilà; eh, que venez-vous faire ici? Le tambourin est manqué, les paroles sont horribles; et j'ai compté plus de cinq rimes qui ne seraient pas reçues à l'Opéra Comique.

Ecoutez cet homme artistement bouclé [...] il entre dans de larges détails et de longues comparaisons pour vous prouver que les opéras nouveaux ne seront jamais bons.

Voici un dissertateur profond qui ne sort pas du parallèle de la musique française et de la musique italienne; il ne sait ce qu'il en dit parce qu'il ne sait ce qu'il en pense. Et combien de gens croient être connaisseurs pour s'être arrogé le droit de crier bravo à un air italien, avec le même jugement qu'ils crient 'c'est comme un ange' pour applaudir un air français.

Celui-là vous assure qu'il ne vient que pour critiquer et l'on peut en être sûr par la quantité de demi-connaisseurs qui l'entourent.

Je me trouvais l'autre jour dans un groupe de ces critiques prudents qui attendent que le siècle ait passé sur un ouvrage pour en dire du bien. Ils déchiraient à belles dents les scènes, les chœurs et la symphonie de l'opéra nouveau. Mais, Messieurs, leur dit sans se presser un homme d'un maintien assez raisonnable, il me paraît impossible qu'un auteur qui a réussi jusqu'à présent ait fait quelque chose d'aussi mauvais que vous le dites là. Vous connaissez donc ses ouvrages, répond un abbé qui se pique d'esprit en musique; oui, Monsieur, je suis du métier, je les ai fait exécuter en province; [...] A cela, on entend le groupe entier qui s'écrit en riant: ah! vous êtes de province? Et cette exclamation vient de ce qu'il est démontré qu'on n'a des oreilles qu'à Paris.[2]

Telle était l'atmosphère qui accueillait les œuvres nouvelles, celles de Rameau comme les autres. Du reste, ne croirait-on pas, dans le passage qui suit, qu'il est question d'une œuvre de ce compositeur?

je vous prie de remarquer avec moi, dans la première loge, deux femmes nonchalamment couchées, ce sont des femmes de la cour qui étaient hier à l'opéra, et qui y reviennent aujourd'hui pour être convaincues qu'on ne peut le voir deux fois.

2. Gauthier de Montdorge, *Réflexions d'un peintre sur l'opéra*, p.5, 7, 8 et 9.

Approchez de la lorgnette, et écoutez. Mais, mon Dieu, dit l'une, en allongeant les mots, négligeant les R et grasseyant par intervalle; cela est du dernier ridicule. Il y a ici un monde effroyable. En vérité, il faut avoir perdu l'esprit pour venir s'ennuyer à ce charivari, c'est de la musique pour les étrangers. Je m'y connais un peu, je jouais même assez bien de la guitare quand elle était à la mode, et j'avoue que je n'entends rien à cette façon de composer. On ne retient pas une mesure, et toutes les parties sont si fort mêlées les unes dans les autres, qu'il faudrait un concert pour en entendre le premier mot; on dit que c'est là de l'harmonie; harmonie tant qu'il vous plaira, ce n'est point la mienne.[3]

A ces jugements bien rapides dont on ne peut accuser que la bêtise, il faut ajouter les autres, ceux-là moins frivoles, guidés par la hargne dont sont capables certains philosophes, ou toute simplement par la jalousie:

Quel était le crime de Rameau? Sa gloire et le choix qu'il avait fait d'un opéra de Monsieur de Voltaire pour débuter dans le genre dramatique. Quels fruits ne devait-on pas attendre de l'union d'un tel poète avec un tel musicien, si leurs ennemis, persuadés de leur succès, ne s'étaient réunis contre leur premier ouvrage et ne les avaient rebutés dès leur entrée dans la carrière?[4]

On était troublé, en effet, par cette musique impossible à définir. Dès son arrivée, Rameau inquiéta. Voltaire, cependant, fut un des rares esprits de cette époque à soutenir le travail de Rameau et à voir dans sa musique celle de l'avenir. Sa collaboration avec le compositeur pour l'opéra de *Samson* lui donna l'occasion, à maintes reprises, d'exprimer ses idées sur les transformations dans l'art lyrique qu'il jugeait nécessaires, et comment, en tant que librettiste, il se proposait d'y participer:

Je m'étais écarté de la route ordinaire dans le poème que parce qu'il s'en écarte dans sa musique. J'ai cru qu'il était temps d'ouvrir une carrière nouvelle à l'opéra. Comme sur la scène tragique les beautés de Quinault & de Lully sont devenues des lieux communs, il y aura peu de gens assez hardis pour conseiller à mr Rameau de faire de la musique pour un opéra dont les deux premiers actes sont sans amour; mais il doit être assez hardi pour se mettre au dessus du préjugé. Il doit m'en croire & s'en croire lui-même.[5]

En cette année 1736, Voltaire s'emballe pour la nouveauté et recommande la hardiesse; il veut bousculer les habitudes, ce qui n'est pas tout à fait la manière de Rameau; alors, il tâche de communiquer au compositeur un peu de sa fougue et, considérant à quel point celui-ci est sensible au jugement du public, de l'en détacher: 'Nous avons besoin d'un examinateur raisonnable, mais surtout que Rameau ne s'effarouche point des critiques. La tragédie de Samson doit être singulière, et dans un goust tout nouveau comme sa musique. Qu'il n'écoute

3. *Réflexions d'un peintre*, p.15-16.
4. Decroix, *L'Ami des arts*, p.96-97.
5. 2 février 1736, Best.D1000.

point les censeurs.'[6] Voltaire veut aller plus vite que le siècle; pour cette raison, il reviendra bientôt sur ses positions. Pour l'instant, il demande qu'on oublie un peu l'héritage de Lully et qu'on s'intéresse plus à l'Italie:

> Je veux que le Samson soit dans un goust nouvau, rien qu'une scène de récitatif à chaque acte, point de confident, point de verbiage. Esce que vous n'êtes pas las de ce chant uniforme et de ces *eu* perpétuels qui terminent avec une monotonie d'antiphonaire, nos syllabes féminines. C'est un poison froid qui tue notre récitatif.[7]

A l'époque de *Samson* il encourage Rameau, envers et contre tous, à poursuivre son ouverture vers l'Italie; lui seul alors semble avoir compris à quel point la musique française avait à y gagner: 'Je réponds à Monsieur Rameau du plus grand succès s'il veut joindre à sa belle musique quelques airs dans un goût italien mitigé. Qu'il réconcilie l'Italie à la France. Encouragez-le je vous prie,' écrit-il à Thieriot, 'à ne pas laisser inutile une musique aussi admirable.'[8] Satisfait, trois ans plus tard, il écrit à Frédéric II: 'Rameau travaille à mettre à la mode la musique italienne.'[9] C'est bien ainsi, en effet, qu'il faut considérer le travail de Rameau. Et si Voltaire, après 1750, exprimera très nettement sa déception quant aux espoirs qu'il avait nourris pour la musique italienne, jusqu'à former des jugements en contradiction totale avec ceux qu'il écrivait précédemment,[10] jamais il ne reniera son admiration pour Rameau.

Voltaire avait compris l'originalité des œuvres de ce compositeur; il était

---

6. 3 novembre 1735, Best.D935.

7. 25 décembre 1735, Best.D971.

8. 2 février 1736, Best.D1000.

9. Septembre 1739, Best.D2074.

10. En effet, la musique italienne perd pour Voltaire tous ses charmes. En 1750 il écrit à madame Denis: 'J'ai toujours comparé la musique française au jeu de dames et l'italienne au jeu des échecs. Le mérite de la difficulté surmontée est quelque chose. Votre dispute contre la musique italienne est comme la guerre de 1701. Vous êtes seuls contre toute l'Europe' (22 août 1750, Best.D4193). Quand la France entière s'abandonne à l'Italie, il se sent seul à défendre encore la musique française: 'Je pense bien comme vous sur Armide, écrit-il à d'Argental, 'et sur le quatrième acte de Roland. Mais tant de gens disent que cette musique est du plain chant; tant d'oreilles aiment le mérite de la difficulté surmontée, tant de langues crient de Petersbourg à Madrid que nous n'avons pas de musique, que je n'ose me battre contre toutte l'Europe. Cela n'appartient qu'à Louis 14 et au Roi de Prusse' (12 août 1774, Best.D19073). Il renie ses idées d'autrefois: 'je doute fort que le ridicule mélange de la musique italienne avec la française, dont on est aujourd'hui infatué, puisse parvenir aux beautés vraies, mâles et vigoureuses, et à la déclamation énergique que Samson exige dans les trois quarts de la pièce. Par ma foi la musique italienne n'est faite que pour faire briller des châtrés à la chapelle du Pape. Il n'y aura plus de génie à La Lully pour la déclamation; je vous le certifie dans l'amertume de mon cœur' (à Chabanon, 29 janvier 1768, Best.D14705). Il appartient bien désormais à la minorité, avec Marmontel à qui il écrit: 'Il me paraît que le public commence à être fou de la musique italienne. Cela ne m'empêchera jamais d'aimer passionnément le récitatif de Lully. Les Italiens se moqueront de nous, et nous regarderont comme de mauvais singes. Nous prenons aussi les modes des Anglais, nous n'existons plus par nous mêmes' (2 décembre 1767, Best.D14565).

persuadé que la postérité leur rendrait justice. A travers les querelles, les préjugés et les modes Rameau, sans jamais se fermer à son public, sans rien renier ni briser autour de lui, construit lentement la musique de l'avenir qui est la réunion de toutes les passions de l'époque, mais nettoyées du fatras inutile, distillées, tempérés:

La musique de Rameau n'est ni purement française, ni purement italienne. Il a les grâces et la douceur de l'une sans en avoir la monotonie; la profondeur et le génie de l'autre sans trop sentir la science. Il est sublime, varié, tendre et voluptueux: que faut-il de plus pour lui assurer la primatie dans son genre?[11]

Un jugement du même genre est porté par le comte d'Escherny sur Jélyotte, un des principaux interprètes des œuvres de Rameau: c'est le privilège des grands artistes de se placer ainsi en dehors des courants de leur siècle; en les dominant, en les conjuguant, ils parviennent à dégager l'essentiel de leur art:

J'arrivais d'Italie où j'avais entendu [...] Gaffarelli, Gizziello, Aprile [...]. Le plaisir que m'avaient causé les grands sopranos italiens, ne m'empêcha point d'écouter Jélyotte avec ravissement. Quel était donc la magie de la voix, du goût, de la méthode de ce chanteur unique, le seul dans la bouche duquel j'aie pu [...] non seulement supporter la musique française, mais presque me passionner pour elle? Si elle avait eu plusieurs apôtres comme lui, elle existerait encore et rivaliserait avec la musique italienne; mais il fut le fondateur d'une école qui n'eut que lui pour professeur et pour élève. Son chant [...] n'était ni français ni italien, il s'était fait une manière à lui.[12]

D'Escherny, en 1809, a raison d'être pessimiste pour l'art musical français: on ne joue plus Rameau; et le dix-neuvième siècle dans son ensemble sera pour l'art lyrique national une immense traversée du désert. Il faudra attendre le début de notre siècle pour qu'il renaisse de ses cendres. Saint-Saëns entreprit, à partir de 1900, la réédition des œuvres de Rameau, commentée par Charles Malherbe; Debussy, dans son ouvrage *Monsieur Croche*, tâche d'expliquer pourquoi ce compositeur fut, à ce point, oublié:

Il y a eu, oui, une grande époque française, c'est le dix-huitième siècle, le temps de Rameau. A combien d'influences hostiles la tradition, à peine créée, a-t-elle dû céder? Ce fut, d'abord, le gluckisme, qui prépara de loin le wagnérisme. Vint ensuite Rossini, qui n'a laissé que peu de traces; puis, beaucoup plus important, Meyerbeer, de qui l'influence est trop méconnue, bien qu'elle soit visible, aujourd'hui, chez beaucoup de compositeurs; – et enfin, Wagner, qui nous fut révélé trente ans trop tard.[13]

Il constate en 1915:

nous sommes infidèles à la tradition musicale de notre race depuis un siècle et demi.

11. Fréron, *Lettres sur quelques écrits de ce temps* (1749), tome ii, lettre ix, p.238.
12. Rapporté par A. Pougin, *Pierre Jélyotte*, p.208.
13. Claude Debussy, *Monsieur Croche antidilettante* (Paris 1971), p.285.

Il est vrai qu'on a bien souvent mystifié le public en lui présentant comme pure tradition française tel courant de mode n'ayant aucun droit à ce beau titre. Voilant et étouffant les fines ramures de l'arbre généalogique de notre art, combien de végétations parasites ont trompé les observateurs inattentifs! Car notre indulgence pour les naturalisés est sans bornes.

En fait, depuis Rameau, nous n'avons plus de tradition nettement française. Sa mort a rompu le fil d'Ariane qui nous guidait au labyrinthe du passé. Depuis, nous avons cessé de cultiver notre jardin, mais, par contre, nous avons serré la main des commis-voyageurs du monde entier. Nous avons écouté respectueusement leurs boniments et acheté leur camelote. Nous avons rougi de nos plus précieuses qualités dès qu'ils se sont avisés d'en sourire. Nous avons demandé pardon à l'univers de notre goût pour la clarté légère et nous avons entonné un choral à la gloire de la profondeur. Nous avons adopté les procédés d'écriture les plus contraires à notre esprit, les outrances de langage les moins compatibles avec notre pensée; nous avons subi les surcharges d'orchestre, la torture des formes, le gros luxe et la couleur criarde ... et nous étions à la veille de signer des naturalisations bien plus suspectes encore lorsque le canon demanda brusquement la parole![14]

Pourtant, le génie de Gluck trouve dans l'œuvre de Rameau de profondes racines. *Castor et Pollux* contient en raccourci les esquisses premières que Gluck développera plus tard; on peut faire de singuliers rapprochements, qui permettent d'affirmer que Gluck ne put prendre la place de Rameau sur la scène française qu'en s'assimilant et rendant siennes les belles créations de ce dernier.[15]

Debussy ne cache pas son ressentiment pour ses compatriotes:

Nous avions pourtant une pure tradition française dans l'œuvre de Rameau, faite de tendresse délicate et charmante, d'accents justes, de déclamation rigoureuse dans le récit, sans cette affectation à la profondeur allemande, ni au besoin de souligner à coups de poing, d'expliquer à perdre haleine, qui semble dire: 'Vous êtes une collection d'idiots particuliers, qui ne comprenez rien [...].' On peut regretter tout de même que la musique française ait suivi, pendant trop longtemps, des chemins qui l'éloignaient perfidement de cette clarté dans l'expression, ce précis et ce ramassé dans la forme, qualités particulières et significatives du génie français.[16]

Décidément les Français ne sont pas dignes de leurs artistes: 'La "trouvaille" harmonique qui caresse l'oreille, fera place à l'harmonie massive, administrative, d'une audition facile, et on "comprendra" enfin!' (p.206).

Le 2 février 1903, Debussy salue Rameau qu'on redécouvre lentement. Il ne s'agit que d'une audition, mais pour lui, quelle révélation! Vincent d'Indy interprète *Castor et Pollux*; Debussy imagine la scène; laissons-lui le dernier mot de cette étude (p.90-91):

Le théâtre représente le lieu destiné à la sépulture des rois de Sparte. Après une ouverture, bruit nécessaire pour permettre aux robes à panier d'étaler la soie de leur

14. *Monsieur Croche*, p.259-60.
15. *Monsieur Croche*, p.89.
16. *Monsieur Croche*, p.89.

tour, s'élèvent les voix gémissantes d'un chœur célébrant les funérailles de Castor. Tout de suite on se sent enveloppé d'une atmosphère tragique, qui, quand même, reste humaine, c'est à dire que ça ne sent pas le péplum ni le casque... Simplement des gens qui pleurent comme vous et moi. Puis arrive Télaïre, amoureuse de Castor, et la plainte la plus douce, la plus profonde qui soit sortie d'un cœur aimant est ici traduite. Pollux paraît, à la tête des combattants; ils ont vengé l'insulte faite à Castor; le chœur, puis un divertissement guerrier dans un mouvement superbe de force, traversé ça et là par d'éclatantes trompettes, terminent le premier acte.

Au deuxième acte, nous sommes dans le vestibule du temple de Jupiter, où tout est préparé pour le sacrifice, et c'est une pure merveille; il faudrait tout citer...: l'air-monologue de Pollux: 'Nature, amour qui partagez mon sort', si personnel d'accent, si nouveau de construction, que l'espace et le temps sont supprimés, et Rameau semble un contemporain auquel nous pourrons dire notre admiration à la sortie.

En vérité, cela est inquiétant!... La scène qui suit où Pollux et Télaïre sacrifient l'amour le plus grand au désir des dieux, l'entrée du grand-prêtre de Jupiter, Jupiter apparaissant lui-même, assis sur son trône de gloire, si souverainement bon, et pitoyable à la douleur humaine de Pollux, pauvre mortel, que lui, le maître des dieux pourrait écraser à son grè. Je répète, il faudrait tout citer...

Arrivons à la dernière scène de cet acte. Hébé danse à la tête des Plaisirs célestes, tenant dans leurs mains des guirlandes de fleurs dont ils veulent enchaîner Pollux. – Jupiter a voulu l'enchantement de cette scène afin d'arracher Pollux à son désir de la mort. – Jamais la sensation d'une volupté calme et tranquille n'a trouvé de si parfaite traduction; cela joue si lumineusement dans l'air surnaturel qu'il faut toute l'énergie spartiate de Pollux pour échapper à ce charme, et penser encore à Castor.

Enfin, il faut dire, pour conclure, ce que cette musique conserve de fine élégance, sans jamais tomber dans l'afféterie, ni dans des tortillements de grâce louche. L'avons-nous remplacée par le goût du joli, ou nos préoccupations de serrurier bysantin? Je n'ose l'affirmer.

Appendices

I. Les opéras de Rameau: classification par genres

Tragédies lyriques

Hippolyte et Aricie
Castor et Pollux
Dardanus
Zoroastreastre
Linus (*perdue*)
Abaris ou Les Boréades

Opéras ballets

Les Indes Galantes
Les Fêtes d'Hébé
Les Fêtes de Polymnie
Le Temple de la Gloire
Les Fêtes de Ramire
Les Fêtes de l'Hymen et de l'Amour
Les Surprises de l'Amour

Pastorales héroïques

Zaïs
Naïs
Acanthe et Céphise
Daphnis et Eglé
Lysis et Délie

Comédies lyriques

Platée
Les Paladins

Comédies ballets

La Princesse de Navarre
La Naissance d'Osiris

Actes de ballets

Pygmalion
La Guirlande (*ou* Les Fleurs enchantées)
Les Sybarites
Anacréon
Anacréon (*ajouté aux* Surprises de l'Amour)
Nélée et Myrthis
Zéphyre
Io

II. Les opéras de Rameau:
dates de leur création

1er octobre 1733	Hippolyte et Aricie
1734	Les Courses de Tempé (*à la foire*)
28 août 1735	Les Indes Galantes
24 octobre 1737	Castor et Pollux
21 mai 1739	Les Fêtes d'Hébé
19 novembre 1739	Dardanus
1744	Les Jardins de l'Hymen ou La Rose
23 février 1745	La Princesse de Navarre
31 mars 1745	Platée
12 octobre 1745	Les Fêtes de Polymnie
27 novembre 1745	Le Temple de la Gloire
22 décembre 1745	Les Fêtes de Ramire
15 mars 1747	Les Fêtes de l'Hymen et de l'Amour
29 février 1748	Zaïs
27 août 1748	Pygmalion
novembre 1748	Les Surprises de l'Amour
22 avril 1749	Naïs
5 décembre 1749	Zoroastreastre
21 septembre 1751	La Guirlande
9 novembre 1751	Acanthe et Céphise
30 octobre 1753	Daphnis et Eglé
	Lysis et Délie
13 novembre 1753	Les Sybarites
12 octobre 1754	La Naissance d'Osiris
23 octobre 1754	Anacréon
30 mai 1757	Anacréon (*acte ajouté*)
12 février 1760	Les Paladins
juillet 1982	Abaris ou Les Boréades
1976	Zéphyre
(non représenté)	Nélée et Myrthis
(non représenté)	Io

III. Les librettistes de Rameau

Pellegrin, Simon-Joseph (l'abbé):
Hippolyte et Aricie

Fuzelier, Louis:
Les Indes Galantes

Bernard, Pierre-Joseph:
Castor et Pollux
Les Surprises de l'Amour

Montdorge, Antoine-César Gautier de:
Les Fêtes d'Hébé

Le Clerc de La Bruère:
Dardanus
Linus

Voltaire:
La Princesse de Navarre
Le Temple de la Gloire
Les Fêtes de Ramire

Autreau, Jacques:
Platée

Ballot de Sauvot:
Pygmalion

Cahusac, Louis de:
Les Fêtes de Polymnie
Les Fêtes de l'Hymen et de l'Amour
Zaïs
Naïs
Zoroastre
La Naissance d'Osiris
Anacréon
Les Boréades

Marmontel, Jean-François:
La Guirlande
Acanthe et Céphise
Lysis et Délie
Les Sybarites

Collé, Charles:
Daphnis et Eglé

Monticourt:
Les Paladins

IV. Les principaux décors dans les œuvres de Rameau

Arc-en-ciel: *Platée* I

Campagne riante: *Hébé* (prologue), *Hébé* III, *Platée* I, *Temple de la Gloire* I-II, *Fêtes de l'Hymen et de l'Amour* I-III, *Surprises de l'Amour* I, *Guirlande*, *Acanthe* I

Caverne: *Temple de la Gloire* (prologue), *Surprises de l'Amour* (prologue), *Naïs* II

Champs Elysées: *Castor* IV

Enfers: *Hippolyte et Aricie* II, *Castor* III, *Zoroastre* IV

Forêt: *Hippolyte et Aricie* (prologue)-IV, *Indes* IV, *Hébé* I, *Polymnie* III, *Acanthe* II, *Boréades* (ouverture)

Grèce: *Castor* V

Jardins: *Hippolyte et Aricie* V, *Indes* (prologue)-III, *Hébé* III, *Polymnie* II-III, *Zoroastre* V

Marais: *Platée* I

Montagnes: *Hébé* (prologue), *Platée* I, *Navarre* III, *Temple de la Gloire* (prologue), *Surprises de l'Amour* I, *Naïs* (prologue)-II

Mer: *Hippolyte et Aricie* III-IV, *Indes* I, *Naïs* I-III

Nuages: *Platée* I-II, *Fête de l'Hymen et de l'Amour* II, *Zoroastre* II

Orages, tempêtes: *Platée* I-II, *Indes* I, *Fêtes de l'Hymen et de l'Amour* II, *Naïs* III, *Zoroastre* V, *Daphnis et Eglé*, *Naissance d'Osiris*, *Boréades* III

Palais: *Hippolyte et Aricie* III, *Dardanus* V, *Polymnie* I, *Zaïs* (prologue), *Zaïs* II-III-IV, *Surprises de l'Amour* III, *Naïs* III, *Zoroastre* II, *Acanthe* III, *Paladins* I-II-III, *Boréades* I

Paysages désolés: *Castor* (prologue), *Polymnie* III, *Fêtes de l'Hymen et de l'Amour* I, *Zaïs* IV, *Naïs* (prologue), *Acanthe* III

Ruines: *Castor* (prologue), *Zaïs* (prologue)

Sépulture: *Castor* I, *Dardanus* I

Temple: *Hippolyte et Aricie* I, *Castor* II, *Hébe* II, *Navarre* III, *Polymnie* (prologue), *Temple de la Gloire* (prologue), *Temple de la Gloire* I-II, *Zoroastre* IV, *Daphnis et Eglé*, *Naissance d'Osiris*, *Acanthe* II

Vignes: *Platée* (prologue)

Ville: *Temple de la Gloire* III, *Sybarites*, *Naissance d'Osiris*, *Paladins* II

Volcan: *Indes* II

v. Lettre de J. P. Rameau
à Houdar de La Motte

Paris, le 25 octobre 1727.

Quelques raisons que vous ayez, Monsieur, pour ne pas attendre de ma musique théâtrale un succès aussi favorable que de celle d'un auteur plus expérimenté en apparence dans ce genre de musique, permettez-moi de les combattre et de justifier en même temps la prétention où je suis en ma faveur, sans prétendre tirer de ma science d'autres avantages que ceux que vous sentirez aussi bien que moi devoir être légitimes.

Qui dit un savant musicien entend ordinairement par là un homme à qui rien n'échappe dans les différentes combinaisons des notes; mais on le croit tellement absorbé dans ces combinaisons, qu'il y sacrifie tout, le bon sens, l'esprit et le sentiment. Or ce n'est là qu'un musicien d'école, école où il n'est question que de notes, et rien de plus: de sorte qu'on a raison de lui préférer un musicien qui se pique moins de science que de goût. Cependant, celui-ci, dont le goût n'est formé que par des comparaisons à la portée de ses sensations, ne peut tout au plus exceller que dans certains genres, je veux dire dans des genres relatifs à son tempérament. Est-il naturellement tendre? Il exprime la tendresse. Son caractère est-il vif, enjoué, badin, etc.? Sa musique lors y répond. Mais sortez le de ces caractères qui lui sont naturels, vous ne le reconnaîtrez plus. D'ailleurs, comme il tire tout de son imagination, sans aucun secours de l'art par rapport à ses expressions, il s'use à la fin. Dans son premier feu, il était tout brillant; mais ce feu se consume à mesure qu'il veut le ranimer, l'on ne trouve plus chez lui que des redites ou des platitudes.

Il serait donc à souhaiter qu'il se trouvât pour le théâtre un musicien qui étudiât la nature avant de la peindre, et qui, par sa science, sût faire le choix des couleurs et des nuances dont son esprit et son goût lui auraient fait sentir le rapport avec les expressions nécessaires.

Je suis bien obligé de croire que je suis musicien; mais, du moins, j'ai au dessus des autres la connaissance des couleurs et des nuances dont ils n'ont qu'un sentiment confus, et dont ils n'usent à proportion que par hasard. Ils ont du goût et de l'imagination, mais le tout borné dans le réservoir de leurs sensations où les différents objets se réunissent dans une petite portion de couleurs au delà desquelles ils n'aperçoivent plus rien. La nature ne m'a pas tout à fait privé de ces dons, et je ne me suis point livré aux combinaisons des

203

notes jusqu'au point d'oublier leur liaison intime avec le beau naturel qui suffit seul pour plaire, mais qu'on ne trouve pas facilement dans une terre qui manque de semences, et qui a fait surtout ses derniers efforts.

Informez-vous de l'idée qu'on a de deux cantates qu'on m'a prises depuis une douzaine d'années, et dont les manuscrits se sont tellement répandus en France que je n'ai pas cru devoir les faire graver, à moins que je n'y en joignisse quelques autres, ce que je ne puis pas, faute de paroles. L'une a pour titre *L'Enlèvement d'Orithie*: il y a du récitatif et des airs caractérisés; l'autre a pour titre *Thétis*, où vous pourrez remarquer le degré de colère que je donne à Neptune et à Jupiter selon qu'il appartient de donner plus de sang-froid ou plus de passion à l'un et à l'autre, et selon qu'il convient que les ordres de l'un et de l'autre soient exécutés. Il ne tient qu'à vous de venir entendre comment j'ai caractérisé le chant et la danse des Sauvages qui parurent sur le Théâtre Italien il y a un ou deux ans, et comment j'ai rendu ces titres: Les Soupirs, Les Tendres Plaintes, Les Cyclopes, Les Tourbillons (c'est à dire les tourbillons de poussière agitée par les grands vents), L'Entretien Des Muses, une Musette, un Tambourain, etc. Vous verrez, pour lors, que je ne suis pas novice dans l'art et qu'il ne paraît pas surtout que je fasse de grande dépense de ma science dans mes productions, où je tâche de cacher l'art par l'art même; car je n'y ai en vue que les gens de goût, et nullement les savants, puisqu'il y en a beaucoup de ceux-là et presque point de ceux-ci. Je pourrais vous faire entendre des motets à grands chœurs, où vous reconnaîtriez si je sens ce que je veux exprimer. Enfin, en voilà assez pour vous faire des réflexions.

Je suis, Monsieur, etc.   Rameau

VI. Aix: un regard sur une mise en scène: *Les Boréades*[1]

Festival d'Aix 1982: *Les Boréades*
de Jean-Philippe Rameau

Direction musicale	John Eliot Gardiner
Mise en scène	Jean-Louis Martinoty
Décor et costumes	Daniel Ogier
Alphise	Jennifer Smith
Semire	Anne-Marie Rodde
Abaris	Philip Langridge
Calisis	John Aler
Borée	Jean-Philippe Lafont
Borilée	Gilles Cachemaille
Adamas	François Le Roux
Apollon	Stephen Varcoe
L'Amour	Elisabeth Priday
Chorégraphie	Catherine Turocy
New York Dance Company	

Sur le fond de la scène, de grandes plaques de miroirs; les plus hautes sont au centre avec, au-dessus, attachée à des fils et emportée par eux, une plus petite: en pivotant, elle attire à elle le reflet des spectateurs qui, quelques instants, envahit toute la scène. Nous pénétrons dans le conte, de l'autre côté du miroir.

Des valets, presque invisibles, retourneront les plaques: sur le revers, on a peint une colline fleurie où des personnages de Watteau s'égayent.

Bientôt les panneaux se mélangent comme les éléments d'un puzzle, se disposent en quincone, s'alignent à nouveau, retournent sur le fond de la scène où les valets les soutiennent en se plaçant cette fois carrément devant eux, et puis, entre eux, se superposant quelques instants aux personnages peints, ou les animant, comme s'ils sortaient eux-même de la peinture.

Au pays des merveilles, en Bactriane, où nous entrons par le salon de la reine Alphise, tout s'anime et s'accorde, tout est danse. La tapisserie ne cesse de changer de figure dans un ensemble égal qui s'emboîte sans effort aux mouvements de la scène; des figurants en sortent, se mêlent aux courtisans auxquels ils semblent même s'opposer quelques instants leur interdisant le passage au

1. Article paru dans la revue *Musique et instruments* (novembre-décembre 1982).

delà des panneaux: on ne franchit pas certaines frontières, des valets les gardent
sévèrement.

Les meubles, également, sont des danseurs, sortes de personnage-valises que
Lewis Carroll aurait pu inventer: on reconnait une danseuse-commode, un
danseur-secrétaire avec tout ce qu'il faut pour écrire, une danseuse-poële de
faïence, gracieuse magie qui participe aux moindres gestes des acteurs, les
prévient ou les complète.

Dans ce décor mouvant qui jamais ne gêne ni ne pèse, dans cette harmonie de
chaque figure, les personnages 'réels' semblent se fondre: si les objets sont
vivants, les vivants sont pour beaucoup presque des objets. Leur présence,
souvent, n'est qu'indicative; des courtisans sont assis par terre, peu importe les
sièges, on les a posés là pour compléter le tableau; d'autres, debout sur le côté,
sont également utilisés comme de simples meubles, à cela près qu'ils servent
un instant de prétexte à la reine qui leur tend des papiers, passant ainsi devant
Abaris, l'espace d'un regard.

Harmonie des instants, fluidité du geste, tout ce premier tableau n'est en fait
que l'histoire de quelques regards entre la reine Alphise et Abaris, un étranger;
le reste, le retour de la chasse, les divertissements proposés par Calisis, un autre
prétendant, toute cette agitation autour de la reine, ne semblent avoir été mis
là que pour bien envelopper et mieux suspendre le long regard des amants. Un
fil se tisse, en diagonale, d'un bout à l'autre de la scène.

Après les bruits du retour des chasseurs et lorsqu'on a remporté la tête sanglante
d'un sanglier jetée sur un tapis d'hermine, quand le calme est enfin revenu, la
reine s'assoit dos au public mais légèrement de côté dans un fauteuil qu'on lui
apporte. Calisis et Borilée ne cessent de la presser de choisir entre eux pour son
époux: elle les laisse faire et, la tête tournée en arrière, par dessus son dossier, fixe
longuement Abaris à l'autre extrémité de la scène. Le geste est bien peu discret et
Calisis a peu de mal à le repérer et à s'interposer bientôt à mi-chemin des deux
regards. Furieuse, la reine tourne son fauteuil de l'autre côté.

Nous sommes dans un conte et la féerie doit l'emporter sur la vraisemblance.
Sans être ni brutaux ni mécaniques les jeux de scène sont sans mystère et d'une
évidence enfantine. Ces regards entre les deux amants seraient choquants
partout ailleurs: une reine ne se commet pas de la sorte et ne méprise pas aussi
ouvertement l'avis de son entourage. Qu'importe ici: il fallait ces regards, on
les a posés là, par dessus le reste, comme les courtisans assis par terre, et la
fluidité de l'ensemble intégrera ces composantes indispensables dans l'harmonie
supérieure qui n'a rien à voir non plus avec la bienséance.

Un monde nouveau se crée sous nos yeux et rien, jamais, ne cogne ni ne
casse. Tout bouge, tout danse sur la scène, mais selon des lois qui semblent

celles d'un jeu qui s'ouvre devant nous et ne s'inspirent guère de celles de la psychologie.

Dans ce monde presque d'enfance, une reine est amoureuse et marque sans dissimuler son ennui à tout ce qui s'interpose entre elle et son amant. Un prince Borilée, tout cuirassé, clinquant et bruyant, est vite repoussé; sa démarche et ses poses, ventre en avant, sont celles d'un guerrier de foire tout en excès et en trop belle assurance. Calisis, l'autre prétendant, caricature du courtisan, n'est que courbettes et ronds de jambe. Il offre un divertissement: un danseur masqué mime le travail du sculpteur, un autre celui du peintre; la reine casse le buste de pierre et piétine la peinture. Excédée, elle repousse une tasse qu'on lui tend: rien ne peut la distraire, c'est une reine amoureuse! Caprices et nervosités sont posés là, comme le reste, comme les courtisans assis ou debout, comme le décor mobile, comme les regards, comme la danse du plateau interprétée par deux maures bien désuets: tous les éléments du plus grand fatras sont accumulés, et un miracle fait que tout est un; tout devrait se briser et pourtant se tient; et mieux que cela: le tableau est indivisible.

L'ariette finale chantée par Sémire, la suivante d'Alphise, prolonge sans rupture les danses du divertissement. L'amour, plaisir suprême, en est le sujet. Et le chant recommence à la grande impatience de tous, principalement d'Abaris qui n'a pu encore, un seul instant, adresser la parole à sa bien-aimée.

Le rideau tombe. Seul Abaris reste sur le devant de la scène essayant, en vain, d'ouvrir le mur peint, dos au public.

Acte deux

La Reine Alphise ne peut épouser qu'un descendant de Borée. Mais elle ne veut ni de Borilée ni de Calisis, tous deux princes Boréades. Abaris, élevé par Adamas, le grand prêtre d'Apollon, vient demander à ce dieu aide et protection. Le rideau se lève sur le temple d'Apollon.

Un panneau blanc en demi cercle, à hauteur d'homme, tient lieu de décor. Le grand prêtre est au centre, entouré de deux de ses lieutenants. Chaque homme joue d'un miroir à bras tendus, mais seul Adamas conservera le sien: un cercle de la même taille, semble-t-il, que le trou pratiqué dans le panneau, un morceau de lumière symbole de la divinité et ouverture vers autre part. Un projecteur dirigé sur le miroir renvoie sa lumière sur Abaris placé de dos, puis sur les gradins; une nouvelle fois, mais timidement, il est vrai, les spectateurs sont sollicités.

La voix sûre et pleine du grand prêtre occupe toute la scène. Il ne sait qui sont les parents d'Abaris; Apollon, lui-même, qui le lui confia enfant, garde le secret. Il donne le miroir au jeune homme et ordonne à ses prêtres d'obéir à leur nouveau chef.

Plus tard, lorsqu'Alphise, accourue elle aussi pour demander protection, aura raconté son rêve sur la vengeance de Borée, le panneau blanc sera retourné par des valets, découvrant un groupe de nymphes au cheveux blancs et brillants. Elles danseront la légende de Borée et d'Oreithie. Le ballet se poursuivra jusqu'à l'arrivée de Cupidon portant arc et carquois.

Il fichera une flèche sur le devant et au centre de la scène, dans un cercle de lumière. A celui qui parviendra à l'arracher du sol reviendra la main de la reine et la protection divine

Le rôle de la flèche d'amour est ainsi détourné; il s'apparente à celui de l'épée de Sigmund dans la Walküre, signe de l'intérêt d'un dieu pour un mortel, symbole de reconnaissance. On change de mythologie; nous touchons aux frontières de la légende; la féerie est de tous les temps.

Et le jeu grotesque des prétendants commence: larges gestes pleins d'assurance, efforts démesurés, dépits clownesques. Nous sommes à la Commedia dell'Arte; et les 'mauvais' sont reconduits, tandis qu'Abaris, le 'juste', modestement, se tient à l'écart. Il se décide enfin, mais Cupidon le retient: il n'est pas temps encore. En messager du dieu, il donne à Alphise une flèche qui doit le protéger:

> Espère tout de ce trait enchanté
> L'amour lui-même te le donne
> J'approuve ton penchant, c'est moi qui l'ai dicté
> Mais le sang de Borée obtiendra la couronne.

Rien n'est éclairci comme on voit; et le chœur des courtisans chante la gloire d'Apollon tandis que les trois prétendants s'interrogent.

Le rideau tombe. Seul, Cupidon reste, face au public, assis sur les planches, un sourire amusé sur les lèvres: le divertissement va bientôt reprendre.

Acte trois

De part et d'autre de la scène, devant le rideau resté fermé, chacun dans une petite loge ouverte à deux mètre du sol, les deux amants s'écrivent assis à de petites tables. Partagée entre la crainte et l'espoir, Alphise soupire; elle jette un papier à Cupidon-messager resté en bas, la distance entre les deux jeunes gens est ainsi concrétisée; les deux solitudes sont en présence, rassemblées sous nos yeux, l'une expliquant l'autre, et Cupidon est à la fois la frontière et le lien. L'attente est installée pour quelques instants sur la scène, de celle peut-être, que créa le roman courtois.

Mais ces contes ne sont plus d'époque, il est bon de le rappeler; trop d'amertume et de pleurs serait de mauvais ton; il s'agit de plaire et ce qui se tend doit être assoupli. Ainsi le messager divin se fait gamin et rechigne devant l'effort très concret de monter un escalier pour porter sa lettre à Abaris. Il n'en faut pas plus pour rétablir un ton léger.

Le rideau s'ouvre. Le mariage est décidé même si le fiancé n'est pas encore choisi. Les paysans apportent leurs présents: corbeilles de fleurs, meubles miniatures, tout un bric à brac d'objets colorés s'entasse au pied du trône vide. Deux petits esclaves noirs remportent les cadeaux tandis qu'une fête s'organise.

Le trône et les bancs au fond de la scène sont transformés en longues tables sur lesquelles sont déposés les mets les plus divers. Et la beuverie commence, excessive, démesurée; bien vite, les 'mauvais', les deux prétendants et quelques courtisans ont perdu toute dignité: ils s'enivrent et titubent sans retenue.

Cependant à aucun moment cette fête aux teintes soigneusement dosées de ripailles du Moyen-Age, ne fait désordre ni fatras. L'outrance est contenue dans le rythme strict de l'ensemble, et la foule coule sans heurt jusqu'aux seuils-mêmes de l'excès sans jamais les passer.

La musique de Rameau ne permet pas d'angle qui n'ait été d'abord poli avec rigueur; les mouvements arrondis du geste dansé lui tient de ligne et de règle; et le devoir d'une mise en scène est de respecter cette exigence.

Tandis que les deux prétendants, Calisis et Borilée, titubent et tâchent de se soutenir, Abaris, invité par la reine, retire du sol la flèche magique de Cupidon.

L'étonnement frappe tous les visages. Alphise annonce au peuple qu'elle renonce au pouvoir pour conserver Abaris. Le tumulte s'accroît; Calisis et Borilée montent sur les tables, de part et d'autre du trône, réclamant chacun pour soi la couronne et le pouvoir. Le peuple envahit la scène; il roule et gronde; tandis que Cupidon a pris place sur le trône resté vide entre les deux partis et considère l'ensemble avec une impatience narquoise.

Mais, sur deux lignes bien droites, la foule se fend, en diagonale, et montre le chemin du trône aux deux amants. Dans les acclamations et la joie générale, les deux prétendants sur le devant de la scène vide appellent la vengeance de Borée.

Bientôt la terre se met à trembler, le mur du palais au fond s'enfonce et disparait, des éclairs jaillissent et des fumées rampent sur le sol; la panique marque tous les visages et chacun tâche de s'abriter. Mais ici encore, la frayeur se fait danse; quelques instants des silhouettes errent dans la pénombre, mais ce désordre est lent comme ces ombres titubantes et sans forces, presque fantômes déjà qui semblent naviguer sur un sol devenu liquide. La mollesse et la rondeur des démarches et des gestes figurent le besoin d'un appui pour ces corps qui s'affaissent.

Un masque immense comme une tête de Moloch envahit le fond de la scène; à ses pieds, Borée lui-même, tout en armes, semble figé sous ses manteaux. Des soldats l'entourent, fusils à la main, dans l'uniforme bleu de l'armée royale. Alphise est bientôt capturée; Borée lui saisit la main et l'emporte tandis que le peuple, la face contre terre, gît à même le sol.

Acte quatre

La tempête ne décolère pas. La scène est un véritable champ de bataille, le lendemain, lorsque tout est mort, avec, çà et là, quelques formes qui remuent encore et qui râlent.

Calisis et Borilée marchent, triomphants, entre les victimes, mais ils sont bientôt chassés par Abaris et Adamas. Des mains se tendent, appellent à l'aide; lentement, les deux hommes passent de l'une à l'autre: simples contacts du bout des doigts. Le rythme de ce tableau semble la respiration épuisée d'un malade qui se meurt. Un calme étrange règne sur la scène. Abaris chante: 'Lieux désolés'. La flèche magique est son seul espoir.

L'arrivée de Borée rétablit l'équilibre en détendant une atmosphère devenue trop tragique pour un divertissement. Ridicule déjà sous son énorme costume blanc, il porte un casque à panache d'une hauteur démesurée. Ses soldats dansent derrière des glaces; bientôt ils tentent de capturer Abaris. Flèche magique contre fusil, celui-ci l'emporte.

Des zéphirs joufflus dansent des gavottes. La muse Polymnie 'enchaîne', avec une guirlande de fleurs, les soldats qui restent figés.

Le rideau tombe mais les soldats demeurent sur le devant de la scène, toujours immobiles.

Acte cinq

Nous sommes chez Borée. Sur le devant de la scène, les soldats aux fusils restent figés dans leur guirlande de fleurs. Derrière, recroquevillés et misérables, les vents semblent épuisés et vaincus, les épaules et le visage recouverts de voiles poussiéreux: brouillard ou cendres, signe de mort et de captivité.

Borée dans son costume blanc de Carnaval est impuissant à leur redonner force. Il veut les relancer au combat et que d'autres désastres ravagent la terre. Mais une malédiction plane dans ce royaume tout à coup sans énergie. Borée brise la guirlande des soldats, redresse leurs fusils, mais ils restent plus mous que des pantins désarticulés. Le dieu les pousse puis les chasse: ils s'éloignent en titubant. Fatigue et lenteur règlent cette scène où les gestes s'épaississent dans une sorte de torpeur.

Cependant on ne peut demeurer sur cette impression de lourdeur, et les règles de l'alternance exigent un peu plus de mouvement. Calisis et Borilée amènent Alphise enchaînée et une danse bouffonne s'organise autour de la pauvre captive; les trois hommes tenant chacun un bout de chaîne 'saucissonne' la reine en tournant autour d'elle en une ronde grotesque. Borée saute 'à la chaîne', si on peut dire, perd son panache dans ses cabrioles d'ours, piétine sa longue traine et ne s'arrête qu'au bord de l'apoplexie, rouge et bouffi d'une joie imbécile.

L'entrée d'Abaris, digne et sûr de lui, met fin à ces jeux. Il défie Borée et attaque les deux prétendants qui, saisissant chacun un bout de la flèche magique, restent soudain figés, le bras tendu comme des statues de sel.

Tout à coup, un œil immense envahit le fond de la scène, peint sur une grande toile. En sort Apollon tout resplendissant de lumière, dieu de l'amour et de la beauté, dieu aussi de l'harmonie et du regard qui sait et prévoit. Source de lumière, l'œil symbolise également la sagesse.

Apollon révèle qu'Abaris est son fils qu'il eut d'une nymphe descendante de Borée; il peut épouser la reine. L'amour et le droit tombent donc d'accord et c'est la sagesse qui les marie. Cette réconciliation bien digne du dix-huitième siècle ferme l'action proprement dite, Abaris chante encore une ariette sur l'amour; des menuets et encore deux contre danses, lentement, nous conduisent à la fin.

Conclusion

L'action, si on en croit le livret, n'est guère riche en épisodes; en fait, il ne se passe pratiquement rien, et la tension dramatique est bien pauvre. La musique de Rameau, quant à elle, est un long poème fait d'ariettes, sortes de déclamations chantées, et de danses, sans que l'on puisse vraiment distinguer le fil dramatique qui devrait les lier.

Le metteur en scène se trouve devant un travail énorme: inventer, en quelque sorte, une action et des gestes pour la scène capables d'illustrer le style propre de la musique pour lui donner corps sans le tromper jamais. Et le rythme de la musique de Rameau est celui d'une danse ininterrompue.

La tragédie lyrique à la française telle que Lully la rêvait et la créa, prend ses racines dans le vieux ballet de cour. Son but n'est pas d'instruire, mais de plaire d'abord, comme pour tous les arts de l'époque classique. Un divertissement en remplace un autre; et le spectacle doit se faire sans heurt. La surprise, les coups de théâtre passent pour des outrages chez le spectateur de l'époque. Il ne faut pas non plus faire peur; et il ne faut pas lasser. La mesure est la seule règle.

Chez Rameau, l'équilibre est tracé par le geste chanté, l'œil se berçant aux mêmes courbes que l'oreille; tout respire du même souffle et cette vie unique, seule, donne son sens au spectacle. La mise en scène d'Aix nous propose, scène après scène, cette longue mobilité. Chaque détail semble avoir été étudié en fonction de l'ensemble; les foules sont gouvernées avec précision de manière à ne former qu'un seul personnage; les protagonistes jouent leurs rôles, et ils sont de véritables acteurs, l'œil et l'oreille toujours sensibles aux moindres mouvements du tableau.

Et le divertissement coule sans cahot, s'accordant aux larges courbes des tensions qui montent et se dégonflent. On ne doit ni rire ni frémir; et nous sommes dans un charme simplement, fait de sourires et d'émotions légères, avec çà et là, des taches de burlesque très vite recouvertes et dirigées par le rythme de l'ensemble. L'esthétique baroque exige quelques déséquilibres d'un instant, quelques têtes qui se montrent, quelques pieds qui dépassent, sans que celà ne trouble en rien son unité.

En Aix, un style a été trouvé; on ne saura jamais si, finalement, il est conforme aux exigences de Rameau, mais on est sûr qu'on fit beaucoup pour qu'il le fût.

Bibliographie

Anonyme, *Réflexions sur l'opéra*, 16 février 1753, Bibliothèque de l'Arsenal, Fonds Rondel R0659

Anonyme, *Guerre des Bouffons, réforme de l'opéra*, 16 février 1753, Bibliothèque de l'Arsenal, Fonds Rondel R0659

Anonyme, *Lettre à Monsieur le baron de la Vieille Croche au sujet de Castor et Pollux donné à Versailles le 10 mai 1777*, 14 mai 1777, Bibliothèque de l'Arsenal, Fonds Rondel R04121

Alembert, Jean le Rond d', *Fragments sur la musique en général et sur la nôtre en particulier*, in *Œuvres et correspondances inédites*, éd. Henry. Paris 1887

– *De la liberté de la musique* (1758), in *Mélanges de littérature, d'histoire et de philosophie*. Amsterdam 1759

– *Discours préliminaire de l'Encyclopédie*

– *Eléments de musique théorique et pratique suivant les principes de M. Rameau*. Paris 1752; Slatkine reprints, Genève 1980

Algarotti, comte d', *Essai sur l'opéra*, traduit de l'italien. Paris 1773

Aquin de Chateaulyon, d', *Siècle littéraire de Louis XV* ou *Lettres sur les hommes célèbres*. Amsterdam 1752

Argens, Jean Baptiste de Boyer, marquis d', *Mémoires et lettres*. Londres 1774

Argenson, marquis d', *Journal et mémoires*. Paris 1859-1867

Bachaumont, Petit de, *Mémoires secrets pour servir à l'histoire de la république des lettres*. Londres 1777-1789

Balcou, Jean, *Fréron contre les philosophes*. Genève 1975

Baron, A., *Lettres et entretiens sur la danse ancienne, moderne, religieuse, civile et théâtrale*. Paris 1825

Batteux, abbé Charles, *Les Beaux arts réduits à un même principe*. Paris 1747

Beaussant, Philippe, *Rameau de A à Z*. Paris 1983

Beffara, *Dictionnaire alphabétique des auteurs qui ont composé des opéras-ballets et autres pièces lyriques pour le théâtre de l'Académie royale de musique*, manuscrit conservé à la bibliothèque de l'Opéra de Paris.

Blainville, C. H., *L'Esprit de l'art musical*. Genève 1754

Blaze, François-Henri Joseph, *dit* Castil, *La Danse et les ballets depuis Bacchus jusqu'à mademoiselle Taglioni*. Paris 1832

– *Mémorial du grand opéra*. Paris 1847

Boileau, Nicolas, *Prologue d'opéra*, Avertissement au lecteur, in *Œuvres complètes*, Bibliothèque de la Pléiade. Paris 1966

Brosses, président de, *Lettres familières écrites d'Italie en 1739 et 1740*. Paris 1858

Cahusac, Louis de, *La Danse ancienne et moderne* ou *Traité historique de la danse*. La Haye 1754

– article 'Chant', *Encyclopédie* de Diderot

Callières, François de, *Histoire de la guerre nouvellement déclarée entre les Anciens et les Modernes*. Paris 1688

Campardon, E., *L'Académie royale de musique au XVIIIe siècle*. Paris 1884

Chabanon, Michel Paul Guy, *Eloge de Monsieur Rameau*. Paris 1764

Chailley, Jacques, 'Rameau et la théorie musicale', *La Revue musicale*, n.s. 260 (1964), p.65-95

Chamfort, Sébastien-Roch-Nicolas, *Dictionnaire dramatique*. Paris 1776

Chouillet, Jacques, *La Formation des idées esthétiques de Diderot*. Paris 1973

– *L'Esthétique des Lumières*. Paris 1974

Clément, M., *Anecdotes dramatiques*. Paris 1775

– *Les Cinq années littéraires, 1748-1742*. La Haye 1754

Cochin, Charles-Nicolas, *Lettres sur l'opéra*. Paris 1781

Collé, Charles, *Journal et mémoires 1748-1772*. Paris 1868

Debussy, Claude, *Monsieur Croche antidilettante*. Paris 1971

Decroix, J. J. M., *L'Ami des arts ou justification de plusieurs grands hommes*. Amsterdam 1776

Decugis, Nicole, *Le Décor de théâtre en France du moyen âge à 1925*. Paris 1953

Destouches, André, cardinal, *Recueil des fêtes et spectacles donnés devant Sa Majesté*. Paris 1770

Diderot, Denis, *Œuvres complètes*, éd. Assézat-Tourneux. Paris 1875-1877
– *Traité du beau*, in *Œuvres*, éd. André Billy. Paris 1951, p.1075-1112.
– *Le Neveu de Rameau*, éd. Jean Fabre. Genève 1952
– *Œuvres esthétiques*. Paris 1959
– *Correspondance littéraire, philosophique et critique*, éd. Tourneux. Paris 1877-1882

Dubos, Jean-Baptiste, *Réflexions critiques sur la poésie et sur la peinture* (1719), 7e édition. Paris 1770

Dufourcq, Norbert, *La Musique française*. Paris 1949, 2e édition. Paris 1970

Durey de Noinville et Travenol, *Histoire du théâtre de l'opéra en France depuis l'établissement de l'Académie royale de musique jusqu'à nos jours*. Paris 1753

Ecorcheville, Jules, *De Lully à Rameau, 1690-1730*, L'esthétique musicale. Paris 1906

Ehrard, Jean, *L'Idée de nature en France dans la première moitié du XVIIIe siècle*. Paris 1963

Encyclopédie, ou Dictionnaire raisonné des sciences, des arts et des métiers, par une société de gens de lettres (1751-1772). Et *Supplément de l'Encyclopédie* (1776-1777)

Favart, Charles Simon, *Mémoires et correspondance littéraire*, éd. Dumolard. Paris 1808

Fétis, François-Joseph, *Curiosités historiques de la musique*. Paris 1830

Florimond, manuscrit Amelot, *Mémoires pour servir à l'histoire de l'Académie royale de musique, vulgairement opéra, depuis son établissement en 1669 jusqu'en l'année 1758*. Manuscrit de la bibliothèque de l'Opéra de Paris.

Fortassier, Pierre, *Aspects de la mise en scène dans quelques ouvrages français du XVIIIe siècle*, 25 juillet 1968, Cahiers de l'association internationale des études françaises, mai 1969

Fréron, Elie, *Lettres sur quelques écrits de ce temps 1749-1754*, suivi de *L'Année littéraire*, 1754-1790. Amsterdam
– *Lettres à Madame la Comtesse de sur quelques écrits modernes*. Genève 1746

Girdlestone, Cuthbert, *Jean-Philippe Rameau*. Paris 1983

Grimm, Melchior, *Correspondance littéraire, philosophique et critique*, éd. Tourneux. Paris 1877-1882
– *Le Petit prophète de Boehmischbroda*. Paris 1753
– *Lettre sur Omphale*, *1752*, in *Correspondance littéraire*, t.xvi
– *Lettre d'un amateur de l'Opéra à M. de ****. Amsterdam, Paris 1776
– article 'Du poème lyrique', in *Encyclopédie* de Diderot

Grober, *De l'exécution dramatique considérée dans ses rapports avec le matériel de la salle et de la scène*. Paris 1809

Guillaumot, A., *Costumes d'Opéra* (album de 50 planches), préface de Ch. Nuitter. Paris 1883

Hannetaire, Jean Nicolas, Servandoni d', *Observations sur l'art du comédien*. Paris 1776

Holbach, Paul Henri Dietrich, baron d', *Lettre à une dame d'un certain âge sur l'état présent de l'opéra*. En Arcadie 1752

Kintzler, Catherine, *Jean Philippe Rameau, splendeur et naufrage de l'esthétique du plaisir à l'âge classique*. Paris 1983

La Bruyère, Jean de, *Caractères*. Paris 1975

La Dixmérie, Bricaire de, *Les Deux âges du goût et du génie français sous Louis XIV et sous Louis XV*. La Haye, Paris 1769

La Laurencie, Lionel de, *Le Goût musical en France*. Paris 1905

La Motte, Houdar de, *Réflexions sur la critique*, in *Œuvres*, iii, 1, édition de 1754

La Porte, Joseph de, *Anecdotes dramatiques*. Paris 1775

– *L'Observateur littéraire*. 1758-1761

Lasalle, Albert de, *Les 13 salles de l'Opéra*. Paris 1875

Laumann, E. M., *La Machinerie au théâtre depuis les Grecs jusqu'à nos jours*. Paris 1896

La Viéville, Jean Laurent Le Cerf de Frémeuse de, *Lettre à M. de La ***. Paris 1707

– *Comparaison de la musique italienne et de la musique française*. Bruxelles 1704-1706

Ligne, prince de, *Lettres à Eugénie sur les spectacles*. Bruxelles, Paris 1774

Mably, Gabriel Bonnot de, *Réflexions historiques et critiques sur les différents théâtres de l'Europe*. Paris 1738

– *Lettre à Madame la marquise de P... sur l'Opéra*. Paris 1741

Malherbe, Charles, *Commentaires*, en tête des 16 premiers volumes de l'édition A. Durand. Paris 1918

Malignon, Jean, *Petit dictionnaire Rameau*. Paris 1983

Maret, Hugues, *Eloge historique de Monsieur Rameau*. Dijon 1766

Marmontel, Jean-François, *Mémoires et œuvres*, éd. Tourneux. Paris 1891

Masson, Paul-Marie, *L'Opéra de Rameau*. Paris 1930

Monnet, Jean, *Mémoires pour servir à la vie de Jean Monnet*. Londres 1772

Montdorge, Gauthier de, *Réflexions d'un peintre sur l'opéra*. La Haye 1743

Morellet, André, *De l'expression en musique*, (1759), cité d'après *Mélanges de littérature et de philosophie du XVIIIe siècle*, t.iv. Paris 1818

Moulin, *Essais sur l'art de décorer les théâtres*. Paris 1760

Moynet, Jules, *L'Envers d'un théâtre, machines et décorations*. Paris 1888

Nougaret, Pierre Jean-Baptiste, *Anecdotes secrètes du XVIIIe siècle*. Paris 1808

– *De l'art du théâtre*. Paris 1769

Noverre, Jean Georges, *Théorie et pratique de la danse en général*, manuscrit de la bibliothèque de l'Opéra de Paris. De la main de Monsieur le chevalier de Berny.

– *Lettres sur la danse et les arts imitateurs* (1760). Paris 1952

– *Lettres sur la danse et sur les ballets*. Stuttgart, Lyon 1760; réédition 1978

Palissot, Charles, *Nécrologie des hommes célèbres de France par une société de gens de lettres*. Paris 1767

Papillon de La Ferté, *Détails des fêtes et spectateurs pour le mariage du Dauphin, juin 1770*, manuscrit de la bibliothèque de l'Opéra de Paris

Parfaict, François, *Histoire de l'Académie royale de musique depuis son établissement jusqu'à présent*, manuscrit daté de 1741 conservé à la bibliothèque de l'Opéra de Paris

Peyronnet, Jean-Claude, *La Mise en scène au XVIIIe siècle*. Paris 1974

Pougin, Arthur, *Pierre Jélyotte et les chanteurs de son temps*. Paris 1905

– *Rameau: essai sur sa vie et ses œuvres*. Paris 1876

Prévost, abbé, *Le Pour et contre*. Paris 1733-1740

Rameau, Jean-Philippe, *Observation sur notre instinct pour la musique*. Paris 1754

– *Traité de l'harmonie réduite à ses principes naturels*. Paris 1722

Rémond de Saint-Albine, Pierre, *Le Comédien*. Paris 1747

Rémond de Saint-Mard, Toussaint de, *Réflexion sur l'opéra*. La Haye 1741

Riccoboni, Louis, *Réflexions historiques et critiques sur les différentes théâtres de l'Europe*. Paris 1738

Robrieux, Jean-Jacques, *Jean-Philippe Rameau et l'opinion philosophique en France au XVIIIe siècle*, Studies on Voltaire 238. Oxford 1985

Rousseau, Jean-Jacques, *Œuvres complètes*, Bibliothèque de la Pléiade. Paris 1959-

– *Dictionnaire de musique.* Paris 1764
– *Ecrits sur la musique.* Paris 1979
Snyders, Georges, *Le Goût musical en France au XVIIe et XVIIIe siècles.* Paris 1968
Sonrel, Pierre, *Traité de scénographie.* Paris 1943
Souchal, François, *Les Slodtz, sculpteurs et décorateurs du roi (1685-1764).* Paris 1967

Starobinski, Jean, *L'Invention de la liberté.* Genève 1964
Voltaire, François Marie Arouet de, *Œuvres complètes*, éd. Moland. Paris 1877-1885
– *Correspondence and related documents*, éd. Theodore Besterman, *Œuvres complètes* 85-135. Genève, Banbury, Oxford 1968-1977

Index